平泉澄博士神道論抄

錦正社

① 平泉澄画像（羽石光志画伯筆）

② 白山平泉寺境内図（平泉寺白山神社所蔵）

③ 白山天嶺図（平泉寺白山神社所蔵）

④ 秩父宮妃殿下、白山神社ご参詣の折
（昭和48年5月10日）

⑤ 高松宮殿下同妃殿下、白山神社ご参詣の折
（昭和50年5月22日）

⑥ 昭和50年5月22日

⑦ 昭和50年5月22日

⑧ 大正4年4月3日

⑨ 昭和28年4月5日

⑩ 白山神社春祭の朝
（昭和30年4月20日）

⑪ 平泉恰合30年祭（昭和34年）

⑫ 昭和30年4月20日

⑬ 昭和30年4月20日

⑭ 昭和30年

⑮ 昭和30年

⑯ 宗像社鎮座祭（昭和43年4月20日）

⑰ 昭和43年4月20日

⑱ 開山社（昭和27年4月創建）

⑲ 天神社（昭和39年創建）

序

平泉隆房

本書は、祖父平泉澄（以下、著者）の著述の中より、主として著者の神道論を理解するのに適当と思はれる論文・講演類を一冊に集録したものである。

著者の歴史観や国家観また戦前戦後の行動の根底には、本書に見られる神道論や神道観があつた。それが生ひ立ちとも相俟つて著者の精神的基盤となつてゐたやうに思はれ、著者を理解する上からも重要であると思はれる。

その著者の神道論がうかがはれるものをまとめて、「Ⅰ 神道総論」とした。巻頭の「神道の本質」は昭和五十一年（一九七六）七月二日から三日にかけて、伊勢市の神宮道場で催された指導神職研修会での講演である。このなかで和気清麻呂公、菅原道真公、源実朝公、明恵上人、北畠親房公、山崎闇斎先生、渋川春海先生、谷秦山先生、橘曙覧先生、真木和泉守と、神道の精神を発揮された方々を順に論じ、これらの人たちがいづれも敬神・尊皇の至誠に徹し、殉教の気魄を持つてをられたこと、そして神おはしますといふ確信がない者が神を祭るといふことはあり得ないこと、などを説いてゐる。神職を聞き手とした講習会での講話ではあるが、著者の生涯にわたる研究の集大成とも思はれるため巻頭に配した。

Ⅰには、さらに著者の主眼であつた神道と国家との関係を説いたものを採録したが、そのことを論文名とする「神道と国家との関係」（「神道史研究」五―一、昭和三十二年一月、のち『寒林史筆』・『平泉博士史論抄』再録）は『平泉博士史論抄』に掲載されてゐるので、是非とも同書を参照していただきたい。

次いで「Ⅱ　神社の歴史」には、神仏習合また分離の意義に関する論稿をまず収めた。神仏分離の問題は、それを経験した平泉寺白山神社の社家に生まれた著者にとつて避けては通れないことであつた。幼少時（明治三十年代前半）にはそれを目撃した氏子がまだ何人も生きてをり、見聞したところを著者に語つてゐる。我が国の中近世には神仏習合色の強いところがほとんどであつたが、現在でも強く残る廃仏毀釈への批判や習合時代を評価する見方に対して、著者は、

近時この問題について世に現れる論説は、多くが明治維新の当時の処置のみについて非難してゐて、その歴史的背景に言及する事がないのはをかしい。神仏分離は、決して明治維新の際に突然起こつたものではなく、この傾向は近世三百年を貫くものであつて、その先駆は、既に近世の初頭にある。この近世三百年間の思潮が、やがて明治維新を機会として神仏分離を徹底せしめたのであつて、之は決して一朝一夕の事ではなかつたのである。だから、明治維新の神仏分離を論ぜんとする者は、当然近世の初頭、中世の末期にまでたちかへつて、神仏分離の問題を考察しなければならない。（本書一一三頁）

と問題提起してゐる。

もつとも、だからといつて、明治政府の神祇行政が全て良かつたと考へてゐた訳ではあるまい。著者にとつては、要路に人物がゐるかゐないかは非常な問題であつて、人物がゐないために見識のないことがまかり通つてゐた、と感じることもしばしばあつたやうである。神社合併策についての著者の見解については、本

書末の「神職としての祖父平泉澄」でも少し触れた。

また、神社と庶民との関係は帝大学生の頃からの研究テーマであつた。神社の座にも大いに関心を払つてゐたやうで、論文としては、「神社の座に就て」(「神道学雑誌」二、昭和二年四月)、「神社を中心とする自治団体の結合と統制」(『神道講座』第四冊、昭和五年一月、神道攷究会)などがある。このやうな社会の実態を解明することこそ著者の最も得意とするところであつて、大づかみに全時代を通して歴史的な流れや大局を把握する一方で、精緻な分析に精力を注いでゐた。

Ⅱには、神仏習合の問題に続いて、伊勢神宮、出雲大社、大神神社、住吉大社、日光東照宮、靖國神社に関するものを収録した。大学院時代の研鑽結果である『(日光)東照宮史』は知られたところであるが、ほかにもごく初期の著述である綿向神社をはじめ、個別の神社史は手慣れた分野だつた。

その神社をはじめとして、伝統を大切に維持伝承してきた家を扱つたのが「旧家」(「神道史研究」二―二・三、昭和二十九年四・七月、のち『寒林史筆』再録)である。「歴史を貫く冥々の力」(「学習研究」七―六、昭和三年六月、のち『国史学の骨髄』・『平泉博士史論抄』再録)などと共に、著者の志向がそこにあらはれてゐよう。

さらに「Ⅲ 歴代の御聖徳」には、御歴代天皇の聖徳に関するものを掲載した。前にも触れた「神道と国家との関係」には

(天皇様の)その日常の生活が、全く神への奉仕を第一とし、主眼とする、敬虔なる明け暮れであるといふ事は、ここに神道の性格を見、ここに日本の天皇と、外国の帝王との間に、大いなる相違があつて、凡そ傲慢専横の影をも留めないものである事を知るべきである。

とあり、この点にこそ我が国と皇室との特質を求めてゐるのである。ほかにも神功皇后、亀山上皇をはじめ、戦後の著述でもしばしば列聖の御聖徳を明らかにすることに意を用ゐてゐる。

著者の神道理解については、谷省吾教授著『神道原論』（昭和四十六年刊）の「序」に寄せた一文をあげておきたい。（ルビを付した）

斯《こ》の道に探玄の士は多からず、参究の書は少ない。神社史はあるが、外形の観察に止まるものが多く、祭儀の調査はあるが、比較民俗の立場を離れないであらう。若し真に神道の本質を究めようとならば、必ずや神々の霊感、冥応《みょうおう》にまで参入しなければならぬ。それなくしては、摸擬であり、戯談であるに過ぎない。素朴は、恥づる必要が無い。むしろ真摯を貴ぶべきである。浅薄なる文明進化の思ひあがりを棄てて、伝統に随順し、祖先の深い心を仰ぐ敬虔を必要とするのである。

「斯の道」といふのは神道そのものを指すであらうし、その本質を極めるためには神々の霊感、冥応にまで参入しなければならない、と明言してゐるのであるから、この方面の著者の論文なども収めたいと考へたが、神職としての著者の一面は、筆者が「神職としての祖父平泉澄」で簡単に触れるにとどめ、神職姿の著者の写真や、著者が創建また再建した白山神社境内社の写真等を載せることとした。

論文採録から配列・分類に至るまで所功氏には全面的な協力をいただき、野木邦夫氏にはパソコン入力をはじめ索引作成にわたるまで助力をえた。校正は橋本秀雄・横山泰・浅野義英各氏に最初の段階からお願ひし、特に仮名遣ひや表記は若井勲夫氏、ルビや読点の追加は宮田正彦・梶山孝夫両氏の協力を仰いだ。これらの方々にあつく御礼申し上げるると共に、数年を要した仕事を支へていただいた錦正社また朝日印刷に感謝の誠を捧げたい。

なほ、本書のカバー表紙の表と裏には平泉寺白山神社が所蔵する「白山平泉寺境内図」「白山天嶺図」を用ゐた。白山平泉寺最盛期の様子を、のち江戸前期の元禄年間に改めて描いたものである。

編集上の例言

一、本書は平泉澄博士の厖大な著述の中より、主として著者の神道論、神道観を理解するのに適当な論文・講演記録を一冊に集録したものである。
一、論稿は「Ⅰ 神道総論」「Ⅱ 神社の歴史」「Ⅲ 歴代の御聖徳」に分類し、それぞれのなかで適宜配列した。
一、原文は正漢字で記されてゐるものが多いが、若い読者の便宜を考慮して、本書では原則として常用漢字を採用した。また、原文には若い読者に難解な漢字が少なくないので、ルビを振ることとした。ただ、ルビを歴史的仮名遣ひにするとかへつて読みづらくなると思はれるので、現代仮名遣ひとした。
一、原文は全て歴史的仮名遣ひで執筆・記録されてをり、本書でもその通りに載録した。送り仮名や表記には統一をはかり、文章の句点は原文通りを準則としたが、若い読者の理解を得やすいために、若干補つたほか、読点については大幅に付け加へた。また、書名に『 』を、文書名等に「 」を付けた。
一、明らかな誤植等は訂正し、講演録である「神道の本質」では読みやすさを考慮して若干の表記を変へた箇所がある。
一、戦前の論文のなかには、現在よりすれば、人権などに関はる不適切な用語が僅かに認められるが、当時の見解を正確に伝へるため、原文通りに復刻した。

平成二十六年（二〇一四）二月

平泉澄博士神道論抄　目次

Ⅱ　神社の歴史

Ⅲ　歴代の御聖徳

I

神道総論

一、神道の本質

第一講

私は北国の山の中の神社の神職の家に生まれました。もとは大社でございました。時勢の変遷、衰微《すいび》の極にありますお宮の神職の家に生まれまして、つぶさに艱難辛苦《かんなんしんく》を嘗《な》めました。神職がいかなる悩みを持つてをるか、現状も、明治・大正・昭和にかけての世の中の動きの中の神職の実状も、心得てをるつもりでございます。

東大の教授としましては、しばらく神道の講座の代弁者をつとめまして、神道講座の充実のためには全力をあげたものでありますが、講座が充実すると同時に、私は国史学講座の本官にもどりましたので、そのあとのお世話はできずに終りました。神祇院《じんぎいん》ができましたときには、参与を仰せつかりまして、私の常に疑問とし、或いは不満としてをりました問題を、一つだけ解決することができました。不幸にして、戦ひあのやうな結果に終りまして、神祇院も解散せられ、私も野《や》に下りました。

終戦後十年は、追放の境地にありまして、ほとんど発言を許されませんでした。そののち二十年のあひだ各地を巡歴いたしまして、講演、研究、全力を傾けましたが、頽勢《たいせい》を挽回《ばんかい》する力がございませんで、年すでに老いました。八十歳になつて、また郷里にもどりまして、ひたすら神様にお仕へしてをる次第であります。

本日皆さんにお目にかゝりまして、えらさうに何か講義をするつもりではございません。むしろ皆さんにお聴きを願つて、何とかして神道の将来のために、同時にそれは日本の前途のために、御一緒に御奉公をしたいといふ念願を持つてをりまして出てまゐりました。かういふ機会を与へられました渋川さんに感謝いたします。皆さんもそのつもりでお聴きとりください。

自分の果さなかつたことといろいろございますが、神道に対し、或いは神社に対し、神職に対し、いろんな反対意見、或いは侮蔑《ぶべつ》がございます。西洋哲学の方面より、或いは東洋哲学の方面より、その他より、いろいろな非難がございます。神道とは何であるか、ありや何事だ、かういふ声が聞こえるのであります。なかんづく鈴木大拙《だいせつ》氏が――御承知のとほり西田哲学の、何といひますか西田さんの親友として有名な学者でありますが、神道といふものは何とかならぬものか、かう言つて、神道に霊性のないこと、単なるお祭りさわぎにすぎないといふことを痛罵《つうば》してゐる。これに対して私は、まだこれにこたへる機会なくしてきてをりますので、この機会に、もつぱらこの問題について皆さんと共に考へたいと思ふのであります。

もし神職のつとめてをりますところ、日本の神道が発揮されてゐるといふことが、単なるお祭りさわぎにとゞまるとするならば――私はお祭りは結構だと思ひます。山車《だし》が出ることも結構だと思ひますが、それだけだつたとするならば、鈴木大拙の非難は、これを甘受《かんじゅ》しなければならぬ。また、各社においてさかんであります神前結婚、私は結構だと思ひます。これだけで、これが神道だといふならば、これまた鈴木大拙の非難を甘受しなければならぬ。私は、さういふことは枝葉末節であつて、もつと重大な問題がある。そしてそれを果しきたつたものは神道にほかならぬ。そしてこの精神の消えてしまふときには、日本の国家、同時に民族も破滅のときである、といふことを信ずるのであります。

そこでもつぱらこの点から申しあげたいと思ふのでありますが、第一は、和気清麻呂公《わけのきよまろこう》であります。

和気清麻呂公

和気清麻呂公のことは、どなたも御承知、いま詳しく申しあげる史料はございませんし、その余裕もございません。どうぞこれにつきましては、『続日本紀』に出てをりますから、『続日本紀』を御覧いたゞきたうございますが、不幸にして『続日本紀』は、六国史の中で最も杜撰《ずさん》なものであります。これは『続日本紀』がどういふ風にして作られたか、そのいはれをずつと調べてもらひますと分かるのでありますが、非常に難航でありまして、うまくできなかつた。何度も何度も詔が下りまして、これを改修し改修して、やうやくできた。しかし不出来であります。非常に不出来な記録であります。そこで、和気清麻呂公の伝記、あの有名な道鏡の陰謀をうちひしがれました一件は、もう一つ『日本後紀』を見なければならないのであります。

『続日本紀』を全部完成しましたときと、『日本後紀』のつくられたときと比べてみると、五十年ばかりのひらきがあります。従つて『続日本紀』の方が、あの事件をその当時において記録したものを、あとでまとめられたと見られます。『日本後紀』は、ずつとあとでまとめられたことになりますけれども、全体としてまとまつてをるのは、『日本後紀』が良い。『日本後紀』にしても、正しいかといふと、さうもゆかぬ。

これも随分杜撰な点がありまして、こんな細かいこと言ふ必要はありませんが、たとへば『日本後紀』に和気清麻呂公のことを、延暦十八年（七九九）の条に、「摂津の大夫《たいぶ》清麻呂の姉なり」と書いてあります。清麻呂公のお姉さんの広虫の亡くなつたことを書かれた条に、「摂津の大夫清麻呂の姉なり」と書いてあります。かういふことはないはずなんで、摂津はもとは職《しき》でありましたから、職であつたあひだは大夫でありませうけれども、職を改めて摂津が国になりましたのが延暦十二年であつて、延暦十八年ならば、これは摂津守としなければならぬ。何かこゝにまちがひがあるらしいといふことが、すぐ分かります。ところが、その延暦十八年正月には「摂津の大夫清麻呂」と書いてあつて、二月になりますと、清麻呂公亡くなりまして、亡くなりましたところには、これまた不思議なことで「贈正三位、造宮大夫清麻呂薨《こう》ず」と書いてあります。さうすると、一月前には「摂津の大夫」と書いたのはまちがひであり、実は造宮大夫であつた。大夫は御承知のとほり職《しき》の長官のことでありますから、これは造宮大夫といふのが正しい、前のはまちがひである、といふことが分かります。

こんどは、「贈正三位清麻呂」が亡くなるといふのは、どういふことだ。亡くなつたのちに贈られたから「贈正三位」である。これは記録がまちがつてをる。かういふ杜撰なことがございまして、『続日本紀』も杜撰であり、『日本後紀』も検討を加へなければならないといふことがございますが、道鏡の陰謀を打破した一件におきましては、この二つを取り合せて見てゆくほかしやうがございません。二つをとりあはせてみるとよく分かります上に、『日本後紀』の方が深いところを書き記《しる》してをる。前の『続日本紀』におきましては、おそらく憚《はばか》るところがあつて省略したのではないかと思ふところを、『日本後紀』がこれを書いてあります。

太宰の神主《かんづかさ》習宜阿蘇麻呂《すげのあそまろ》が、「道鏡を帝位に即《つ》けられましたならば、天下安穏でございませう」といふことを上奏した。そのときに天皇は、清麻呂をお召しになつて、夢に八幡の神のお告げがあつて、尼法均《ほうきん》をよこしてくれろ、これに神勅を伝へたいといふ仰せであるが、法均は婦人であるから行くことが困難である。汝はその弟であるから、姉に代つて行つてこい、といふことで、そこで清麻呂を宇佐へお遣しになられるのであります。

さうすると、神の託宣には、「我が国は開闢《かいびゃく》以来君臣の分が定まつてをる。臣を以て君となすことは許されない」といふ神勅が下つたといふことを、『続日本紀』はすなほに書いてをります。ところが『日本後紀』になりますと、最初に神の託宣は、「習宜ノ阿蘇麻呂の言つたとほりである。道鏡に御位を授けられるがよい」といふ神勅が下つた。そのときに、清麻呂公これに対して、「いま大神の教へたまふところは、これ国家の大事なり。託宣信じがたし」かう言つて、もう一度お願ひをされるのであります。そのときに非常な神異、ふしぎなことが起こつたといふことが、詳しく書いてあります。そして第二の託宣が下つて、「我が国は君臣の分定まつてをる。道鏡は許さるべきでない」といふことが下つた。さういふことが詳しく出てをりますので、この二つを取り合はせて御覧になると、和気清麻呂公がどういふはたらきをなすつた方かといふことが、明瞭であります。

けだし、あゝいふ陰謀を企てたのでありますから、和気清麻呂公宇佐へお使ひにまゐりましたときに、すなほに神勅が下ることはない、必ず大きな陰謀が、こゝにもはたらいてをつたにちがひない。それを打ち砕いて、ほんたうの神慮をうかゞひ知ることができたといふことは、これは非常なことであるといふことが想像されるのであります。つまりこれは命がけの仕事である。神勅をいたゞくことが既に命がけの行《ぎょう》である。そしてその結果を報告申し上げたときに、大隅《おおすみ》に流されること御承知の通り。その流される途中において、和気清麻呂公は殺されかゝるのであります。この殺されかゝりましたときに大雷雨がありまして、雷雨によつて救はれたといふことが書いてあります。まさにその通りであつたらうと思ひます。

この一件を私は、非常に重大視するのでありますが、これが神道である。日本の神道が、なまやさしいものではない。本当に神慮をいたゞくといふことは、命がけの行であるといふことを、私は痛感するのであります。これはもう全体にひゞく問題であります。この和気清麻呂公及びお姉さんの法均尼、実に偉い人でありますが、かういふ人々の行跡を見てみますと、何とも言へない偉いお方だと頭が下がるばかりであります。それが一つ。

ところが、その清麻呂公の子孫が非常な大きなはたらきをしてをられる。そのことを世間ではほとんど見てをらない。これを私は歎くのでありますが、どういふことであつたかと言ひますと、承久の変のときであります。御承知の通りに、承久の変に官軍敗れまして、賊軍京都に乱入しまして、後鳥羽上皇は隠岐へお流し申し上げる。順徳上皇は佐渡へお流し申し上げる。これは、日本の歴史の中における最も重大な一つの悲劇であります。このことを詳しく見てゆかなければ日本の歴史は分からない、とまで私は思ふのであります。

その後鳥羽上皇、隠岐へお流されになりましたのが、確か四十一、二ですね。男なら四十二が厄年でありますが、その時分にお流されになつて、隠岐においでになりますこと十九年、六十歳でお亡くなりになりました。順徳上皇に至つては、二十四、五歳でお流されになり、佐渡においでになること二十二年、順徳上皇は病気でお亡くなりになつたのでなくして、絶食してお亡くなりになるのであります。かういふ悲惨な出来事の中に、日本の歴史といふものが真剣に考へられなければならぬ。日本の国体といふものは、たゞ礼讃して終はるべきものではない。この悲痛な事件の中に鍛へられてきてをる日本の道義といふものが、国体を光あらしめてをるのであります。

その後鳥羽上皇、順徳上皇、お流されになりましたときに、誰がお伴をしてをつたかと言ひますと、後鳥羽上皇にお伴をしたと言はれます中のひとりは、長成《ながなり》、これは和気ノ長成であります。清麻呂公の子孫であります。このことは、『吾妻鏡』にも見えてをりますし、普通の『和気系図』にも見えてをります。もう一つは、それは普通の書物に見えてをりませんが、「別本和気系図」に見えてをります。持つてゐりました。これであります。この系図に見えてをります。これは江戸時代のごく初めに書かれたものであります。奥に内大臣の署名がありますが、由緒ある『和気系図』の写しであります。その中に、いまの長成も書いてありますが、もう一人有貞《ありさだ》といふ人が、書いてあります。

長成は隠岐へ御伴申し上げ、有貞は佐渡へ御伴申し上げました。和気といひます家は、特技は医者であります。朝廷にお仕へするのに医学を以てした家であります。その医者が御伴申し上げてをるといふことは、悲運の上皇にとりまして、どれほどかお慰めであつたか、どれほどか心強く思し召されたことであつたかと思ふのであります。歴史を考へるといふことは、かういふところにおいて考へなければならぬ。

清麻呂公の、道鏡の陰謀を打ち破られた勇気、これは実にすばらしいことでありますが、その子孫が、はるか後になりまして、これは清麻呂公が亡くなりましてからのち四百五十二年たつてをります、四百五十二年たちましたのちに、承久の大変に遭遇して、長成は後鳥羽上皇の御伴申し上げて隠岐に渡る。有貞は順徳上皇の御伴申し上げて佐渡に渡る。それぞれ悲運の中に上皇をお慰め申し上げてをるといふことは、実に重大であります。この先祖にしてこの子孫あり。日本の道義のみごとさ、その強みといふものを痛感するのであります。

これもいろいろ申し上げたいことが有りますが、概略にしておきまして、そこで今度もう一つ、このあとに問題があります。それは、ずつと遥か年が下りますが、嘉永四年（一八五一）になりまして、従つて清麻呂公が亡くなりまして千八十二年のちになりまして、その昔の功績を思し召されて、孝明天皇は清麻呂に対し、護王神社の神号を賜はつた。神として祀《まつ》られるのであります。このことは、日本の神道がどういふものであるかといふことを考へる上に、非常に重大であります。

明日申し上げることになりませうが、真木和泉守の建白によりまして、古来の忠臣義士だんだんと神に祀られて、それがやがて別格官幣社《べっかくかんぺいしゃ》となりますこと、それは皆さん御承知のことでありますが、嘉永四年といふ年に、真木和泉守の建白より十年前に既に、建白によらずして孝明天皇の思し召しによりまして、「贈正一位護王大明神」として神号を賜はつた、といふことは非常な重大なことであります。先づ和気清麻呂公について、これだけ申し上げておきます。

菅原道真公

次に、菅原道真公。ところで、道真公はどういふ罪があつたのであるか。流されるといふことは、いったいどういふことであるか。それについて問題がございます。どういふ罪があつたのかといふにつきまして、私は、あくまで無罪であるといふことを確信いたします。当時のものを詳しく検討してゆきますと、この人にさういふ何らかの陰謀があつたか、考へられざるところであります。陰謀は、これを否定するの外はない。全く無実の罪を負はされて、つまり醍醐天皇を廃して自分の縁故のある王を御位に立てようとしたといふ陰謀があつたといふのでありますが、これも根も葉もないことであります。全くいはれなき罪に過ぎないといふことを確信いたします。

ところが、罪せられた場合に大宰ノ権帥《だざいごんのそち》に流されたといふことが、どの本にも書いてございます。御承知の通りであります。大宰ノ権帥ならそれでもいいぢやないか、といふきもちを世間の人は持つのであります。つまり九州総督の次席、次席ならばそれでもまあいいぢやないか、といふきもちが世間一般にもございます。ところでそれが絵にあらはれてをりまして、『天神絵巻』を見ますと、太宰府に流されて閑居してをられる絵を見ますと、衣冠束帯でありまして、周囲にやはり衣冠束帯の人が四、五人つきそつてをる。そして道真公の前には、広蓋《ひろぶた》に恩賜《おんし》の御衣《ぎょい》がのつてをる。それを戴いて、「去年の今夜」云々の詩を詠んでをられる。それが書いてあります。そんなものではない。

戦争直前でありましたが、海軍で、日本の歴史を飛行将校に簡単にのみこませたいといふ希望がありまして、私は当時霞ヶ浦航空隊に講義に行つてをりましたが、霞ヶ浦航空隊は海軍航空隊の指揮官、指導者を養成してをつたところであります。その人々に、時間がないから、一目見れば日本の歴史はかうだといふことを感銘するやうな絵を考へてもらひたいといふ判断です。そのどういふ図柄を選ぶかといふことを、私に一任されまして、私は、菅原道真公の「太宰府閑居の図」を書いてほしいといふことを言ひました。

これを書かれましたお方が、非常な偉い方でありまして、書いてこられましたのを、下絵を見て私は、「失礼ですが、これではどうにもなりません。かういふ状態ではございません。衣冠束帯で安坐してをられるやうな、なまやさしいことではない。また、おつきの人が横に居て、衣冠束帯で坐つてをる。そんな状態ではございません。」と申しました。

家は雨もりがしてをる。雨もりがして、道真公の着物は衣桁《いこう》に掛けてをる。雨にかゝつて、みな濡れてをる。それから、水を飲まうと思つて台所へお立ちになるといふと、水甕に水がある。それにぼうふらが湧いてをる。飲むことができない。月の光はある。しかしながらともしびはない。屋根は破れて、月はなほ明《あか》い。月夜ではなくて雨が降れば、家の中は雨で濡れてしまふ。何とも言へぬ悲惨な状態です。

これは『群書類従』の中に、菅公の詩集『菅家後集』の中にある。御承知のやうに菅公は非常な尊敬を以て詠んでをりまして、『百人一首』の中にも、「このたびはぬさもとりあへず」といふ歌がありますが、あの名前は「菅家」となつてをります。菅公の名前は出してをりません。「菅家」といへば、それは道真公、『菅家後集』といふのは、道真公が流され太宰府へゆかれたのちの詩を集めたものであります。まことに悲痛な詩であります。ほとんど読むにたへない、涙なくして読めない詩であります。それを御覧になると、そのときの事情が詳しく分かります。真に悲惨そのものです。

このときは、菅公ばかりではありません。親も流される。子も、長男も次男も三男も、皆流される。詩の中にありますが、「父子一時に五処に離《わか》る」。親子が一時に五ヶ所に分れて流されるのであります。「口は言《ものい》ふ能はず、眼中は血なり」。もう何とも言ひやうがない。ことばは誰もない。血が目の中ににじみ出てをる。「俯仰《ふぎょう》す天神と地祇と」、たゞ祈るのは天神、天神地祇に祈るのみである。

それから、かういふことがあるのです。「平らかに謫《たく》所に到るも誰か与《とも》に食せん。生きて秋風に及ぶも定めて衣無からん」。かういふ旅をして無事にこれで太宰府まで行けるだらうか。仮に無事に行けたとしても、一体誰と食事を共にすることができるだらうか。もし、秋までいのちが有るとしても、秋風が吹いてきたときには、寒さを防ぐ着物はないであらう。その通りの状態、かういふ悲運の中で、間もなく亡くなるのであります。

普通に人の言ひますのは、「都府楼は纔《わず》かに瓦の色を看《み》、観音寺は只《たゞ》鐘の声を聴く」。それによつて、いかにも悠長な生活のやうに見えますが、さうではない。一室に監禁されて外へも出られない。その監禁の状態といふのが、いま申し上げたやうに、水も飲めない。食べものもない。着物もない。濡れ鼠になつて、やがてこゞえ死ぬ。さういふ状態なんです。そのことを痛感しなければ、菅公がどういふ方だといふのはわからない。そして、かういふ状態において始めて、「去年の今夜」の詩を思ふ。かういふ境涯におきまして、何ら天皇をおうらみ申し上げるきもちがない。実に偉いことだと思ひます。

もし自分がこの境涯に立つて、憤懣《ふんまん》やるかたなききもちが、無くなるだらうかといふことを、私は……とても自分がそこまでの忠義のまことのないことをおそれるのであります。普通の人のなしえないことである。それを最後まで、お上の御恩を感謝し、お上の御安泰を祈るといふのは、神道の極致といふべきであります。消極的といへば消極的であります。しかし、あんなときに、何が積極的なことがなされませう。これを思ひますと、菅公といふお方は、実に偉いお方といはなければならぬ。全国に無数の天神社ができ、人みな菅公を仰ぎみてをりますのは、この忠義のまことが然らしむるところと思ひます。それが菅公。

その菅公が亡くなりましてのち、三百六十七年たちまして文永年間に、御承知の通り、蒙古が広大なる国土の膨張、アジア全体をおほひ、さらにヨーロッパにまでその勢力は伸びまして、四十数ヶ国を平定するといふ大帝国を作りました。それが日本に使をよこしまして、日本に、属国となることを要求してをります。そのときに朝廷において、御相談がありまして、その蒙古の通牒に対して返答を書かせられた。その返答を書いたのが菅公の子孫菅原長成《ながなり》、この返牒《へんちょう》は実にすばらしい文章であります。

大体の意味は、いままであなたの国とは、何らの交渉もなかつた。交通もなかつた国である。したがつて、あなたの国、蒙古の国を好んだこともなければ憎んだこともない。一切交渉のなかつた国だ。然るに突然、わが国に対して武力を以て脅迫しようとする。これでは返答のしやうがない。そのあとの文章が実にさかんなものでありますが、

「凡そ天照皇大神、天統を耀《かゞや》かしたまひてより、日本今の皇帝、日嗣を受けたまふに至るまで、聖明の覃《およ》ぶところ、左廟右稷の霊、得一無弐《ぶじ》の盟《ちか》ひに属せざるは莫《な》し。百王の鎮護、孔《はなは》だ昭《あき》らかにして、

四夷の倏靖《しゅうせい》、紊《みだ》る丶ことなし。故に皇土を以て永く神国と号す。智を以て競《きそ》ふ可きに非ず、力を以て争ふ可きに非ず。」

これが、蒙古に対する返牒です。この当時、世界各国の中に、蒙古に対してかういふ堂々たる態度を以て、彼の強圧をしりぞけたものは、どこにもない。それが、日本だけがやりとげた。そのやりとげた文章を書いたのが菅原長成。すなはち菅公の精神が、こんどは積極的にあらはれ出たものが、これであります。まことに見事といはなければならぬ。和気清麻呂公・菅原道真公、二人とも神道において、きはめて重大なはたらきをされたお方であります。神道の極意をこ丶に見ることができ、神道が、これによつてどれほど高められたか分からない、といふことを思ひます。

源　実　朝

それからこんど第三に、源ノ実朝。この人を私は、神道の行者であると思ひます。神道の行者であつて神道の殉教者のひとり。清麻呂公も殉教者のひとり。それから道真公も殉教者のひとり。さらにこの実朝、この方がやはりさうなんです。この人のことは、御承知の通りで、承久元年（一二一九）正月に右大臣に任命された拝賀の式を行はうとして、鎌倉の鶴岡八幡宮へ参拝をして、その参拝をした——夜の参拝でありますが——夜の参拝に、一族のために殺されるのであります。その事件といふのは、今まで非常に不可解になつてをります。不明瞭になつてをります。

この人の歌の中に、どなたも御承知の有名な歌があります。それは、

山はさけ海はあせなむ世なりとも君にふたごころわが有らめやも

といふ歌でありますが、先年、昭和十七年でありましたが、東京において新聞社の発起で、『愛国百人一首』といふものを作らうといふ相談がありました。委員は、当時第一流の歌人《うたびと》がみな集められました。佐佐木信綱・土屋文明・釈ノ迢空《ちょうくう》・川田順・斎藤劉、その他いろんな方がをられました。私は当時、顧問といふことで出席を要請されまして、顧問といふことで出てこいといふことでありましたけれども、忙しいもので……十七年といへば、戦争の最中であります。

私は、戦争の最中は、大学――東大の講義は火水木の三日に集約してをりまして、あとの日はみな、陸軍・海軍の講義に行つてをりました。火水木と東大で講義をして、すぐに夜汽車に乗つて広島へ行き、金曜の夕方までに江田島へ着いて、一風呂あびて夜講義をして、土曜日にまた講義をする。日曜の午前中講義をして、お昼御飯を江田島で食べて、すぐ汽車に乗る。月曜の朝八時に東京駅へ着く。うちへ帰つて着物を着かへて、青山の陸軍大学校で講義をする。これを連続やりまして、ほとんど畳の上へ寝る時間がない。戦争中だけに、そんなことでありました。私は憤慨するのでありますが、ほかの学者は、たいてい軽井沢へ転地してをる。東大はほとんどからつぽであります。われわれは一生懸命に奮闘して、何とか戦争勝たなくてはならんと思つて、奮闘したのであります。さういふ状態。

そこで、この十七年の『愛国百人一首』の会にもあまり出ずにをりましたが、ちやうど空《あ》いた時間が有つたので出たところが、出てみて驚きましたのは、実朝の「山はさけ海はあせなむ世なりとも君にふたごころわが有らめやも」といふ歌を入れるか入れないかで、大議論になつてをります。その大議論といふのは、生易しい議論ではない。ほとんど白熱しましてね、当時座長をつとめられたのが佐佐木信綱先生、それが私が出ましたときに、「どうか自分は座長をやめさせてもらひたい。ゆふべなども帰つて眠れない。心臓がどきどきして眠れない。こんなおそろしい議論をやられるなら、自分はつとまらない。座長は御免をかうむる」。そこで、土屋文明氏が、これは若いものですから、土屋さんが代つて座長になりました。また議論を始められた。議論を始めるといふことでなしに、非難が多い。こんな歌はなんだ、といふので非常な非難でありました。たうとうこれを葬り去ることになりました。そこで私が立つた。

「この歌は、日本精神の極致、日本の道義の極致をあらはした歌であります。何のためにこれに反対されるのか。みんな言ふのを聞いてをると、愚にもつかぬことを言つてをられます。二心《ふたごころ》といふのがいかん。さうでせう、二心はいかにもよくない。しかし、二心わが有らめやも、私は持つてをりませうか、持つてをりません、といふのですが、どこが悪い。皆さん、頭どうかしてをられるのぢやないですか。この歌の本当の意味はかういふ意味です」といふので私がそれを説明した。

この当時後鳥羽上皇は、何とかして政権を朝廷へ返さなければならぬといふ御趣旨で、そこで実朝に対して、日本の国体は、朝廷が政権をとる、これは当然のことであつて、いま幕府が政権をとつてをるのは、まちがひである。武士は武力を持つてをる。これは貴い存在であるが、それは勅命によつて動くべきもので、勅命によつて任命されてゐるものであつて、それが朝廷を離れて勝手に天下の政治をとるといふことは、許されるべきものではない、といふことを実朝におさとしになり、然るべきときに政権を朝廷へ返す、大政を奉還するやうにといふことをおさとしになつた。そのおさとしは、しかし、まだ極秘のうちに行はれた。もしこれが公然と――少しでも外へもれれば、北条氏は絶対に反対する。すぐにクーデターが起る。実朝すぐ殺される。そこでこれは極秘のうちに承知しておいて、然るべき時期が到来したときに、即時これを断行しようではないか、といふお話が有つたやうに思はれます。その勅書を承つての歌であります。朝廷に対して御返答申し上げたのが、この歌なんです。

これは三首あります。

大君の勅をかしこみちゝわくに心はわくとも人に言はめやも

この「ちゝわくに」が、前には「ちゝはゝに」と、本もまちがつて書いてをりますが、やがて古写本が出て、「ちゝわくに」といふのが正しいといふことがわかりましたので、この意味が明瞭になりました。陛下の勅命をかしこみまして、非常に心を苦労をいたしますが、この心の苦労は人には申しません。

ひんがしの国にわがをれば朝日さすはこやの山のかげとなりにき

関東に、鎌倉に自分が幕府を開いてをれば、朝廷の御光をさへぎることになりまして、申しわけのないことであります。必ず政権は朝廷へお返し申し上げませう。

山はさけ海はあせなむ世なりとも君にふたごころわが有らめやも

天皇に対し奉つては、山はさけ海はあせなん、どんな大変動が起りましても、二心は私の持つところではありません。何といふすばらしい歌だ。この歌を『愛国百人一首』からはづすといふことならば、全部態度を逆にして、やめられたがよい、とまで極言したのです。これはね、その当時さすがに皆さん、いつぺんに分かられました。分かつた、それではこれを入れよう、といふので、この歌が入りました。

さういふ事情で、「山はさけ」といふ歌が『愛国百人一首』にとられまして、実朝の精神・理想が明らかになつたと思ひますが、間もなく朝廷は、実朝を右大臣に任命せられ、その右大臣の拝賀の式を行ふために、鶴岡八幡宮へ参拝をする。それも夜です。夜、儀式を行つてをる。夜、参詣して殺された。本来なら朝廷に伺ふべきでありますが、代りに八幡宮へ参拝して、その式を行つて、といふことで、夜参りまして殺されてをります。これはまた、日本の神道及び日本の道義の殉教者といふべきであります。

このときにいろんな特異な出来事がありまして、実朝は殺されるであらうといふことを、本人が自覚してをりました。それは、その朝理髪をした、その理髪をしたときに、鬢《びん》の毛一すぢをとつて、これを理髪をした人に与へて、「これを記念にとつておけ。自分は本日殺されるかも知れぬ。形見にとつておいてくれろ」。それから髪をゆひをはつて庭を見ると、庭に梅の花が咲いてをる。その梅の花を見て詠んだ歌が、

出でていなば主《ぬし》なき宿となりぬとも軒端の梅よ春を忘るな

これも、自分が殺されるといふことを、予期しての歌であります。

それから、いよいよ門を出ようとするとき、鳩がしきりに鳴きさへづつた。こんなことがいろいろ有りました。それから、車から降りるときに、剣《つるぎ》がつき折れた。不思議なことであります。大江広元《ひろもと》が、当時もう老人でありますが、「どうぞ今夜はおやめください。といふのは、何となく胸さわぎがして、何となく涙が出てしやうがありません。何かありませうから」と言つてとめる。つまり事前にこれを予知してをる。これは明日申し上げるつもりでありますが、出来事を事前に予知し予感するといふことは、非常な重大なことだと私は思ひますが、このことを御注目いたゞきたい。こゝで実朝を切りまして、次は明恵《みょうえ》

上人。

明恵上人

明恵上人は仏教の人であります。特に言へば華厳《けごん》の人であります。この人、私から見ると、日本の神道を理解するためには、明恵上人の教をうけなければわからない、とまで思ふのであります。そして、その行ひを見れば、明恵上人は立派な神道の実行者である、実践者であるといふことを痛感いたします。世の中には、必ずしもさういふ装束をつけ、さういふ地位についてをらんでも、その道の達人といふものは有る。明恵上人は衣冠束帯をつけたことはない。どこまでも仏徒としてのかたちをしてをられる。しかしその行ひを見ますと、完全に神道の人であるといふべきであります。

たとへば、何がさうですね、九州帝国大学の河村幹雄《かわむらみきお》博士。不幸にして私はお目にかゝつてをりません。私共より一時代前に活動されまして、早くお亡くなりになりましたので、河村先生は、私はお会ひしてをりません。地質学の先生です。地質学の先生であつて、キリスト教徒であります。しかし、その述べられるところを読み、そのなされたこと、特にその亡くなりかたを見ますと、これは立派な神道の人と言はなくちやならん。同時に、神道の人のやうであつて、神道といふものとは全然別の人がいくらも有る。これは、われわれが考へなくちやならぬことだと思ひます。河村博士もクリスチャンであるが、実は神道者である、明恵上人は仏徒であるが、実は神道者である、といふことを思ひます。

『古事記』或いは『日本書紀』もさうでありますが、殊に『古事記』に日本の国の成り立ちを説かれましたところに、神がどの国をお生みになつた、或いはどの島をお生みになつたといふことが、ずつと出てをります。普通、神道を以て荒誕無稽《こうたんむけい》であるといふのは、これから出てをる。ところが、荒誕無稽であるといふ説を反駁《はんばく》するに足る議論といふものは、明恵上人がこれを用意してをられる。明恵上人の華厳の教へですがね。『古事記』に現れた神道の世界といふものが華厳の世界である。これをまた詳しく言ふと、とても時間がございませんが、これを一番端的にあらはしたものは、明恵上人の手紙、これが実におもしろい手紙であります。これは、明恵上人が島へ送られた手紙であります。

「其の後《のち》、何条《なんじょう》の御事候や。」そののちお変りはございませんか。これは、島に対して言はれる手紙です。「罷り出で候ひし後、便宜《びんぎ》を得ず候《さぶらい》て、案内《あない》を啓せず候。」あなた＝島から私がお別れしましてのちは、これといふ良いついでがございませんので、これまで御無沙汰をいたしてをります。

それからいろんなことが書いてありますがね。華厳の教理を述べてあるわけなんです。述べてをられます中に、「別相の微細身、重々無尽、因陀羅《いんだら》のすがたを見ざれば、心浅く、非情なればとて隔つるに似たれども、いみじくたのもしげに思へる心ある友とても、其有様を思ひとけば、島にかはりて自性《じしょう》ある物にも非ず。」ひどい批判ですね。あなたは島だから、これといふ心・情愛といふものがないやうに見えるけれども、しかしながら頼もしさうにしてをる人間でも、よく考へてみると、島以上にその人の心ができてをる人といふわけでもない。

「かく申すにつけても、涙眼《まなこ》に浮びて、生滅無常の法門を心地《しんち》にかきつくる心地《こゝち》す。是に付ても、恋慕の心をもよほしながら、見参《げんざん》する期《ご》なくて過ぎ候こそ、本意《ほい》なく候へ」考へてみると、あなたのことがなつかしくてしやうがないが、しかしお会ひできないのが残念である、といふ、島に対しての愛情を詳しく述べてをられましてね、「此道理の前には、非常なりとても、恋しからむ時は、消息をもまゐらせたし。凡者《およそは》、御事のみに非ず」あなた＝この島だけのことではない。

「高尾の中門の脇に桜のあまた候中に、月なむどのあかく候し夜は、常にかたらひ遊びし桜の一本《ひともと》候が、境《きょう》へだたりて常に見ざる時は、思ひいだされて恋しく候へば、消息なむどやりて、何事か有ると申したき時にも候へども」京都の高尾の中門の横に桜がたくさんあるその中に、自分がいつも遊んでをる桜が一本ある。遠く離れてこれを見ないときには、思ひ出されて恋しくなりますので、手紙でもやつて、どうですかと申したきこともありますけれども、「物いはぬ桜の許《もと》へ消息やる物狂ひありなむなどと、よみ籠《こめ》られぬべき事にて候へば、」しかし世間では私を笑ひますけれども、「然而《しかれども》せむずる所は、物狂はしく思はむ人は、友達になせそかし」。

それで、この長い手紙の最後は、「衆生を摂護《しょうご》する心なきに似たり。凡《およそ》は過《とが》にして過《とが》ならぬ事に候也。取り敢へず候。併《しかしなが》ら後信《こうしん》を期《ご》し候。」あとはまた、この次の手紙で申し上げます。「恐惶敬白《けいびやく》、高弁状《じょうす》。」高弁といふのは、明恵上人の名前です。「島殿へ。」かういふ手紙を書いて、お弟子にこれを島へやつてをります。「島の誰に渡したらよろしいのでございませうか。」「舟から島へ投げとばして、お手紙ですぞ、と言つて投げとばしてこい。」かう言はれたといふのです。

長い手紙ですが、これが実におもしろい。『古事記』を解説するものは、明恵上人の解説ほどすばらしいものはない。決してでたらめなことを子供だましに書いてをるのではなくして、これは実に華厳の世界観と共通したものである。高度の哲学の境地であつて、明恵上人自体において詳しくこれを解きあらはされてをるが、それが日本の神道の成り立ちのところに、明白にあらはれてをるといふことが、非常に重大なことだと思ひます。

明恵上人は、神を、特に春日明神と住吉明神を敬はれました。春日明神と住吉明神を祭つてをられます。そして、神・仏を祭るのに、普通の人の祭り方とちがひまして、それぞれ神様にも仏様にも手紙を書いてをられる。生きてをるお方と同じやうに待遇してをられる。明恵上人がさうですが、道元禅師――日本の仏教徒の中で、非常にすばらしいお方だと思ふのが、ひとりは道元禅師でありますが、道元禅師は白山権現の信者でありました。支那へ渡るときも白山に祈り、支那から帰るときも白山に祈り、永平寺を建てたときも白山に祈り、いま以て実は私のところは――越前の白山神社でありますが、永平寺とは親類づきあひ、いま以て絶えてをりません。曹洞宗の寺院の中には、今でも白山神社をまつつてゐるところがだんだんあり、そして新たに白山神社を寺の境内に建てて、御分霊をもらひにこられるところもあるわけです。私の非常に感銘をうけることが多いのであります。さういふのは、神道においてかういふ偉大なる哲人をやはり考へてよい。そこに神道があらはれてをるといふことを思ふのであります。

その明恵上人においてめざましいのは、承久の変に、賊軍、官軍をうち破つて京都へはいり、京都において官軍の残党を捜索し、捕縛し、これを斬殺しました。そのときに、山城守広綱といひますのは、官軍の大将のひとりでありまして、その子に勢多伽丸《せいたかまる》、その勢多伽丸は仁和《にんな》寺へ入りまして、仁和寺の門主がこれを可愛がつて、寺に隠してをつた。さういふみんな官軍の遺族は、高山寺に逃げ隠れた。明恵上人は、当時京都の栂尾《とがのお》にをられて、栂尾は御承知の高山寺、その栂尾へ官軍の将士逃げこみまして、その山に大勢隠れてをつたんです。それを明恵上人、皆かくまはれた。

そこで賊軍は、明恵上人に縄をかけまして、これを六波羅へひき立てて、北条泰時の前へ連れていつた。北条泰時それを見て、非常に驚きまして、「これはこれは上人でございますか。どうされましたのですか。」と聞いて尋ねた。「実は愚僧は、官軍の人々をかくまつたといふので縄をかけられたのであります。これは事実である。今までもかくまひました。今後もかくまふつもりであります。御迷惑ならば、自分を殺してほしい。」さう言つて答へる。

そこで泰時、感心して、縄を解いて釈放するのでありますが、そのときに勢多伽丸はつかまりまして、仁和寺からひき出されて、つひに殺されます。さういふのを何とかして救はうとして、骨を折られたのが明恵上人。その母親などは、皆明恵上人のところへ集まつた。これは、中納言宗行の奥さんも集まる。左《さ》衛門《えもんのじょう》尉基清の夫人も明恵上人を頼る。とにかくこれといふ官軍の将士は、お公卿さんでも皆殺されますので、その遺族はみな明恵上人を頼りとし、それをかくまつた。偉い人だと思ひます。この当時、堂々として、鎌倉幕府を恐れずして、官軍の将士の遺族をかくまつて、遺族の世話をしたのは、明恵上人ひとりでありまして、ほかにこれだけのことをした人はない。実に偉いと思ひます。これが神道の精神であると思ひます。

それから『高山寺文書』の中に、『大日本史料』に入つてをりますけれども、何ら解説もしてなければ、おそらく編纂者が読みあやまりをされたんだらうと思ひまして、点のうちかたのまちがつてをる文書が一つある。それは、明恵上人より西蓮《さいれん》に与へられた。これが非常に重大なもの。西蓮といふのは、どういふ人かと言ひますとね、左衛門尉藤原能茂《よししげ》、この人が後鳥羽上皇隠岐へお流されになるときにお伴をしてをる。お伴をしてをるのは、何ほどの人数でもない。先ほどは、和気長成のお伴をしたことを申し上げました。左衛門尉藤原能茂が京都よりお伴申し上げてをる。そのときに歳が十七歳、十七歳の少年がお伴をしてをる。そしてこの人が、最後までおつきしてをる。偉いと思ひます。十九年間お伴申し上げ、最後に後鳥羽上皇御病気のときの看護を申し上げ、お亡くなりになりますときに、火葬に付し奉つたのがこの人なんです。そして、その御遺骨を白木の箱に入れて首にかけて、こちらへ帰つてきたのが、この人なんです。それが、入道して西蓮といふ。その西蓮にあてた手紙なんです。

その手紙の中を見ますといふと、「小比丘《びく》高弁」、つまらない僧侶であります高弁、すなはち明恵が「跪《ひざまず》いて請《う》け奉る金字三尊一鋪《ひとつ》」。後鳥羽上皇の宸筆で、金泥を以てお書きになつた三尊仏、それを西蓮が明恵上人にお届けした。その返事です。後鳥羽上皇宸筆の金字の三尊を確かに頂戴いたしました。「そもそも孤島宝閣の壁《かべ》、諸法因果の境《きよう》に落ち、観念叡慮の底、怨《おん》親平等の理を照らす。……重ねて跪《(ママ)》いて、龍顔を仏前に拝し、風《(ママ)》音を浄刹に承る。」今宸筆をいたゞきまして、上皇の御来臨を仰ぎ奉る思ひがいたします。といふことが書いてあります。さうすると明恵上人は、官軍の将士の遺族を保護したばかりではない。後鳥羽上皇とも連絡をつけ、その連絡をつけた人は西蓮である。

その西蓮、その人が、後鳥羽上皇の最後の御遺言を承つてをる。これは実に悲痛であります。「勅宣に云く、故宮恋慕の余、遠島徒然《とぜん》の間、十一面観音の像を作り奉る。……手自ら一刀三礼の叡情、作るところなり」島にをつてわびしさ・さびしさの余りに、十一面観音の像を作つたのである。一刀三礼――一つの刀をふるふたびごとに三度の礼拝をして、これを作つた。「末代に及んで必ず賢王の理政有らん（及二末代一必有二賢王之理政二）。」いまはどうにもしやうがない。将来必ず英明の天子現れて、日本の国がまた光かゞやくときが有るだらう。そのときにはかうしろ、といふことを仰せられてをる。

「嘉禎二年甲子《（ママ）》十月十五日、沙弥西蓮これを記す。」お亡くなりになります三年前に、この御遺言を西蓮に示された。何とも言へぬことであります。

　その西蓮が、往年の左衛門尉能茂、これが御遺骨を首にかけて帰つてきて、そこでそのあと水無瀬へお祀りをする。御承知の通りであります。後鳥羽上皇が非常に愛したまうた離宮が水無瀬の離宮であります。それを、後鳥羽上皇の御血縁の人である水無瀬家が管理することを命ぜられまして、ずつと管理してをる。そこへ後鳥羽上皇をお祀り申し上げ、水無瀬家がこれをお祀りしてをる。その家来となつて、能茂の子孫がずつとお祀りしてをる。

　これが、七百年たつて昭和十五、六年でないかと思ひますが、水無瀬宮が水無瀬神宮と御昇格になりました。当時内務大臣木戸公爵であります。私は、木戸公爵と並んで、お祝ひの講演をいたしました。聴衆は五、六百になつたかと思ひます。水無瀬家が代々お祀り申し上げて七百年を経過した。それは実にみごとである。そのお祭りが普通のお祭りと違ひまして、実に親身《しんみ》であります。上皇が生きておいでになるまゝとしてのお祭り、たとへば三月三日には菱餅をお供へする。桃の花をお供へする。御生前と同じものです。五月の五日になりますと菖蒲とちまきをお供へしてゐる。それから七月の十五日になりますと、蓮《はす》飯《めし》、蓮の葉に御飯を包んだものをお供へする。九月の九日になりますと赤飯と栗とをお供へする。御生前のきもちそのまゝにお仕へ申し上げ、七百年間お仕へしたといふこと、実に偉いと思ひます。それを私は、講演で述べました。

こゝに神道の重大な性格があり、そしてその神道がこゝに発揮されてをる。たゞしこゝに遺憾千万なことがある。何が遺憾であるかと申しますと、この西蓮の子孫が姓を星坂といふ。この家が七百年間ずつと続いて、水無瀬の家来としてお仕へしてきた。すばらしいことと言はねばならぬ。歴史の表面に全然出てをらぬ。何らの報い・報償を得てをらぬ。しかしながらこれらの人々が、黙々として七百年間、悲運の後鳥羽上皇にお仕へしたといふことは、何ものにも代へがたい大きなはたらきです。星坂家はつゞいてきたところが、この星坂家は今は無い。この家は、日本全国民が往年のことを懺悔《ざんげ》するならば、何としてもこの星坂の家を応援して、存続せしめねばならぬ。それが、この家が明治になつてお宮から離れて、家がなくなつてしまつたといふことは、神社行政における大きなあやまちである。内務省の神社局の神社行政はあやまつてをる。わづかの法規に照らして、この家に対する保護をおこたつたといふことは、痛恨事であるといふことを話をしたんです。

さうしましたら聴衆の中で、この話をしたときに、一人だけさつと顔色の変つた人がある。これはね、何百人をりましてもね、人の心の動きといふものは、壇上から見てをつても全部分かる。私は、あの人は何か非常な感銘で、どういふことか衝撃を受けられたなと思つてをりました。やがて講演を終つて、控室にもどつてお茶を飲んでをりますと、さつきの顔色の変つた人がはいつてきました。「あなたは」私は慌てその人に声をかけました。その人が言ひますには、「私は、いまの話を承りまして、御相談があつて参りました。実は、星坂の家が、おかげでほかのところにをります。星坂の姓は名乗つてはをりませんが、家は断絶しましたけれども、娘がよそへかたづきまして、その娘に子供が二人ありまして、その弟の方を呼びもどして、星坂の家をつがせたいといふことを考へました」「どこにゐますか」「淀にゐます」「何をしてゐますか」「自転車屋をしてゐます」「よろしくお願ひします」と言つて頼んだのでありました。昭和十四年ごろだと思ひます。しかし間もなく戦争になりまして、そのあともどうなつたか、それを知らずに今に至つてをります。

結局再興できなかつた。かういふことを、しかし非常に残念に思ふ。法規といふものは守らなければならぬ。しかし、もつと大切なものは道義であります。道義を根本にして、法規といふものを運用してゆかねばならぬ。その家の子孫が、何かの欠陥が有るにせよ、それを何とか世話してゆくといふことを考へるべきである。国家は、その最も悲運のときにおいて、国家の根本を培《つちか》つてきた人々を無視してはならぬ、といふことを私は思ひます。

北畠親房公

それから今度は、時間はあと五分ですが、もう一つだけ。それは、詳しく申し上げるまでもありません。北畠親房公。神道において、神道界において、偉大なる指導者、その方の著述、最も高き、最も深き神道の極意を発揮せられたものとしては、北畠親房公の『神皇正統記』に如《し》くものはない。これは、神道の経典といふべきものであります。もし天台宗が、『法華経』を以て無上の宝典とするならば、神道においては、『神皇正統記』を以て無上の宝典とすべきものである。殊に、その後嵯峨天皇の条において述べられてをりますことは、われわれが肝に銘ずべきものだと思はれますが、いまそれらのことは皆さん御承知のことでもありますし、詳しく述べる必要はございますまい。

たゞ、この『神皇正統記』といふものは、戦国乱離の世の中において、どれほどひろく読まれたか。これは驚くのほかはない。ほとんど全国にわたり、これが読まれてをる。永禄六年（一五六三）の写本を見ますと、いろんな国で写し伝へられてをる。延元四年（一三三九）に常陸の小田《おだ》で作られ、それが明徳には江州において写されてをる。明応には、山門において写されてをる――叡山。それから享禄には、これは京都ですかね。その次には、年が明記してありませんが、常州の大田において、その次には安芸《あき》において写されてをる。その次には常陸において写されてをる。これは、一つの本がどういふ風に写されたか、それを見たのでありますが、常陸で写された本が江州、山門、京へ移り、こんどは常陸へ移り、安芸へ移り、また常陸へ帰つてをる。あの戦国乱離の世でありながら、ひろく書物が動いてをる。これは、実に驚嘆すべきことであります。

これが『神皇正統記』でありますが、もう一つ親房公の著書で、大きなはたらきをしましたものは、御承知の『職原抄』であります。これが、日本の国体を発揮するのに、非常な大きなはたらきをしました。そして妙なことにはね、妙といひますのは、人々が見ると驚かれることと思ひますが、それは『職原抄』の講義が随処で行はれてをる。流派もありました。二階堂信濃守といふのが、これを講義してゐる。その流れがずつと伝はつてをる。それから安保《あほ》殿の流といふのがあります。富田《とみた》殿、かういふ流派があるのです。だれそれの講義はかうだといふので流派があつて……。これがやがて大きなはたらきをするのであります。

幕末に、国語の方で重大なはたらきをなすつた学者に、義門《ぎもん》といふ人が有ります。その義門の書かれたものを読んでをりますとね、これは、独創的な人物であります。御承知の『男信《なましな》』。「なましな」とよみます。これは国語の方でいひますと、独創的な研究で、つまり普通訓《よ》みは、上は「なん」、下は「しん」。ところが、これが国語を正確にいふと、男――Nam、信――Shina。かういふ風にちがひが有る。国語の上では、昔からはつきり区別されてゐるといふことを、はつきりしたのです。おもしろい書物です。

この義門の研究を読んでみて、私が感心しますのはね、義門ばかりでなく、これは坊さんですが、その近所の村にをります人々が、みんな同じ研究にたづさはつてをる。ときどき集つては研究してをる。それがやがて大きな研究に結びつくのであります。

北畠親房公の書物にしましても、人がこれを写し、これを読み、そしてやがてそれが大きなはたらきをしてくる。私は、今後日本の国の前途といふものは、非常な危いものでありますが、この多事苦難のときにおいて、各神社、各神職、手をとつて、大きな――義門の研究が大勢の同志・同僚によつて結ばれたやうに、手をとり合つて研究がすゝみ、そして日本の国を盤石の固めに盛り立てゝゆく、といふことを考へたいと念願することであります。

それでは、今日はこれで失礼いたします。

（以上、昭和五十一年七月二日講）

第二講

昨日申しあげましたことは、神道の本質を考へます上に、どういふ人々によつてこれを考へたらよいか。私の考へから言ひますと、神道の体験者、或いはこれを担《にな》つてきた人々、これは神職に限りませんで、いろんなお方を考へなければならぬ。そして神道といふものは、いかにも平穏無事なものであつて、何ら逆境に立つたこともなく、常に順境にあり、国家の厚い保護をうけてをる、いはゞ日本の国のアクセサリーに過ぎないといふやうな考へが、世間にございます。それを打ち破りますために、神道といふものは、さういふものではないといふことを申し上げようとして、和気清麻呂公、菅原道真公、それから世間ではさうは考へますまいが源実朝将軍、明恵上人、かういふ方々についてだんだん考へてまゐりまして、やがて北畠親房公までまゐりました。

山崎闇斎先生

今日はそれに続きまして山崎闇斎先生。この方につきましては、どなたも概略御承知のことでありますから、詳しく申し上げることはいらないと思ひますが、思想的な展開の上では、山崎闇斎先生は典型的な展開を遂げてをられます。

最初は仏教に入つてをられました。それが二番目は、儒教に入られました。これは、先生の著述に『闢《へき》異《い》』といふ著述がございます。これは、先生自身が、自分の生涯における思想的な展開を述べられたものでありますが、自分は幼年時代には四書を読んだ。やがて成童にして、つまり十五、六歳になると仏教の方へ入る。それが二十二、三のときになつて、仏教を主として三教一致の論を作つたりしてをる。仏教も儒教も同じものだ、といふ議論を立てたりしてをる。二十五のときにはじめて朱子の書を読んで、そこで仏教は誤りであるといふので、仏教を離れて儒教に入ることになつた。それが二十五のときである。いま三十歳のときに、自分は自分の過去をかへりみ、現代を反省して、そこで人々にもあやまちをかされないやうにといふ考へから、この書物を作つて自分の懺悔としたい、といふやうな意味を述べてをられます。

つまり儒教から仏教に入り、仏教から今度は儒仏一致の論を立てられたが、さらに一転して儒教のみにより、仏教は誤りであるといふことを自分は悟るに至つた。かういふ深い思想の悩みを体験してをるといふ人は、ほかに類が少ないと思ひます。その儒教に入られたのが、大きく転回しまして日本の神道に入つてをる。一生の間に、少なくとも三転してきてをる、かういふ経路を経ました学者・思想家は、少ないのであります。

そしてそれが、簡単にさういふ風に変つてをるのかと言ひますと、さうではありませんで、それぞれの学問におきまして、非常にひろく、広博なる研究をとげ、厳密に批判してこれを否定し、次のものに移つてゆくといふ風でありまして、その学問の該博でありますことは、先生の著述を読んでみますと、実に驚嘆すべきものがあります。これだけ広く、またこれだけ深く、これだけ厳しく議論を進めてきた人はない。偉いお方だと思ひます。

私共がそれを言ひますと、権威がございませんが、京都大学の内藤湖南先生がこのことを言はれました。私、なるほど先生よく見てをられると思つて感心したのであります。山崎闇斎のことは世間では、学問が狭い、固陋《ころう》であるといふが、さういふものではない。自分の見るところで、これほど広い学問をした人はない。その広い視野の中から、良いものを採り上げてくる。これが山崎闇斎の見識であつて、驚嘆すべきことだといふことを、内藤湖南先生、御承知のやうに支那の学問においては、広い該博なる知識を持つてをられた先生でありますが、嘆賞してをられます。

その山崎闇斎先生、最後に神道に入つて、その見地から最も重大視されましたものは、『拘幽操《こうゆうそう》』であります。これは、支那の韓退之《かんたいし》、私共がいま以《もつ》て読む度ごとに感激して、この人の文章を読んでをります。われわれの精神を高めます上に、韓退之の文章といふものは、無限の力を持つてをると言つてよい。偉い人であります。その韓退之の詩集の中で、特に『拘幽操』といふものがあります。それまでは支那におきましても、わが国におきましても、『拘幽操』といふものに独特の意義を人は感じなかつた。特に偉いものだといふことを、感じずにをりました。それが山崎闇斎先生は、特にこの一つの詩を採り出して、これこそわれわれの学問の標的とすべきものだといふことを言はれました。これを講義をされました。それ以後、山崎闇斎先生の門流においては、『拘幽操』の講義といふものが、学問の眼目になつてきてをります。

どういふことかと言ひますと、支那におきまして周の文王でありますが、はじめ国は殷《いん》の国、殷の国の最後の王が紂王《ちゅうおう》であります。その紂王が非常に乱れた人物でありまして、不徳の人であります。文王は、非常に有徳の人であります。このときはまだ家来、のちに周の国ができまして周の文王となりますが、家来であります。その文王をとらへて、罪もない文王をとらへて、これを獄屋に禁獄した。その禁獄せられてをるときに、文王は何ら紂王をうらむきもちがない。これは全く自分の不徳のいたすところである。お上の心にさからひ、お上の怒りをうけたといふことは、申しわけのないことである。といふので、常に自分の不徳を恥ぢ、戦々兢々として反省の生活をしてをつた。そのきもちをうたはれたのが『拘幽操』、うたつたのは韓退之でありまして、文王自身ではないが、代つてうたつたのが『拘幽操』であります。

それを山崎闇斎先生が、これこそ臣道の、臣たるものの臣道の極致であるとして、これをとり出して講義をされたといふことは、非常な驚くべきことであります。といひますのは、昨日申し上げました菅原道真公の徳といふのが、これに外ならぬ。神道におきまして、子が親に仕へ、臣が君に仕へる忠孝の徳の根本の精神を明らかにしたものとして、これは非常に重大視しなければならぬ。この考へがありまして、はじめて忠孝を説くべし。自分の都合のよいときに忠孝を説き、自分の都合の悪いときに忠孝を無視する。それでは利己主義なんです。さうでなくして、君父を仰ぐこと絶対である。それをみだりに審議しない。この『拘幽操』によりまして、はじめて菅公の精神も明らかになり、菅公の徳がありまして、はじめて『拘幽操』の教を実にすることができる。私は、天神様――菅公と『拘幽操』といふものは、両々相俟《あいま》つてわれわれの仰ぎ見るべきものであるといふことを思ひます。これが、山崎闇斎先生の教の極致といつてよい。

お話しますと、申し上ぐべきことは多々有りますが、省略しておきます。この山崎闇斎先生の教、非常なきびしい教でありますが、この教が、ずつと門下に伝はつてをる。その伝はり方が独特でありまして、ほかに比較すべき、或いは類例とすべきものはないが、仏教の方に、写瓶《しゃびょう》といふことがあります。昔の真言宗の高僧の像など、六祖の像などと有りますが、高僧の像の横に瓶《びん》がある。それに水が入つてをる。この水を先生からお弟子にゆづつてゆく。またそのお弟子は、その水を次にゆづつてゆく。次々とゆづつてゆく。一つの瓶の水がそのまま、師資相承《ししそうしょう》、先生からお弟子へ、お弟子から孫弟子へ、孫弟子から曾《ひ》孫《こ》弟子へ伝はつてゆく。この先生が、次の人を適当に訓育して、次の人が勝手に自分で発展させていつたといふのではなくして、その瓶に盛られた水をそのままにそこへ注ぎこむ。何代経つても釈迦牟尼《しゃかむに》の教がそのまま伝はる。釈迦牟尼如来の教が写瓶のごとく相伝はつて、自分は何代目だといふことを申します。さういふゆき方は、普通の学問では非常に少ない。山崎闇斎先生の門下・門流は、その通り来てをる。驚くべきことであります。そしてこれが明治維新の大業を成しとげてをる。

どこにその教の根本が有るかと言へば、先ほどの『拘幽操』から出てをる。つまり京都の朝廷、京都におはします天皇に帰依《きえ》し奉つて、これを一意御奉公申し上げる。それ以外にない。ところが、いまは徳川幕府が勝手なことをしてをる。そして京都の皇室を非常に冷遇し奉り、まことにおそれ多いことが多い。これはいま詳しいことは申し上げませんが、非常なことなんですね。例へば、花見にお出でになる。幕府はこれを許してをりません。京都の御所を一歩お出ましになることは、幕府が禁じてをる。御別荘へお出でになることはよろしい。ただし、年に二度に限る。それがざつと三百年つゞいた。

この状態を見て一般国民は、何とも感ぜずにをるものが多い。徳川様の御威光といふものに恐れをののいてをる。却《かえ》つて気楽に考へてをる。この状態はまちがひである。日本人の道義はこれでは立たないんだ、といふことを教へられたのが山崎闇斎先生。その考へが徳川二百数十年、ずつと続いてきて、やがて明治維新を導き出してくる。闇斎先生から明治維新までは二百年、二百年後を指導して、二百年後の起爆力・原動力になつてをる。かういふ人は、ほかに有りません。

どれほどに、いはゆる写瓶といふことがはつきりしてをるかと申しますとね、幕末に最もすぐれた人物、おそらく第一等と思はれるのが橋本景岳先生、これだけの人はありません。安政五年（一八五八）に井伊大老のために罪を着せられて、安政六年に斬られ、斬られたときは歳は二十六、二十六で殺されてをるけれども、この人の考へ方、日本はかうなければならぬといふ考へは、それからのちずつと数十年の間、日本の国を支へてきてをる。抜群の人物であります。五百年の間に一人出る、千年の間に一人出る大人物と言つてよい。その橋本景岳といふ人が、根本思想はどこからきてをるかと言ひますと、その師匠が吉田東《とう》篁《こう》。

この方は私はお会ひしたことはありません。橋本先生にもお目にかかつたことはありません。ところが、吉田東篁先生のお弟子、橋本景岳先生と並んで吉田先生の教をうけた人を、私は何人か知つてをる。一人は八田裕二郎。これは、明治三年（一八七〇）の時分に、東郷大将などと一緒に、イギリスに渡りまして、海軍のことを研究し、日本の海軍の創設に当つた人であります。大佐で退役してをられまして、この人を、私よく知つてをる。橋本景岳先生を祭る会がありまして、その景岳会の会長でありました。私はその理事をしてをりましたので、つねに八田先生にはお会ひすることができました。

もう一人は杉田定一。これは皆さん、名前を知つてをられる方もあらうと思ひますが、衆議院の議長をつとめた人物。衆議院の議長は別に偉いといふわけではありませんが、この人が偉いと思ひますのは、明治十三年頃だと思ひますが、書物を著して獄に投ぜられた。獄に投ぜられたのが偉いのではない。明治十三年頃に出しました書物はね、何としてもロシアの侵略をとめなければならぬ。日本人よ奮起せよ。日本はあぶない。奮起してロシアの侵略をくひとめなければならぬ。むしろロシアに先んじてシベリアを平定し、ウラル山頭に日章旗を立てよ、といふ議論を書きました。そのために獄に投ぜられた人物であります。それだけの気魄を持つた、それが明治の精神です。

この二人は、私はよく知つてをる。私のうちへも来られたことが有ります。八田さんは、いつもお会ひしてをる。その八田さんから、吉田東篁先生に教はられたときの様子を聞きました。どういふ風でありましたか、と聞きましたところが、東篁先生は、いつも『近思録』を持つてこられた。いつでも『近思録』を離されたことがない。話をするにも、つねに『近思録』を手に持ちながら話をされた。もう一つは、お前たち、いろいろな学問をするがよいが、どんなことが有つても「愛国」といふことを忘れてはならぬ。愛国といふことは一切の根本だ、といふことを言はれた。

私はこの二つを聞きまして、ハッと思ひましたのは、『近思録』を貴ぶといふのは、山崎闇斎先生の教なんです。山崎闇斎先生は『近思録』を非常に尊重されまして、この先生の詩の中に、四書五経の一切の極意《ごくい》は、すべて『近思録』の中にある。「都《すべ》て近思一帙《ちつ》の中に在り（都在二近思一帙中一）」といふ詩があります。闇斎先生の言はれたことなんです。それが、幕末にそのまま生きてをる。

それから、愛国といふことも、山崎闇斎先生の教であります。これは皆さんお聞きになつてをりませうが、山崎闇斎先生、あるとき門下に対して、かういふ質問をされた。お前たち、四書五経を勉強して、孔子・孟子の教を学んでをるが、もしいま支那から、孔子を大将とし、孟子を副将として、日本を攻めてきたならばどうすべきか、といふ問題を出された。ところが、門下の者皆当惑して、まことに困る、どうしていいか分からぬ、といふので非常に困惑した。誰ひとり明快に答へるものがない。そのとき先生、しかりつけて言はれるには、これがわからんでどうするか。そのときには、われわれは孔子を斬るんだ。孟子を捕虜にするんだ。それがすなはち孔孟の教だといふことを言はれた。そこで皆はじめて悟つた、といふ逸話がございます。愛国といふことが、すべての根本になつてをる。それをいま私は、八田さんから、吉田東篁先生より教はつた、と言はれるのを聞いて、なるほどそれは、二百年前の教がそのまま伝はつてをる、といふことを痛感したことであります。

渋川春海先生

その山崎闇斎先生の門下数多く有ります中に、世間、江戸時代の学問では、たとへば浅見絅斎《けいさい》、三宅尚斎《しょうさい》、佐藤直方《なおまさ》、かういふ人を崎門の三傑と言つてをる。三傑と江戸時代には言はれたけれども、佐藤直方、三宅尚斎、これは学問の上でまちがつてをる。三人の中で良いのは浅見絅斎。同じ山崎闇斎先生の教をうけながら、佐藤あるいは三宅といふ人が良くないと言ひますのは、山崎先生の学問が一生の間にだんだん深くなる。あるいはだんだん高くなつて、前のものを切り捨てゝゆかれる。その過程において、いろんな、三宅尚斎、佐藤直方のやうな説が出てをるので、最後の教を受けるほど純粋になつてをる。浅見絅斎の方がはるかに良い。その人よりもつと良い人がある。それは渋川春海《しゅんかい》。これは一名安井算哲、同じ人です。

はじめは安井算哲と言つた。のちに渋川春海と名を改められた。これは先生の教を最も純粋にうけた人物の一人、そしてこの人はね、理学者で天文学者であります。天文暦数の学問に秀でてをる。天文学者、星を見てをる人ですが、星をながめてをり、それによつて暦を造るのでありますが、それが闇斎先生の教をうけてをりますので、京都を中心にものを考へる。天皇を中心に天文学をやる。この人がどれだけ天文学に秀でてをつたかと言ひますと、何千年間のあひだに支那において発達した天文学、支那代々数千年の間に発見せられた星の数がどれだけ有るかと言ひますと、千四百八十五、渋川春海だけで発見した星の数、それ以外に三百八、偉い人です。

今もつてわれわれが深い恩恵をうけてをりますのは、八十八夜、これはこの先生の生み出されたことなんです。それから二百十日、これはみな春海先生の教なんです。立春といふものを基準にして八十八夜、たいてい五月の二日ごろですが、これが重大。立春を基準にして二百十日、これが九月一日頃にたいていい当りますが、これが重大です。日本の風土における暦日の最も注目すべき日はここにある、といふことを言ひ出された。われわれは今もつてその恩恵をうけてをるのであります。つまり先生の根本の考へは、今までの天文学といふのは支那の学問であつて、日本については懇切でない。われわれは日本の天文学でなければならぬといふところから、これが出てきてをる。

谷秦山先生

山崎闇斎先生の最後の弟子で、浅見絅斎の良いところと渋川春海の良いところをうけて出てきた人で、私はこのお方が最もすばらしい人だと思ふのは、谷秦山先生。土佐の人でありまして、名前は谷重遠《しげとお》、号は秦山《じんざん》、秦山《じんぜん》といふ山がありまして、そのそばにをられたので秦山と号される。これは、もとを言ひますと神道の人、大和の三輪神社の流れを汲む人です。三輪の谷から「谷」といふ名が出たと言つてをられます。

　このお方の学問は、実にすばらしいものでありまして――皆さんはどうか知りません。私共は非常に苦しい神職の家に生まれました。これも何もかも皆さんにお話しておきますが、私の奉仕してをります神社は、明治四年までは山を十里四方、これが明治維新の変革において山十里四方を失ひ、御朱印二百石を失ひ、黒印二百三十石を失ひ、さらに十万六千坪は没収して民有にされ、十二万六千坪は没収して国有にされ、身も骨も全部はぎとられたのが私のところ、明治維新のために最も大きな苦難におちいつたお宮であります。山十里四方といひますと、うそのやうに思はれますが、地図が有りましてね、畳二枚ほどの大きな地図が有つて、それは当時の幕府の最高裁の判決にあたる判決が出てをります。それに境は全部書いて判が押してあります。判を押した人は大岡越前守、大岡越前守をはじめとして幕府の最高裁判所の判事皆判を押してをる。それが明治四年に全部剝脱されました。それはしかたがない。しかたがないが、非常に無理なことだと思ひますが、私は別にうらむわけではありません。それから御朱印二百石そのほか取られたこと、これはもうしかたがない。大名はすべて版籍奉還してをるのです。それからして田地におきましては、十万六千坪は没収して民有にされ、これもしかたがない。まだしかし十二万六千坪か四千坪か今覚えてゐませんが、それは没収して国有にされた。さういふ非常な苦難に遭遇したのが、私共の神社です。そのほかには何も有りません。一切の収入のなかつた神社であります。

私が東大の教授になり、壇の上から偉さうに講義をしますとね、お前は国家の優遇をうけて偉さうにものを言つてをるといふ風に思はれるかもしれませんが、国家の保護をうけること最も薄いものの一人です。本官にをりましたときは、それ相当の待遇をえました。昭和二十年の八月十五日、終戦の詔が有り、即時私は辞表を出して山に帰りました。それ以来私は、無職・無収入であります。収入を意味することでは無職であります。神職として、ただ一意神に仕へ、一意国に尽くしてきました。終身これは変らない。この点を、私をお考へくださる上に、御理解ください。偉さうにものを言ふものではございません。苦難の中に、自分の確信するところを申し上げてをるのであります。

さういふことで、神職の実状は、私は最も悲惨なる神職の実状を知つてをるものです。しかし、この秦山先生を考へると、そんなものでない。われわれの苦難、問題でない。先生は、親が亡くなりましたときに、お葬式をする金がない。悲惨といふの外はない。それから、親の法事が来ましたとき、お墓参りをしたいが、お墓参りに行く着物がない。友達に手紙をやつて、着物を貸してもらへないか。実は明日親の墓参りに行きたいのだが、着物が無い。馬もほしいが、これは友だちに馬を貸してもらふ。袷《あわせ》を一枚貸してもらへないか。垢《あか》がついてゐてよろしい。破れてをつてもよろしい。どんなのでもよいから一枚貸してもらひたい。——およそ貧困の極と言つてよい。これだけの苦難にあつた人を私は知りません。その中において、先生は学問をしてをられる。

十七歳にして山崎闇斎先生の教をうけ、非常な苦労をして学問をした。渋川春海先生に絶えず手紙をおくつて教をうけた。その書かれましたものは、『秦山集』といふのがあります。なかなか手に入らんだらうと思ひますがね、手に入つたらお求めになるとよろしい。『秦山集』は五冊、仁・義・礼・智・信、五冊に分れてをる。私がそれを見て驚いたのは、大正の中頃でありませうか、その時分には、これは五十銭、全部で五十銭ぐらゐでしたが、本屋には下から上までずつと、『秦山集』積みあげられて、誰も買ふ人がない。五十銭でも、よろしいどうぞ持つていつてくれ。……今はもう大変な貴重書になつてをる。私は、これを見て非常に驚いて、これをしばしば講義をし、しばしば講演にも用ゐましたので、いまでは有名な書物になつてゐます。それを見ると、実に偉い人です。

それがただ、貧困のみではない。やがて、土佐藩ですが、藩の怒りをうけて禁錮される。禁錮のうちにあること十二年、良い人が苦難をうけること至れり尽せりと言つてよい。それを伝に書いてありますが、「先生既に禁錮せられて、毫毛も怨尤《えんゆう》の色無し」罪なくして禁錮せられてをりながら、少しもうらみ、いきどほるきもちがない。これは『拘幽操』の精神です。「昼は則ち書を抄して文を改め、夜は則ち天象を観、星宿を認《したた》む」。昼は書物を読み、あるいは文章を作つてをる。夜になると空をながめて星を調べてをる。

思ひ出すんですが、陸軍大学校では私は、四十になるかならぬかのときから、講義をしてをります。妙な話ですけれどもね、私は体が弱くて二等兵にも入れなくて、国民兵の末席にをるわけですが、不思議なる因縁は、私を陸軍大学校の特別講師といふものにしてくれられました。特別講師といひますのは、大将の位、講義を聞かれるのは、中将以下陸軍の首脳部、最もすぐれた人物、校長、幹事、教官及び学生、学生といふのは中尉・大尉・少佐です。全部講義をきいた。そのときに、その話をして大笑ひでありましたのはね、先生夜になると庭に縁台を出して、その縁台の上へひつくりかへつて、じつと星を見てをられる。弟子が悪さをしましてね、縁台の下へ、四つの足の下へ瓦のこはれたのを置いた。知らん顔をしてをる。先生夕方になつて出てこられて、縁台の上へひつくりかへつてから、星をながめてをられる。ややあつて先生言はれるには、不思議なことぢや、今晩は星が五分《ぶ》ほど近く見える。何とも言へぬおもしろい話だから、みんなほんとに抱腹絶倒しました。さういふ人です。

ところが、その人が十有余年禁錮せられて、そのまま亡くなる。五十六で亡くなる。そのお弟子がずつと続いて、お弟子ぢやありません、お弟子もつづくが、子供が垣守、垣守は「御垣守《みかきもり》」の意味でせう。天皇陛下の護衛兵といふ意味ですね。垣守、その次好井《よしい》、景井《かげい》、その子が谷干城《たてき》将軍。秦山の孫の孫が干城将軍。そしてこれが同じ精神で、この学問をうけ伝へてゐる。干城将軍が、親からの教として、常に言つてをられたことがある。それは、京都に万一のことが有つた場合には、何をさしおいても京都へのぼれ。もし旅費がないといふのであれば、乞食をして行け。行つて陛下をお守り申し上げろ。もしどうにもしやうがなくて、力尽きたといふときには、しやうがない。御所の塀に寄りかかつて死ね。死んでも御所の塀の土になつて、御所を守れ。これがこの家の家訓、家の教であります。

これが神道の精神、これを離れて神道はない。山崎闇斎先生の教はこれなんです。その教がずつと伝はつて、いま谷干城将軍、これが明治十年（一八七七）の熊本鎮台司令官陸軍少将谷干城。西郷さんは、私は偉いと思ひますし、大西郷は、私はこれを非難するに忍びない。実に気の毒なお方なんです。非難するに忍びないが、しかし陸軍少将、勅命によつて熊本鎮台を守る。これが薩摩の軍勢、勅許なくして妄動する薩摩の兵を通すわけにはゆかない。ここで薩摩軍からは、熊本鎮台へ交渉に行つた。陸軍大将西郷隆盛、朝廷に申し奉る筋が有つて、兵を率ゐて上京する。就いては、熊本鎮台は整列してこれを城下に迎へるがよい。これに対する谷干城将軍の答は、陸軍少将谷干城、勅命によつて熊本鎮台を守る。勅命によらざるものは、みだりに城下を通過することを許さぬ。これは谷干城、偉いですね、何とも言へぬ偉い人だと思ひます。抜群の人物です。これが、秦山先生の百五十六年あとに発揮された大きなはたらきです。

橘曙覧先生

だんだん、もう飛ばしませう。それからもう一人。皆さんに、偉い人を御紹介申しあげるのですから、あとは御自分でひとつ、御勉強なすつてください。御紹介申し上げますいま一人は、橘《たちばなの》曙覧《あけみ》先生。橘曙覧先生、これは左大臣橘諸兄《もろえ》の子孫といふ。福井において紙屋の家に生まれたお方であります。しかしその家業を弟に譲つて、自分は国学の研究と歌をよむことに、一生専念される。この方が私は、神道の方では非常に大事な人だと思ひます。私共は、家の先祖の関係も有り、この人の感化、この人の恩恵をうけること非常に多いと思ひます。

伊勢へ参宮されましたときに、外宮へ参られましたときの歌でありますが、「ひたぶるに頭地《かしらつち》につけて、ひれふすより外にたえてわざなし」いよいよお参りしてゆくと、頭を地につけてひれふすより外に、何も思ふことも、することもない。「しぞきまつりて」、しりぞいて、

一日だに食はではあられぬ御食《みけ》たまふ御恵み思へば身の毛いよだつ

かういふおどろき、おそれを感ぜられたといふことがあります。

顕幽両界——われわれはいま顕界、うつし世に生きてをり、われわれが死ねば、幽界、かくり世に入る。神々は目には見えない。顕界においでにならないやうであるが、かくり世としては、神々は神《かん》づまります。

吹く風の目にこそ見えね神々は此の天地《あめつち》にかむづまります

充満してをられる。風は見えないけれども、風は吹いてをる。それと同様に、空気と同じで、目に見えないがこの天地に充満してをられる。

物皆を立つ雲霧と思へれば見る目嗅ぐ鼻幽世《かくりよ》と同じ

かくりよに入るとも吾《われ》は現世《うつしよ》に在るとひとしく歌をよむのみ

この先生は、かくり世の見えるお方です。先生に号が有る。「霊㦤《れいいいん》」といふ。霊・つつしみ（㦤）、これはかくり世の見えるお方であります。神道の神聖を考へます上に、橘曙覧先生といふお方は、実にすぐれたお方であると思ひます。

真木和泉守

最後に真木和泉守。御承知の久留米の水天宮の神主。私はいろいろのお方を、神道の指導的な立場に立つ人、神道の具現者としてあげてきましたが、真木和泉守に至りましては、神職そのものであります。しかし、神主で、これほど高邁《こうまい》なる見識を持ち、これほど剛毅《ごうき》なる精神を以て国家の大事に当つた人は、ほかに類が有りません。何とも言へぬ人物です。

この人と大西郷といふものがなかつたならば、おそらく明治維新といふものはできなかつたと思ひます。長州を動かしたのは真木和泉守、薩摩を動かしたのは大西郷、この二人が有つてはじめて薩長の奮起をうながし、薩長を指導して、明治維新ができたと言つてよい。その真木和泉守と大西郷とが、これが生き長らへて、大きな抱負を成しえたといふのは不思議だ。この二人とも、安政五年・六年に世の中にあれば、井伊大老によつて殺されてをるはずの人なんです。

安政の大獄といひますのは、これが日本の歴史、日本の国に及ぼした影響は非常に大きい。井伊といふものはね、井伊直弼といふのは相当の人物であります。相当の人物であるといふことは、これを是認してよい。この男のやりましたことは、日本における最も有為・有能なる人物を数多く殺したことは、許すことはできない。橋本景岳、二十六歳にして殺される。井伊であります。吉田松陰、三十歳で殺される。井伊であります。すべて井伊の独断専行によつて、これらの人が殺されてをる。もし西郷がそのとき世にあれば、殺されてをる。真木和泉守世に出てをれば、殺されてをる。ところがこの二人が殺されずに残つたといふのが不思議だ。

なぜ残つたかと言ひますと、西郷はこのときに流されて島に蟄居《ちつきよ》してをる。表面は、死んだことになつてをる。月照上人と相擁して、薩摩の海に身を投じる。死んだことになつてをる。そして実は島流しになつてをる。西郷は、島流しのために命が助かりました。真木和泉守はどうかと言ひますと、嘉永四年（一八五一）かと思ひますが、久留米藩のとがめをうけて、水田《みつた》に禁獄せられてをる。幽囚のうちにある。久留米のすぐそばでありますが、水田に幽閉されてをつて、そのために助かつた。天の配剤といふことはおもしろいが、何とも言へぬものだと思ひます。どういふ神様の思しめしであるのか、不幸が好転してしあはせとなり、しあはせがまた一転して不しあはせとなる、実に不思議なことが考へられます。

それでやがて獄を破つて出てこられて、つひに元治元年（一八六四）のあの……事は成らなかつた。成らずに、元治元年の夏、天王山に割腹された。これは割腹の現場を御覧になりますと分かりますがね、山の上に登つて遥かに京都の御所ををろがみ、そしてそこで腹を切つてをられる。しかし、この人の建白が全部、明治五年（一八七二）以後の改革の原則となつてをる。魂における指導をなしてをります。

「殉教」の気魄

今まで申し上げましたのは、和気清麻呂、菅原道真、源実朝、明恵上人、北畠親房、昨日五人、今日は山崎闇斎、渋川春海、谷秦山、橘曙覧、真木和泉守、全部誰一人として安穏な生活を送つた人がない。われわれ銘記すべきである。和気清麻呂公は道鏡によつて挑発せられ、途中において殺されようとした。そしてそれが雷雨によつて助かつたが、大隅に流され、つぶさに辛酸を嘗められた。菅原道真公は、あゝいふ温和なお方でありますが、その最期は悲惨そのものであります。源実朝は、これはあゝいふ言ふも無残な最期をとげられた。明恵上人は、縄をかけて引つ立てられ、一生何の栄達といふことはなかつた。私は、明恵上人もえらいし、道元禅師もえらいと思ひますのは、かういふ方々の教を見ますと、便所掃除を非常に大事にしてをられる。いま方々のお寺の大僧正とか管長とかいふ人の、おそらくどなたもなさらんだら

う と思ふ便所掃除といふものに、つとめてをられる。われわれ頭が下がりますのは、それなんです。金襴の袈裟をまとふのではない。それが明恵上人。北畠親房公は、もう既に歳をとつてをられたのに、剣を取つて戦陣の間に東西奔走して、そして『神皇正統記』その他を著して、日本の国はこのやうに行くべきだといふ、日本人の進むべき道をさとされた。

それから今度は、今日の話になりまして、山崎闇斎先生、何らのこれといふ栄誉ある地位に就かれたことはない。そして一生この道を説いて京都を動かない、といふので、京都において道を説かれた。その門下渋川春海、これはその功労の偉大なるに比べてみると、きのどくな状態と言つてよい。この方のお墓が東京の品川にあります。今は無縁塚にならうとしてをる。そのごく近くに賀茂真淵先生のお墓、これはりつぱであります。渋川春海先生のお墓は、一つぽつんと立つてをりましてね、いかにもお祀りする人、お世話申し上げる人がないんだと思ひます。いま子孫がないのです。谷秦山先生、先ほど申し上げたとほりであります。

さて、ずつと見わたして、これといふ国家の保護を受けた人はない。このことを私共は考へなければならぬ。神道は国家の保護をうけて伸びたのではない。国家をお守り申し上げる。逆なんです。この考へに神道は立たなくちやならん。われわれは、国の保護を要求すべきものではない。国をお守り申し上げることを考へなくちやならぬ。そして、これによつてはじめて、神道も神道として生き、日本の国も日本の国として生きる。

仏教では、或いはキリスト教では、「殉教」といふことがありますね。神道においては言はれてをらぬ。

キリスト教は、キリスト教が異端邪説として斥けられました時分には、この教を信ずる者は殺される。磔《はりつけ》にされる。キリスト自身磔になつてをる。

殉教といふことを表看板にして出てをるのがキリスト教、仏教もこれに類してをる。たとへば法然上人、流されてをります。その門下に住蓮、安楽、これは首を切られてをる。親鸞、これは流されてをる。日蓮は斬られようとして、わづかに許されて佐渡へ流されてをる。これも殉教を表看板にしてをる。ひとり神道は、つねに国家の保護に甘えてきてをる。かう世間で言うてきてをる。うそなんです、神道は、昨日も今日も述べましたやうに、何ら保護をうけてをらない。むしろ国を荷《にな》つてきました。このことを私共は銘記しなければならないと思ひます。この気魄あつて、はじめて神道は発揮されると思ひます。

神おはします

それから次に申し上げたいと思ひますことは、鈴木大拙が、霊性といふことに重きをおいて、神道といふものは、かういふ点から問題にならぬものだ、といふ考へを述べた。これを私は、非常に遺憾に思ふものであります。「神を祭るに神いますが如し」といふことばがある。これを皆さん、どう考へられるのでありますか。神様がおいでになるかのやうな態度を示して、それで神秘性を保持してをるといふのであるならば、神道といふものは、一つの偽瞞《ぎまん》にすぎない。神様がおいでになるといふことを、確信しなければならぬ。この信仰のない神道といふものは、私は無意味なものだと思ひます。神を信ぜざるものが、神を祭るといふことは意味をなさない。神が有るのかないのか、これを深く考へなければならぬ。私は、この点は、神おはします。「目にこそ見えね神々は、この天地に神づまります」といふ曙覧先生の言はれたとほりです。それを私は、痛切に感ずるのであります。

けさNHKのテレビを見てをりましたらね、芹沢光治良《こうじろう》といふ八十歳を越えた作家でありますが、非常に弱い人で、病気でたびたび死にかけたといふことでありますが、それが夢枕に或る婦人が現れて、自分の一生の話をして、どうかこれを小説に書いてくれといふことを頼まれた。それを引きつゞいて幾晩か見た。そこでこの小説を書いたといふ話をしてをりましたが、さういふことも有らうかと思ひます。それを仏教の方で、かういふ例が有ります。皆さん、これをどう思はれますか。福井に大安寺といふ寺が有る。有名な寺です。私共で東大寺のやうに考へてをります。その大安寺の開山大愚和尚、この人が亡くなりましたのが寛文九年（一六六九）の七月十六日、八十六歳で亡くなつてをる。この人の最期に書かれた一幅、文句が有りましてその終りに、

入滅三日前ニ書ス
大愚老衲《なふ》

と書いてあります。自分の死ぬ三日前に、これを書いた。これはどう思はれますか。この人はね、こんなことを、勝手に捏《ねつ》造して、みだりに記すといふことはない。入滅三日前にこれを書いた。三日後に死ぬことを知つてをる。死ぬのを予知することは可能であるのかないのか。議論はともかくとして、実際それが実現してをる。

道元禅師がさうですね。道元禅師は、ずつと越前にをられまして、やがて病ひ重くなられたので、門弟

はみなお願ひして、京都へお帰りを願ひました。越前は雪が深い。かういふ雪の深いところでは、御養生はかなひますまいから、京都へお帰りください、といふので、無理におかへしした。そのときの、

また見んとおもひし時の秋だにも今宵の月にねられやはする

つまり、今の月を見て、今年の名月を見て、これが自分の最後の月だといふことを歌つてをられます。そして亡くなるのであります。予知するといふことが可能であるのか。この世の中の動きといふものは、われわれが知らないだけで、実は約束されてをるものが有るかどうか。私は有るんだと思ひます。

昭和十年頃、年ははつきり覚えてをりません。日記はみな戦争で焼かれましたので、分からないのです。東大の学生十七、八名を引率して、奈良・京都に修学旅行に出た。出発の朝、目が覚めた。妙な夢を見た。かうもりを盗まれた夢を見た。かうもりは、その前の日に家内が買つてきたばかりです。朝目が覚めて、かうもりを盗まれた夢を見たといふと、家内がもつたいながりましてね、大変だといふので、かうもりの柄に「平泉」とナイフでほりつけた。それを持つて出かけました。最初の日が奈良の薬師寺であります。薬師寺の前に茶店があります。その茶店に傘をさしこむものが有ります。そこへ学生一同、私を含めましてかれこれ二十名、傘を入れた。そして中へはいつて薬師三尊を拝んで、そして出てきました。皆傘を持つた。その真ん中にあつた私のだけがない。きれいに盗まれた。不思議なことがあるもんだと思ひます。つまらんことを言ふと、皆さんは思はれませうが、さうではない。

昭和十八年かと思ひますが、目が覚めて、朝御飯のときに、私はうちのものに話をしました。不思議な夢を見た。川田順さんから手紙をもらつた夢を見た。川田順氏は、昨日お話しました『愛国百人一首』の

撰定会で、川田さんは委員であり、私は顧問であつて、顔はそのとき見ました。手紙をもらつたことは一度もない。その人が手紙をくれた。不思議な夢を見たと言ひながら、御飯をいただきました。御飯がすんで、九時頃に手紙が来ました。その手紙の中に、川田順氏の手紙が有りました。その手紙の内容は、藤島神社へ参拝して、そこで詠まれた歌を五、六首、私に送つてくれられたのです。そのお礼を書くと同時に、不思議なことで、今朝あけがたにあなたの手紙をいただいた夢を見た。その夢を見て四、五時間あとに、あなたの手紙が到着した。川田順さんも非常によろこんで、かういふ歌をくれられました。さすが歌よみですね。

藤島の神もや蓋し告げにけむ夢てふものは奇《くす》しかりけり

満州事変の起りましたのが昭和六年、そのとき私はイギリスにをりました。イギリスにをりましたが、どうも日本に何か起るといふことを感じまして、昭和六年の五月でありましたが、イギリスを立ちました。そのときに、イギリスで私の世話をしてくれたのが、私の先輩で、郵船会社にをりました尾崎といふ人です。尾崎さんに、いとま乞ひに行きました。尾崎さん、いろいろお世話になりましたが、私は帰らうと思ひます。尾崎さん非常に惜しがりましてね、イギリスはちやうど今花ざかり、メイフラワー、あなたは文部省から毎月金を送つてきてゐる。このまゝをられたらいゝではありませんか、と言つてとめてくれた。それに、私は何らかの貢献をなしうるとは思はれない。それだけの自信もない。第一、何が起るのかそれは知らない。しかし、みすみす事が起るといふのに、遠いイギリスに安閑としてをることは、私はできない。何が起るか知らず、何ができるか知らぬが、私は帰る、といふので帰りまして、帰りましたのが七月、満州事変の起りましたのが九月であります。これは良かつたと思ひます。それが間に合つて、私は貢献することができました。

それから戦後におきましても、日本の運命に大きな転換をもたらしましたのが朝鮮事変、あれが昭和二十五年です。二十五年の六月二十五日に起る。前の日にアメリカの司令官は前線視察に行つてをる。三十八度線の視察に行つてをる。事が起るか起らないか視察に行つてをる。そして詳細に調べて、何も事は起らぬといふ判断で帰つてきたのです。現実にその翌日、事が起つてをる。私は当時、言はゞ謹慎中なんです。禁錮といふわけではないが、私は門戸を閉ぢ、一切発言は許されない。そのときに、二十五年六月の二十五日に楠公祭をしました。白山神社でいたしました。このときみんなに対して言つた。朝鮮は非常に危険だ。事が必ず起る。今日起るかも知れぬ、といふことを話しました。これは、私は肝に銘じて覚えてをります。お祭り終り、講義終つて、皆帰る。帰つたあとで、夕方に、北は三十八度線を突破して、激戦が始まつてをるといふニュースを聞きました。

大東亜戦争が起る。皆さん、身内のつもりで話するから、聞いておいてください。昭和十六年十一月、地方長官会議が有り、各府県の知事が皆招集されました。それが終つたあとに、山形県知事が私のところへたづねてきました。どういふことかと言ひますと、実は地方長官会議で出てきました。恐らくアメリカと決戦になるんだらう。どういふ訓辞をされるのか、肝に銘じて訓辞を承つて、帰つたならば県民全般に号令をかけねばならぬ。かう思つて出てまゐりました。ところが、東条首相何も言はれない。これ一体どうなるのですか。私は帰るに帰れない。戦争になるのかならぬのか、どうなんです。教へてください。かういふことでありました。

私が言ひますには、私は何らさういふことに関与する地位ではない。大学の教授にすぎない。何も話はきいてをらない。東条さんは、これまでに私のうちに二度来てくださつた。しかし、何らそんな国家の機密を話してくださるわけではない。当時は政府もしつかりしてをりまして、秘密は一切漏洩《ろうえい》しない。秘密は知らぬが、私は、判断からすれば、戦争以外にはないと思ふ。といふのは、これは尋常一様のことではないんです。アメリカの大きな陰謀である。その陰謀は、交渉でくづされるやうなものではない。おそらく日本は、今度つぶされるのだ。それに対して、どうこれを実力で排除するかだけが、残された問題なんです。かう私は感じてをる。おそらく戦争でせう。かう言つて別れた。

この開戦を私は、十二月一日と判定した。一日になつて何もない。非常に不思議に思ひまして、私の勘が当らなかつたと思ひました。御承知のとほりに、十二月八日に戦争が起つた。この秘密を知つてをる人は、日本に三人ほどしかない。それを私が知りえたのは、戦争がすみましてより十年あとのこと、私にこの話をしてくれたのは、海軍の清水中将。海軍はね、連合艦隊司令長官山本大将、それから航空の大将が南雲中将、潜水の大将が清水中将、海軍でこの秘密を知つてをるのは、この三人だけ。陸軍では東条さん。東条さんは私は懇意だし、南雲さんは私の講義を聞いてをつた人なんです。いつ戦争をやるのか――馬鹿なことを聞く奴は有りやしません。事が全部終つて、戦争がすんで十何年のちに、清水さんに聞いた。そのときはもう、南雲さんも戦死してをる。山本さんも戦死してをる。東条さんは、きのどくに処刑されてをる。清水さんが一人の生き残りとして、私に話してくれられた。

実は十二月一日に真珠湾を攻撃する予定であつた。海軍はそれを主張した。長びけば長びくほど、日本にとつて不利、もしぐづ〳〵してをつて、機密が漏れたら大変、十二月一日に決行するのが最良の策である、といふので、これに固執した。ところが、これに反対したのが東条さん。陸軍はさうはゆかぬ。事がきまりましたのは、日本で、陸海軍すべて戦争だといふことが分かりましたのは――アメリカが十一月二十七日に国交断絶した、その日までは、日本にとつてどつちにゆくか分からない。東条さんは、最後まで陛下の勅命によつて、事を安穏にまとめたいといふので、二十七日まで待つた。この日においてはじめて火ぶたを切つた。そこで二十八日からのことなんです。さうすると、十二月一日にやるとなると大変なことです。海軍はやれる。陸軍はやれない、といふ。海軍は船が出てをる。飛行機はとばせる。陸軍の方は、兵隊さん皆汽車にのせて、ごとごとごとごと輸送しなければならぬ。陸軍は十二月十五日を要求した。それでは遅すぎる。そこで妥協して、十二月八日になりました。そのことを私は清水さんから聞きました。

かういふことは数多くありまして、国家の重大事は、私は何ら要衝にあつたわけではない。そしてまた機密を特に知らうとして努めたことはない。心を澄ましてをるといふと、分かつてくる。神道は、巫女《みこ》さん――世間に巫女さんといふのがありますね、いろんなことで予言をしたり、予想をしたりする人がありますが、あゝいふくだらんことに陥つてはならぬが、しかし国家の重大事においては、神道は神々の力を借りて、進路を誤たぬやうにしなくてならぬ。つまりは、われわれが神を信じ神に祈るそのまことが、どこまで徹底してをるかといふことにあると思ひます。

「祈る」とはどういふものか

これで終りますが、最後に、祈るといふものはどういふものか、それを一つ、貴いお祭のお話を述べようと思ひます。これは、終戦後シベリアへ抑留されてをつた陸軍の人々が、抑留中、非常な苦難におちいつてをりました間に、シベリアでお祭をしてをる。そのお祭の祝詞集なんです。第一、紙がない。粗末な紙でありますが、何枚か手にはいつて、それに祝詞を書いてゐるのです。涙なくしては読めないものでありませす。「吉田松陰先生を祭るの文」、非常に名文であります。これを書きましたのは陸軍中尉です。

吉田松陰先生を祭るの文

蕭条として血風寒み、武蔵原頭、置く霜の如何に悲しかりけむ。先生逝きて、八十有七年。嗚呼亦如何に淋しく秋風の、大内山の松吹くものぞ。時に我等去歳、朔北の地に滂沱《ぼうだ》歔欷《きよき》の涙流る丶ま丶、悲しびの極み、万事索然、僅かに先生の耿々《こう》たる正気を仰ぎては、天祖の神勅厳存しあれば、先生の教への愈々《いよいよ》真実なるを確認し、益々神州の不滅なるを信じて疑はず、大詔のまにま、死すべき命長らへて、為すあらむを決意せるも、あはれなる哉、荏苒《じんぜん》一年、此処露領深く、流離の運命《さだめ》尽きせぬものか……

実に祝詞・祭文として、かういふ一字一字に血のにじむものは少ない。これは最後に靴の敷き皮の下へ入れまして、持つて帰つて、私に届けてくださつた。かういふ心情がね――今度の戦争によつて、本来は日本の国は滅びてをるはずなんです。これを滅ぼす意味でこの戦ひは起つたものなんです。滅ぼされるところであつたのが残つたのは、かういふ心情による。

『少年日本史』の最後に書いておきました黒木少佐、人間魚雷を考へ、これ以外に国を救ふ道はないと考へて、自分みづから魚雷の中へ入つて、魚雷をみづから操縦して、敵艦を撃沈するといふ、あの黒木少佐の日記は、一年間全部血で書かれてをる。その一つを読みませう。「天皇陛下万歳、必死明道。」いのちがけで道を明らかにする。「九月九日。」「天皇陛下万歳、学ばざればすなはち明らかならず、九月十日。」偉いことを言はれるもんだと思ひます。学ばざれば、すなはち明らかならず。学問といふものが、知識を求めるものといふやうな気楽なきもちで、或いは人に誇らんがために学んではならん。学問によつて、はじめて目があくんです。学ばざれば明らかならず。二十四歳で亡くなつた。みなこれが神道の極意、神道を発揮したものと言はなければならぬ。

今後の日本の前途を思ふと、重大な苦難、苦難といふ以上の恐るべき事態が、さしせまつてゐることを思ふのであります。その間において、皇国をお守り申し上げ、日本の永遠の重みといふものは、神道の双肩にかゝるものだと思ひます。皆さんにおいても、よろしくお願ひします。

（以上、昭和五十一年七月三日講）

（『先哲を仰ぐ』〔三訂版〕平成十年九月、錦正社）

二、神道の眼目

「行路の難きは、山よりも難く、水よりも険し、行路の難きは、水に在らず、山に在らず、只人情反覆の間に在り」とは、白楽天が夫婦の関係に借りて、君臣の間の道義、終を全うせざるもの多きを歎いた「太行路」の詩の一節であるが、国運の消長、あだかも潮の干満の如くに急であつた此の十年余りの間に、我等は不幸にして古人の此の歎息をくりかへさゞるを得なかつた。特に尊朝愛国を以て賞せられたのは、国史に明記せられる所、持統天皇四年（六九〇）、大伴部博麻《おおともべのはかま》に始まるのであるが、それは尊朝愛国の文字の見えるのが珍しいだけで、尊朝愛国の事実は、それ以前に数多くあり、それ以後に数多く存し、一々の事蹟を探るまでも無い。国家の建設及びその存続が、一に尊朝愛国に依るものであつて、それ無くして国家の存立し得ない事は、道理明々白々であると云はねばならない。人と人との結ばれるは、尊敬と愛情とによつてでなければならぬ。まして国家の結成であれば、その尊敬も愛情も、極めて高く強いものでなければならぬ事、理の当然であるのに、そしてそれは十数年前まで、何人も疑はなかつた所であるに拘らず、今日忠君愛国を説く者少なく、稀に之を説く者あれば、世人は目するに頑迷を以てし、固陋を以てし、到底之に同調し得ざる時代はづれの思想とするのである。

これは然し、更に深くその根柢を洗へば、国家に対する感激のうすらいだ事が、その本源を成してゐるのであらう。大東亜戦争の初め、勝利の快報相ついで至るや、人々は歓喜して君が代をうたひ、踊躍して日の丸の旗を振り、君国の尊厳を仰ぎ見、永遠の隆昌を讃美した。しかるに数年の激戦遂に利なく、やむを得ずして膝を屈するに及び、浮薄の徒輩は俄に幻滅を感じ、やがて此の土に進駐し来り、抗敵すべからざる武力を以て、既に武器を放棄したる民衆に強圧を加ふる事、七、八年の長きに及ぶや、人心は動揺し、信念は変化した。今は日の丸の旗を掲げる感激もなければ、君が代をうたふ熱情もない。その最も具体的に現れた一つが、紀元節の反対である。

凡そ国民として、その国家の建設を喜び、之を追思し、記念して、祝賀の意を表するは、当然の事である。しかるに世には、或はその年代に誤差ありとし、或はその史実に疑惑ありとして、紀元節に反対し、単なる反対でなく、結束して囂々《ごうごう》たる非難を弘布しつゝあるのである。その反対のいはれなき事は、既に我等の論じて、ラヂオにより、書籍によつて、普及した所であるから、こゝには説かぬ。たゞ一つ、その後某新聞に出てゐた所であるが、某教授は、国史学の専攻でありながら、紀元節の問題には興味が無いと云つてゐるといふ、この不思議の言について少しく触れて置かう。凡そ歴史を攻究する者にとつて、国家民族の興亡盛衰こそ、最大の関心事であらねばならぬ。国衰へて何の芸術であらう。民族亡びて何の文学であらう。国史を学ぶ者は、我が国の興起について、溯つて国家の建設について、深く考ふる所なければならぬ。しかるに紀元節の問題に興味なしとして、その論評をさしひかへる事は、取りも直さず我が国の盛衰に無関心なる事の表明であり、国家に無頓着になり、国家をかろんずる俗見濁流に溺れたものといはざるを得ないのである。

国史家の中にかゝる浮薄の態度が見られるのみでは無い。神道家の中にも、神道は国家との関係を離脱する事がその本旨であり、嘗《かつ》て国家との関係緊密であつた事は、その本旨にもとるものであり、やむを得ざる強制に出でたものであつて、敗戦によつて初めて本然の姿に復帰したかの如くに説くものがある。我等はこゝに占領政策の完全なる成功と、臆病なる心の完全なる慴伏《しょうふく》とを見るのである。

無論中には国家との関係の復活を希望する声も聞かれる。しかし大切なるは、形式上の復縁、或は国家の保護を受ける事には無くして、根本の問題は、神道が皇国護持の祈りに生きる事になければならない。苦難は、至深の祈りと、懸命の努力とによつて、克服せらるべきものであつて、その至誠なく、その勤労なくして、漫然他にすがる依頼心によつては、解決せらるべくも無い。そしてそれは、苦難の程度が深刻苛烈であればあるだけ、一層重大なのである。嘗て南風競はず、皇国の道義地に墜《お》ちようとした時に、伊勢の神宮の貢献した所、否それ以上に、北畠親房公の奉公された跡をかへりみるがよい。神道の当面する苦難を突破すべき方途は、神道の当《まさ》に生くべき所に生き、立つべき所に立ち、行くべき道を行ふ以外には無い。

親房公の理解し、信仰し、而して宣布せられた所には、その時代の学問思想の影響を受けて、多少の附○会もあり、混雑もあるものの、その中核をなし、主幹をなすものは、実に神道の本質であつて、その点では後世群小神道家の遠く及ぶ所では無い。

親房公と離れる事は、神道の本質を遠ざかる事である。皇国の一大事因縁を忘却する時、神道は単なる原始宗教か、又は低劣なる民俗に堕するであらう。いかにもそれは、本来神道と無縁のものではないであらう。しかも日本の国家建設と共に、神道は向上し、高揚せられた。「日本」なる国家は、神道に於いて、荘厳浄土に外ならぬ。

『神学指要』といふは、甲斐の人、加賀美光章《かがみみつあき》の著はす所、明和七年（一七七〇）に成つたものである。その家は代々山王権現の神職として、信濃守に任ぜられたさうであるが、儒学を三宅尚斎に受けた為に、頗る漢学者の口吻を存してゐるが、しかも神道に於いては、度会延佳《わたらいのぶよし》、加茂祐之、鳥谷長庸、と次第相承しただけあつて、神道の主要は、之を失つてゐない。即ちいふ、

「本邦世祚《せいそ》の隆赫《りゆうかく》、猶日月の天につくがごとき也、西土国姓の屢《しばしば》改るは、猶寒暑時あるがごときか、要は亦天のしからしむる所のみ、豈人力の能くする所あらむや、然るに天に二日無きを以て之を観れば、吾国の道、豈専ら天道の常なる者を得るに非ずや、之を宇宙に推すに、たれか敢へて之を仰がざらん。昔人海に航する者、たまたま以て宋主の嘆を起すことあるもの、見るべし。」（原漢文）

光章の門人、甲州二宮の神主栄名井広聡《さかないひろとし》は、師説を受けて更に『神道指要』を著したが、その序文には明快に、「神道とは、皇猷を尊ぶの称なり」と喝破してゐるのである。即ち是れ若林強斎の『神道大意』に、

「生きては忠孝の身を立てゝ、どこまでも君父にそむき奉らぬ様に、死しては八百万神《やおよろずのかみ》の下座につらなりて、君上を護り奉り、国土を鎮むる神霊となる様にと云より外、志はないぞ、じやによつて死生の間にとんじやくはない」（谷省吾学士所蔵　享保十年野村正明筆録本）

といひ、その門下松岡文雄の『神道学則日本魂』に、

「たとへ儒生・釈徒・異端・殊道の頑なるも、村甿《ぼう》・野夫・賈販《こはん》・奴隷の愚なるも、悃々欵々《こんこんあいあい》として国祚の永命を祈り、紫極の靖鎮を護る者は、此れ之を日本魂といふ」（原漢文）

といひ、その「附録問答」に

「異端といへども、此君を尊んで宝祚長久を祈り奉る者は、反《かえっ》て我国の一物也、只明けても暮れても君は千世ませ千代ませと祝し奉るより外、我国に生れし人の魂はなき筈也。」

と云ふと、相通ずるものである。

されば名は神道と云はないでも、此の根本主要の点に於いて、明確に符合するものは、即ち是れ神道であり、同時に此の眼目に於いて相容れないものは、名は神道といひ、形は神道に似ようとも、それは神道の異端に外ならぬ。前者の適例は、根本通明の『読易私記《とくえきしき》』である。曰く、

「按ずるに、天子一姓の道、もと是れ天道なり、然れども教学に非ざれば、則ち此道を持すること能はず、教学の国家に於ける、此より重きはなきなり。」（原漢文）

又曰く、

「夫れ君臣の道たるや、百諫きかれざるも、逃れて去るの道なし、しかるを況んや天子一姓皇統相継の国に於いてをや、君道の隆なること、天子一姓の国より盛なるはなし、君命一たび之に下れば、則ち難を犯し死を視ること、猶帰るがごとき也、難に臨んでは、則ち死する能はざるを以て恥となす、死する能はざる者あれば、則ち父母も子とせず、妻も夫とせず、朋友も歯せざる也、曰く、建国以来の君臣にあらずや、汝ひとり汝の祖奕世勤王忠を尽せしを念はざるか、何ぞその死せざると、故に天

子一姓、その兵天下に敵なし。」（同前）

これ即ちラフカディオ・ハーン小泉八雲の驚嘆して注目したるところである。彼は日本の社会構造が、すべてその根強き祖先崇拝の上に立つてゐる事、日本の歴史は、実際その宗教の歴史である事に注意して、生者にあらずして、むしろ死者が国民の統治者であり、国民の運命の形成者であつたと喝破してゐる。そしてたまたま際会した日露戦争に、国民の踊躍して難に赴くさまを見て、

「今戦争に召集されて居る数万の青年にして、光栄を荷つて本国に帰らうと云ふ希望の言葉を洩らすものは一人もない、――口に出す希望は、天皇と祖国の為めに死んだ者の霊が集まる処と信ぜられて居る招魂社――『霊を呼び起こす社』に祀られて、長く世人に記憶されようといふ事のみである。古来の信仰の、此戦争の際ほど強い時はない。（中略）愛国の宗教としての神道は、充分にその力を発揮させれば、極東全部の運命に影響を及ぼすのみならず、文明の将来に影響すべき力である。日本人が宗教に無頓着であると説く位、日本人に就いての不合理な断言はない。宗教は今迄のやうに、今も猶ほ日本人民の真の生命であり、――彼等のあらゆる行動の動機でまた指導の力である。実行と忍苦の宗教であり、偽信と偽善のない宗教である。」（戸川明三氏訳文による）

と驚歎したのであつた。

小泉八雲の後に於いて、神道を、従つて日本を、その本質に迫つて理解し、礼讃した人は、蓋しポンソンビ博士であらう。博士はその所信を表明するに、驚くべき勇気を以てした。即ち博士自身は、滔々《とうとう》たる世界の潮流に抗して、確固不動の尊王家であつて、今猶帝王神権説を信奉する者なる事を告白し、君主の

称号は決して臣下によつて奪はれるものではない事を断言し、特に日本の天皇は肉体を具へさせ給ふ所の神、即ち現人神にましますす事、そしてそれは、単にその職務のためばかりでなく、その血統のために、さやうにあらせられるのである事、且つまたそれは、天皇御自身の宣言又は布告によるものでも無ければ、人民一致の賛成によるものでもなく、実に天照太神の直系の後裔に在らせられるが故に外ならぬ事を説いてゐるのである。（佐藤芳二郎氏編『ポンソンビ博士の真面目』参照）

あゝ斯くの如きは、純真なる日本人のすべてが先祖代々信じて来た所である。しかるに占領軍の政策が、此の信念をくつがへす事こそ、強き日本の国家組織を弛め、固き日本の国民団結を崩す上に、最も効果ありと看て取つて、こゝに打撃を加へて以来、人々の信念は動揺し、皇国日本と同時に、神道も亦よろめきわたつたのであつた。禍なるかな、心臆したる者よ、信仰は脅迫によつても枉げられない筈ではないか。信仰に対する脅迫は黙殺してよろしく、黙殺が猶許されないならば死を以て抵抗してよいではないか。況んや占領は七、八年にして終つたのである。台風は一過したのである。神道はその本来の面目に立ちかへるべきである。

神道は正直をたふとぶ。いかに巧妙なるも、そらぞらしき詭弁は、神明のうけ給はざるところである。神を祭る者は、神を信ずる者は、神に祈る者は、世の濁流に恐れ、之に媚び、わづかなる戦の勝敗によつて、態度を二三にしてはならぬ。

（千家尊宣先生還暦記念神道論文集編纂委員会編『千家尊宣先生還暦記念 神道論文集』昭和三十三年九月、神道学会）

三、神　徳

度重なる空襲と、苛酷なる占領政策とは、神社に大打撃を与へ、神道の威厳を衰へしめた。人或は時勢の変遷、やむを得ざるものとする。しかしながら時勢は、識者懸命の努力によつて絶えず其の方向を修正すべきものであつて、決して之に屈従すべきでは無い。たとへそれは至難であつても、至難なるが故に手をこまぬくべきでなく、至難なるが故にこそ、いよいよ努めなければならないのである。而して其の方針は、区々たる末節の修飾でなくして、あくまで其の本質の発揮にあるべきであらう。

一例として湊川神社を見る。湊川神社も亦、といふよりは、湊川神社こそ、今回の戦争によつて、最も大なる損害を受けた。幸にして有志の士の努力により、社殿も境内も、堂々たる偉容を回復した事は、慶賀すべきである。しかしながら戦後は、足利高氏を英雄視し、その行動を是認する説が、天下に横行してゐる。足利を是認するといふ事は、楠公の精神を無視し、もしくは蹂躙《じゅうりん》する事に外ならぬ。楠公の精神が無視されたり、蹂躙されたりしたのでは、湊川神社はその威厳を失ふのである。それは湊川神社一社の問題では無い。北畠神社も、藤島神社も、菊池神社も、名和神社も、阿倍野神社も、皆同様である。建武の忠臣を祀る諸社は、その社運の興復の為に、六百年前、義烈の精神をよびもどさなければならぬ。

建武延元の昔に於いては、南風遂に競はず、忠義の諸将相ついで倒れて、足利の逆威天下を圧したに拘らず、正邪の判断をあやまらず、敢然として正論を吐く識者があつた。即ち『太平記』巻十六に、条に題して、「正成兄弟討死の事」といひ、その本文に、

「抑《そもそも》元弘以来、忝《かたじけな》くも此君にたのまれまゐらせて、忠を致し功に誇る者、幾千万ぞや、然れども此乱又出来て後、仁を知らぬ者は、朝恩を棄てて敵に属《しょく》し、勇なき者は、苟くも死を免れんとて刑戮に逢ひ、智なき者は、時の変をわきまへずして、道に違ふ事のみありしに、智仁勇の三徳を兼ねて、死を善道に守るは、古より今に至るまで、正成程の者はいまだ無かりつるに、兄弟ともに自害しけるこそ、聖主再び国を失ひて、逆臣横に威を振ふべき、其前表の験《しるし》なれ」

とある。そのうち「死を善道に守る」の句は、『論語』の泰伯篇に、「子曰、篤信好学、守死善道」とあるに出たもので、その読み方、今は大抵「篤く信じて学を好み、死を守りて道を善くす」と読んでゐるやうであるが、建武の昔には「信に篤くして学を好み、死を善道に守る」と読んでゐた事、建武四年（一三三七）六月十五日、五条頼元より飯尾金吾に授けたる『論語』古写本によつて明かである。後醍醐天皇の御代には、『論語』の研究が盛であつて、玄恵法印之を講じ、日野資朝等、意見を述べたといふが、『太平記』の作者が、旧説の如く直ちに玄恵《げんえ》法印その人で無いにしても、恐らくその学風を受けた人の手に成つたものであらう。而して五条頼元は、本姓清原氏であつて、清原氏は中原氏と相並んで、代々明経博士となり、経学の正統を伝へたのであつて、現に右の古写本にも、前明経博士清原頼元と署名してゐるのである。従つて右の如く「死を善道に守る」と読むのは、当時の正統的読み方であつたに違ない。（此の奥書、巻一

より巻六に至る六巻に、頼元の署名があつて、いづれも年号を記しては建武四年となつて居り、その為に頼元の去就を疑ふ説も出てゐるが、私は疑ふ必要は無いと見る。蓋し後醍醐天皇は延元元年（建武三年）十月京都に還幸あり、十一月光明院に偽器授与あらせられ、そして十二月に吉野に遷幸し給うたのであつたが、頼元は随従し奉る機会を逸して、京都に取残されてゐたのである。頼元が京都から離脱して吉野に参り、勅を奉じて征西将軍宮の御輔導に任じ、遠く九州に向ふは、延元三年の事である。即ち延元元年の冬より延元二年の冬または延元三年の春までは、頼元は京都に取残されて、やむなく建武三年、四年の年号を使用してゐたのである。情勢極めて錯雑し、一概に論評しがたい乱世の事であるから、大局の上から観察しなければ、正邪を誤るに至るであらう。）

『太平記』はまた巻二十、「義貞自害の事」の条に、その戦死を惜しんで、

「漢の高祖は自ら淮南《わいなん》の黥布《げいふ》を討ちし時、流矢に当つて未央《びおう》宮の裏《うち》にして崩じ給ひ、斉の宣王は自ら楚の短兵と戦つて、干戈《かんか》に貫かれて修羅場の下《もと》に死し給ひき。されば蛟龍《こうりゅう》は常に深淵の中に保つ、若し浅渚に遊ぶときは、漁網釣者の愁ありといへり。この人、君の股肱《ここう》として、武将の位に備はりしかば、身を慎しみ命を全うしてこそ、大義の功を致さるべかりしに、自らさしもなき戦場に赴いて、匹夫の鏑《やじり》に命を止めし事、運の極めとはいひながら、うたてかりし事どもなり。」

と述べてゐる。それは用兵作戦の上に於いて遺憾ありとするのではあるけれども、義貞の使命が、官軍第一の武将として、大義の宣明を一身に荷つてゐた事実を正認して誤らない。

『太平記』は、その前半は、足利兄弟の前でも読まれたといふ程であるのに、楠木正成や新田義貞の記

事の正確であり、論賛のめざましい事は、驚くの外は無い。無論『太平記』は、『平家物語』や『源平盛衰記』の後をうけて、いはゆる戦記物の体裁を取り、本紀・列伝といふ支那の正史の編纂法に拠つてゐるものではないが、右にあげた二つの如きは、立派な論纂（賛カ）と云つてよく、その点でも『太平記』の著者の、史学の造詣の深く、史筆の法にかなひ、識見のすぐれてゐるを歎称しなければならぬ。巻二十一、「先帝崩御の事」の条に、

「天下久しく乱に向ふ事は、末法の風俗なれば、暫く言ふに足らず、延喜天暦よりこのかた、先帝程の聖主神武の君はいまだおはしまさざりしかば、何となくとも、聖徳一たび開けて拝趨《はいすう》忠功の望を達せぬ事はあらじと、人皆憑《たのみ》をなしけるが、君の崩御なりぬるを見まゐらせて、今は御裳濯河《みもすそがは》の流の末も絶えはて、筑波山の陰に寄る人もなくて、天下皆魔魅《まみ》の掌握に落つる世にならんずらめと、あぢきなく覚えければ、多年つきまとひまゐらせし卿相雲客《けいしょううんかく》、或は東海の波を踏んで仲連が跡を尋ね、或は南山の歌を唱へて甯戚《ねいせき》が行《おこない》を学ばんと、思ひ思ひに身の隠家《かくれが》をぞ求め給ひける。」

とある如きも、建武の御代の総括的批判と見てよい。而してその中に、一見すれば単なる修飾の如くであつて、その実、極めて辛辣《しんらつ》なる批判、厳烈なる宣告を蔵してゐるは、驚歎の外は無い。即ち「天下皆魔魅の掌握に落つる世にならんずらめ」の一句、是れである。解説するまでも無く、足利を魔魅と判定したのである。

南風競はず逆威盛であつた時代に、敢然として是れだけの批判を言ひ切つた事は、国史の底に流れてゐる道義の強さを語るものであり、是れが水戸光圀にうけつがれ、幕末の志士に継承せられて、やがて明治

維新を導き出してくるのである。その明治維新の最初に於いて、湊川神社の創立を見、その後、陸続として建武関係諸神社は創立せられたのである。従つて今日それら諸神社の真の復興の為には、建武の歴史の正しき理解、正邪のきびしき批判を必要とする。

問題は、建武関係の神社のみに止まらぬ。今その重大なる一例として、北野神社を始め、全国にひろく祀られてゐる天満宮を見る。天満宮の御祭神は、菅公である事、いふまでもない。菅原道真は、学問に深く、詩文に秀で、寛仁温厚の徳が高かつたが、最も人の胸を打つは、その忠愛の至情である。即ち罪なくして讒《ざん》を蒙むり、右大臣の栄位を追はれて、辺境に流され、囚禁のいたましき境涯に落ちながら、少しも君を怨み奉る気持がなく、恩賜の御衣《ぎょい》を捧持して泣いて思慕の情を歌つた、その忠愛の至情、是れ実に北野の神徳の根本であり、本質としなければならぬ。学問も深遠であつてよく、詩文も巧みであつてよろしいが、此の本質が疑はれたのでは、北野の神威は墜ちざるを得ない。しかるに今日、不幸にして此の本質を疑ふ学説が出てゐるのである。

疑ふといふは適切では無い。むしろ否定するといふべきであらう。即ち論者は、道真に陰謀があつて、彼は醍醐天皇を廃し、代りに己の女婿である斉世《ときよ》親王を立てようとし、その陰謀があらはれて処分せられたのであるとする。（斉世親王は、宇多天皇の第三皇子で、延長五年（九二七）に四十二歳でなくなられたと云へば、醍醐天皇より一歳の年長であつた。）そのよりどころは何であるかと云へば、第一には、昌泰四年（九〇一）正月二十五日道真の処分を公表せられた時の宣命《せんみょう》であり、第二には、斉世親王の出家を天神御事に依ると伝へられてゐる事である。いかにも当時の宣命には、道真寒門より俄に大臣にあげられて、止足の分を知らず、専権の心あり、佞諂《ねいとう》の情を以て、上皇の御意を欺き、遂に廃立を行はうとするに至つた、その詞はやさしいが、その心は悪逆である、是れ皆天下の知る所である、よろしく大臣の位に居らしむべからず、すべからく法律に任せて処分すべきであるが、叡慮によつて特に寛宥の取計をし、大宰権帥に降すとある。之を証拠として有罪と断定するは、その浅慮無識、驚くの外は無い。既に処分である。処分する以上、有罪としなければならぬ。殊に右大臣を追放するのであるから、よほど重罪有りと公表しなければならぬ事、いふまでも無い。幸にして道真の女が斉世親王の室である。是れ菅家をおとし入れようとする者にとつて、絶好の口実では無いか。かやうにして菅家が廃立を謀つたといふ罪案は作られたのである。若し処分の宣告をそのまま鵜呑みにするのであれば、今度の大戦に就いても、戦争裁判のままに、わが国の政治家や軍人は、一方的に重大なる責任を負はされ、非難の的となる外ないであらう。史家に望まねばならないのは、表裏に徹して真実を把握する事である。裁判記録を綴れば歴史が書けるなどと妄信してはならない。

且つまた右の宣命は、菅家亡くなられて後、延喜二十三年（九二三）四月二十日に至り、之を棄去り、之を焼却せしめられたのである。真に陰謀があつて、処分が至当であつたならば、藤原氏があのやうに恐怖を感じ、慚愧《ざんき》する事は無いであらう。況んや天下に公表せられた宣命を棄却し、焼却する事は無かつたに相違ない。

斉世親王に就いても亦考ふべき点がある。それは、親王は延長五年に亡くなられる時、御年四十二歳であつた事、『日本紀略』に見えてゐる。しからば、昌泰四年、即ち延喜元年には、御年十六歳の筈である。

『日本紀略』によれば、昌泰元年十一月二十一日三品斉世親王元服を加へられたといふ。御年十三歳の筈である。その出家については、『皇胤紹運録《こういんしょううんろく》』や『尊卑分脈《そんぴぶんみゃく》』には、延喜元年十二月の事とし、それは「天神の御事に依る」と記してゐる。しかるに、『日本紀略』には、斉世親王仁和寺に入りて出家せられるを、延喜五年三月十六日の事としてゐる。記録の性質から云へば、『日本紀略』を正しとすべきであらう。しからば、菅家の左遷より四年後の事である。その時、御年二十歳であらう。親王の御子に、英明、庶明の二人があつた事を思へば、やはり二十歳出家とする方が穏当かと考へられる。廃立の陰謀が真に存したのであれば、恐らく菅家の左遷と同時、もしくは直後に出家せられたであらう。親王の出家は、陰謀の為ではなくして、陰謀ありと誣《し》ひられたる不愉快と、やがて菅家配所にて亡くなられたる悲とにより、遂に世をのがれ給うたのであらう。親王が世をはかなみ世をのがれ給うたのは、正に菅家の不幸に関係あるであらうが、それは不幸悲運に関係があるのであつて、決して陰謀に関係があり、陰謀を証するものでは無い。『大鏡』に見えて、誰知らぬ者も無い話であるが、菅家流されて九州へ赴かれる途中、明石の駅長の歎き驚くを見て、

駅長驚くなかれ、時の変改
一栄一落、是れ春秋

と詠じたといふ。若し真に廃立を企て、不逞を計つたのであつたならば、慚愧の情に堪へないで、到底此のやうに達観した詩は作れないであらう。

山わかれ　とびゆく雲の　かへりくる　かげ見る時は　猶　頼まれぬ

「頼まれぬ」の「ぬ」は過去を表すものであらう。『大鏡』の流布本には、現在にして「頼まるる」とある。いづれにしても京都へ帰還を許される日の、必ずあるべきを、信じての歌である。廃立を企てたのであれば、飛びゆく雲は帰つても、おのれに帰京の日のあるを信ずべき理由はあるまい。殊に『大鏡』にも見え、『新古今集』にも収められた、

海ならず　ただよふ水の　底までも　清き心は　月ぞ照らさむ

といふ一首に至つては、神に誓つて自らの純忠を証明したものであつて、心理考察の上に最も重要なる手がかりとなるであらう。かやうに見て来て、さて例の、

去年今夜侍㆓清涼㆒
秋思詩篇独断腸
恩賜御衣今在㆑此
捧持毎日拜㆓余香㆒

の詩に対する時、絶対純粋の忠愛に感動しなければならぬ。されば我等の、北野の神前にぬかづく時、胸中に往来するは、「月光は鏡に似たれども罪を明らかにすること無く、風気は刀の如くなれども愁を破らず」の歎きであり、屋は漏れども蓋板なく、架上の衣裳も濡れ、竈の煙も絶えがちなる囚禁の苦しみである。此の苦難の中に在りながら、絶対の忠義、微動もしない所に、北野の神威は人々の信仰を得てゐるのである。

私がかくの如き論説を進めるに至つたのは、八坂神社の神徳を仰ぎ、その感銘をたよりとしての事であ

る。八坂神社は祇園の名に於いて一般に知られ、社殿といひ、境内といひ、祭礼といひ、いづれも善美をつくし、一たび参詣した者は、殆んど夢の国に遊んだ如き想出をいだくであらう。而して其の社頭の、いはゆる門前町は、名にし負ふ祇園歌舞遊楽の巷であつて、それが現在のやうな形をとるに至つたのは、江戸時代の初めからの事であるにせよ、門前町の繁昌は古くからの事であるらしく、かつて寛元元年（一二四三）正月四日の火災では、祇園西大門前、大路の在家、南北両面、地を払つて焼亡し、西は橋爪に及び、東は今小路に至り、南は綾小路の末を限つて、被害の範囲、数百家に及ぶと、『百錬抄』に見え、「境内古絵図」にうかがはれる豪華さからも、境外門前の繁栄はおのづから察せられる。いはゆる院政時代、祇園の神人或は神民と呼ばれる者の勢力の強かつた事は、たびたび問題を起してゐるによつて知られ、叡山の僧徒ここに来り集まつては、「喚叫の声、天に満ちた」とある。しかし今、八坂神社に参詣して、切に思ふ事は、谷川士清《ことすが》によつて明かにせられたる其の神徳である。即ち『日本書紀通証』巻四に、素戔嗚尊《すさのおのみこと》種々の悪行によりて追放せられ、途中宿泊を求めて皆拒否せられ、雨風甚だしといへども留まり休む事叶はずして、辛苦《たしなみ》つつ降《くだ》り給うたといふに就いて、

「玉木翁曰く、辛苦《たしなみ》は蓋し日足嘗の義、凡そ心を用ふる、之をたしなむといふ、其事に因りて辛苦するの故なり、素尊根《ね》の国に逐ひ降され、流離顚沛《てんぱい》の間、此の艱辛労苦に遭ひ、荒金《あらかね》の質、変化功熟して、終に聖敬の域に帰する者、豈是れ祓除の功效に非ずや、道に志す者、宜しく深味すべし。」

と記し、更に之に親切なる解説を加へて、

「今按ずるに、学術の要、唯此の二字を貴しとなす、夫れ神聖の教、土金《つちかね》の功に在りて、其の躬《み》に行

ひ心に得る所以の者、実に辛苦の二字に在り、又祓除の功と相発す、故に中臣祓は、素尊の故事を挙げて、遂に功を速佐須良姫《はやさすらひめ》に帰す、則ち吾が道の帰宿、神聖の心法、亦以て嘿識《もくしき》すべし、蓋し素尊荒金の性、日に鍛へ月に錬り、終に莫大の功徳を成得たる者、皆此れよりして出づ、夫れ辛苦困難、つぶさに之を嘗めずんば、則ち清清の地、豈それ期す可けんや、徳性を養ひ、気質を変ずる、是に於いてか以て法となすべし、故に曰く、学術の要、唯此の二字を貴しとなす、学者尤もよろしく服膺《ふくよう》すべし。」

と説いてゐるのである。

是に於いて歌舞遊宴の祇園に在りながら、八坂神社は精神のきびしき鍛錬、霊魂の清き純化の道場となる。その参拝の道は、今日汽車・電車・自動車によつて、余りにも容易となり、足を運び身を労した昔は忘れ去られたが、若し深く神徳を仰ぐならば、参拝の功徳は、彼の大峯の修験が、身命を惜しまず高山によぢ、採果・汲水・拾薪・設食の労を自らしつつ、道を得ようとしたに異ならぬものがあるであらう。

私は八坂神社に参詣するごとに之を思ひ、転じて建武の諸社を思ひ、更に転じて天満宮を思ひ、更に通じてすべての神社の神徳を思ふのである。

（昭和三十七年秋）

（「神道史研究」一〇―六、昭和三十七年十一月。後に『寒林史筆』昭和三十九年七月、立花書房）

四、神道の自主性

アメリカの学者、もとより数多い中に於いて、私の特に尊敬し、且つ感謝します人物が数人あります。その一人は曾《かつ》てエール大学の言語学教授であつたホイットニー博士であります。博士は明治初年、国を開いて世界の仲間入りをしたばかりの我が国が、西洋の文明に驚き、開化を羨むの余り、欧化万能の声に自らの本質も忘れて、国語さへ之を廃棄し、日本語に代ふるに英語を以てしようとする意見が現れた時に、親切なる忠告を与へて厳重に之を戒め、「日本人が日本語を棄てゝ英語を用ゐるといふ事は、日本国がその独立を失つて英米の属国となる事を意味するものである、かやうな忌まはしい事は、自分の到底賛成し得ないところである」と述べたのであります。(註一)当時、我が国の実情、混乱と驚愕と急燥《きゅうそう》との渦巻いてゐた時でありましたから、若し此の世界的権威者が、みだりに欧化主義者を奨励し、煽動したならば、混乱は一層の混乱を加へ、惑溺は一倍の惑溺に陥つたでありませう。それを公正に、また懇切に、忠告し、是正してくれられた事は、真に心術の正しい学者であり、また日本人の良き友であつたとして、私共の尊敬し、感謝しなければならないところであります。

しかるに私は、此のホイットニー博士と相並んで、その心術の公正にして、隣国に対して懇切なる学者、私共の尊敬すべく感謝すべき人として、最近に今一人の傑れた人物を見出した事を、衷心の喜とするのであります。それは外でもありませぬ、先のコロンビア大学教授、チャールス・ビーアド博士であります。博士は一八七四年（即ち我が明治七年）の生れ、オックスフォードに於いて歴史学を専攻し、一九〇四年コロンビア大学の講師となり、ついで助教授、やがて教授となり、後にアメリカ史学会の会長となつたのであります。亡くなりましたのは、一九四八年（昭和二十三年）九月一日、享年七十三歳でありました。

このビーアド博士の著述、段々あります中に、最も重要なるものは、『ルーズヴェルト大統領と一九四一年の戦争の到来』と題するもの一冊であります。（註二）本書は一九四八年即ち我が昭和二十三年に、エール大学出版部より出版せられたものでありまして、菊判五百九十八頁の大冊でありますが、その副題に、「仮装と真実の研究」とありまして、今次大戦にアメリカが受身で起《た》つたのであるか、それとも自ら進んで戦を準備し、企画し、誘導し、挑発したのであるか、といふ重大なる問題を、極めて厳正に、すべて確実なる史料によつて、分析し、批判し、実証し、論断したものであります。

本書の内容は、左の四編に分れてゐます。

第一編　仮装の外観　　約二三〇頁
第二編　真実の暴露　　約一四〇頁
第三編　真珠湾の記録に現れたる真相　　約二〇〇頁
第四編　結　　論　　約　二〇頁

その第一編に於いては、大統領ルーズヴェルトが、民主党の政策綱領に於いても、また個人的誓約に於いても、戦争に反対し、戦争を回避する事を宣言して来た事、殊に一九四〇年（我が昭和十五年）十月三十日ボストンに於ける演説では、

「私は前にも既に述べた事であるが、しかし、くりかへしくりかへし云はう、『皆さんの子供は決して外国との戦に駆り出される事は無いであらう』と。」

と云つた事、そして一九四一年（昭和十六年）に於いても、細心の注意を払つて平和の維持にこれつとめ、それにも拘らず、日本より真珠湾の攻撃が加へられるに至つて、初めて不本意ながら、止むを得ず戦争を決意した如く見せかけてゐる事を叙述してあります。

しかるに第二編に入りますと、著者は此の表面平和を装ふルーズヴェルトの裏面に、実は全く反対の意図、政策の、かくされてゐた事実を指摘し、それが問題となつて、上下両院の合同委員会によつて、之が追求せられるに至つた事を述べて居ります。その大要は次の通りであります。

「之を外観だけよりいへば、真珠湾の攻撃は、ルーズヴェルト大統領のいふが如く、日本と平和関係に在り、日本政府と平和交渉を進めてゐる間に、突如として加へられたる、驚くべき打撃であつた。しかるに其の後、政府の記録の発表せらるるにつれて真珠湾の真相は次第に明かになつた。即ちルーズヴェルト大統領とハル国務長官とは、アメリカの戦力の充実し、又完全に両面作戦を避け得るまで、一日延ばしに戦争を延ばしつゝ、結局日本を怒らして、戦争を挑発してゐた事が明かになつたのである。アメリカ政府が、日本に対して、支那よりの全面的退去を要求し、その要求にして容《い》れられないならば、武力に訴へるであらうと云つて脅迫し、もしくは殆んど戦争にひとしい経済的圧迫を以て脅

迫するといふ事は、アメリカの外交史に於いて、これまで無かつたところである。一九三一年に、国務長官スチムソンは、日本を満洲から放逐せんが為に、かやうな脅迫を行はうとしたが、フーヴァー大統領は、之を許さなかつたのであつた。しかるに一九三三年に、ルーズヴェルトは、極秘にスチムソンと結托し、一九四〇年(昭和十五年)六月、もはや七十四歳の老人であるスチムソンを起用して陸軍長官とし、その翌年より日本に対して経済的圧迫を始めたのである。一九四一年(昭和十六年)十一月のハル国務長官の覚書は、日本の内閣に誰が立つてゐたにせよ(自由主義にせよ、国粋主義にせよ)即時破裂の危険を冒す事なくして受諾し得るものでない事は、少しく日本の歴史、制度、心理を知る者の、容易に察し得る所である。現にルーズヴェルト大統領とハル国務長官とは、十一月二十六日の覚書を日本の野村大使に手交するや否や、それに対する日本の返事を待つまでも無く、直ちに戦争の準備に入り、翌日を以て第一線の司令官に対して、戦争の予告を発したのであつた。問題はこゝに於いてか起る。即ち大統領や国務長官が十一月二十七日以後は、戦争に入る事を知つてゐたとすれば、十二月七日の真珠湾の攻撃は、むしろ待ち設けてゐた筈であるのに、その攻撃を受けて驚いたといふのは、一体どういふ事であるのか。殊に一九四二年正月二十七日英国下院に於けるチャーチル首相の演説によつて、一九四一年八月の洋上会談では、ルーズヴェルトより、米国は、たとへ日本から攻撃を受けないでも、自ら進んで極東に於いて戦争を始めるであらうといふ事を申出た事が明かになつたので、ルーズヴェルト大統領等が真珠湾攻撃に驚いたといふのは、表面世間体をとりつくろふだけの事で、実は予期してゐた所であつた事が分つた。これが問題となつて、遂に上下両院の合同委員会によつて真珠湾大敗の責任が問はれた。その委員会は、一九四五年十一月から開かれ、翌年七月終了したが、ルーズヴェルト、ノックス、ポプキンスの三人は、死亡の為に、またスチムソンは病気の為に、出席出来ず、ハルのみ出席して陳述した。而して委員会では、多数意見として、真珠湾事件は日本の不意打であり、アメリカ側としては、防備の手落《ておち》がない事にきまつたが、少数意見に於いては、ルーズヴェルト等は日本を挑発して先攻せしめるやうに誘導し、十一月二十六日以後は即時爆発の危険に達した事を承知し、それは多分次の月曜十二月一日であらうとまで予測して、その対策を練つてゐた事が明かにせられた。」

第三編は、著者ビーアド博士自身が、右の委員会の記録に現れたる根本史料を、調査し、分析して、真相を明かにして居りますが、その結論は、委員会の少数意見と一致したものであります。

最後の第四編に於いては、陸軍長官スチムソンの如きは、日本の先攻をまたずに、アメリカより進んで日本に攻撃を加へるべきであるといふ積極的意見をもつてゐた事を説き、ルーズヴェルト大統領が、この人と結托して、大統領候補としては、国民に戦争回避を約束しつゝ、一たび大統領となるや、秘密に戦争を計画して、国民を戦争に駆り立てた事を非難し、この戦争の為に、アメリカの信義が地に墜ちた事、大統領が殆んど専制君主の如き無制限の権力を以てほしいまゝに戦争を始めた事、そしてその結果、恐るべきロシアの膨脹を招来し、日本を満州から追出した代りに、ロシアを、満州及び朝鮮に入れた事を慨歎してゐるのであります。

私はビーアド博士の此の著を読んで、学者としての厳正なる態度、剛操《ごうそう》の志気に、深くうたれたのであります。アメリカの立場からいひますならば、アメリカの政府はどこまでも平和を希望し、円満なる解決の方策を講じつゝあつたに拘らず、無謀無礼なる日本の海軍の、突然の攻撃の為に、やむを得ず戦端を開き、干戈相まみゆるに至つたとする方が、万事都合がよいにきまつて居り、現に当局は左様に説明し宣伝して居り、従つて天下殆んど皆左様に承知し信用して居ります中に、ひとり起つて毅然として之に反対し、それはうそである、日米戦争を希望し、企画し、誘導し、挑発したものは、実にルーズヴェルト大統領その人に外ならぬといふ事を、実証し、論断して憚《はばか》らぬといふは、尋常普通の人の為し得る所ではありませぬ。士の特立独行、義にかなふのみにして、人の是非を顧みざるは、道を信ずること厚くして、自ら知ること明かなる豪傑の士の事であるとは、昔韓退之《かんたいし》が「伯夷頌《はくいのしょう》」(註三)に於いて述べたところでありますが、ビーアド博士の如きも亦、滔《とう》々たる一世の風潮に抗し、正論を持して惑はざる豪傑の士と云つてよいと思はれます。

さても其の伯夷といふのは、一体いかなる人物であつたでありませうか。殷の末世、国政乱れて、周の武王一隅に崛起《くつき》し、遂に兵をあげて殷を伐ち、之を亡ぼした時、天下をあげて之を礼讃し、之に服従し、之に阿諛《あゆ》しましたが、ひとり伯夷叔斉兄弟のみ之に反対し、武王が進撃して殷を伐たうとする時には、馬を叩いて諫めて、「父死して未だ葬らず、こゝに干戈に及ぶは不孝である、況んや臣として君を弑するが如きは、不仁の甚だしいものである」と云つて、之を非難し、切にその反省を求めましたので、憤激した武王側近の従士の為に、危く斬殺せられようとしたのを、太公望の為に助けられて、漸く事無きを得ました。やがて武王すでに殷を亡ぼして天下を統一し、世をあげて之に服属するに至りますと、伯夷叔斉は之を恥ぢ、周の民となつて其の恩恵に浴するをいさぎよしとせず、去つて首陽山にかくれて、蕨《わらび》をとつて食ひ、遂にこの山で餓死したのであります。(註四)

周の武王は、世に称して聖王と讃へられてゐます。その起つて殷を伐つに当つては、天下の賢士ことごとく之に従つたのであり、未だ一人として之に反対した者は無かつたのであります。しかるに伯夷兄弟は、断然之に反対し、その非を鳴らしたのであります。殷の紂王いかに悪逆なればとて、君主はどこまでも君主であり、周の武王いかに聡明なればとて、臣下はどこまでも臣下である、その臣下にして君主を伐つといふ事は、何としても承服しがたき無道であると、この一点を固く執《と》つて譲らないのであります。しかも其の固執の極は、遂にこゝに生命をかけたのであります。「挙世之を非とするに、力行して惑はざる者に至つては、即ち千百年に乃ち一人あるのみ」と、韓退之が感歎したのは、実に之が為であります。

凡そ道を考へるには、是等の所に於いて、反覆熟考し沈思するを、必要とします。勝利者にこびへつらはず、武力の前に慴伏《しょうふく》せずして、敢然としてその無道不徳を責むる者、曾て之を伯夷に見、今また之をビーアド博士に見るのでありますが、この気象なくして道を考へる事は、絶対に不可能であります。若しこの気象なく、この勇気が無いといふのであれば、常に利害得失に留意し、時代の大勢にひきずられ、大衆の叫びに同調し、昨非今是、毎日毎日目標は変つてゆくの外ありませぬ。

こゝにひるがへつて神道界の現状を見るに、是等の点に於いて、果して如何でありませうか。もとより不幸なる敗戦の後、占領下の七、八年が忍従苦難の時である事は、まことにやむを得なかつた所でありま す。忍び難きを忍べと仰せられたのは、実にその為であつたのであります。しかしながら、それは、どこまでも忍従であるべきであります。忍従であつて、決して屈伏であつては、ならないのであります。屈伏であつてはならず、阿諛であつては、ならないのであります。忍従であれば、発揚は出来ますまいが、少くともその本質は之をそこなふ事なく、或は却つて苦難のうちに其の根柢を固める事さへ出来るのであります。しかし若し慴伏し、屈従し、阿諛し、従属するといふ事であれば、それは必ずや自らの本質を毀損《きそん》し、道を歪曲《わいきょく》するに至るのであります。日本国敗れたりとして俄に国体を疑ひ、神道非難せられたりとしてあわて、仏教やキリスト教に媚び、古道を枉《ま》げ、旧恩を忘れるといふやうな事がありましては、それは神道の自滅に外ならないのであります。

曾てキリストは言ひました、「もし人、全世界を得るとも、其の生命《いのち》を喪《うしな》はゞ、何の益あらんや」（註五）と。しかも其の信仰を棄て、其の道を枉げるといふ事は、実に其の生命をうしなふ事に外ならないのでありまず。さればこそキリストは、同時に説きました、「生命《いのち》を全うせんとする者は之を喪《うしな》ひ、我ため、また福音《ふくいん》の為に生命を喪ふ者は、之を得べければ也」と。殉教の、あの壮烈なる悲劇は、かくして起るのであります。

道を信じて疑はず、道を奉じて進むところ、いかなる危難に遭遇しても、毫《ごう》もたぢろがない毅然たる態度は、孔子に於いても見る事が出来ます。たとへば匡《きょう》に於いて危険に陥つた時、弟子共はおそれをののいたが、孔子は少しも動揺せず、泰然として「天の未だ斯文《このぶん》をほろぼさざるや、匡人《きょうひと》それ予《われ》を如何せん」と云つたのでありました。（註六）かやうであつてこそ、初めて道といふに価するのであります。勝敗によつて動揺し、利害をかへりみて二の足をふむといふ、卑怯未練の心に於いては、道は未だ理解せられず、体得せられず、信奉せられてゐないのであります。

道を信ずるが故に危難を恐れず、利害損得によつて動揺する事の無かつためざましい例は、十字架を負ふキリストや、匡になやむ孔子など、遠くに之を求めるまでもありませぬ、間近く我が国に、外ならぬ神道のうちに、いくらも見る事が出来るのであります。而して其の最も顕著なるものは、北畠親房公の如き、実にその人でありませう。北畠准后《じゅごう》は、延元・興国の間、大勢悉く非でありまして、官軍の諸将相ついで倒れ、足利の逆威天をひたす有様であつたに拘らず、あくまで道を信じて少しも疑はず、毫も無道に屈せず、曾て不義におもねらず、敢然として邪悪を排斥し、逆賊を討伐してやまれなかつたのであります。而して其の大著、『神皇正統記』を始めとし、『東家秘伝』、『元元集』、『二十一社記』等、神道に於いて最も貴ぶべき数々の述作は、実にかかる苦難の間に執筆せられたのであります。神道に生きる者の崇高なる精神は、こゝに光を発したのであり、神道の正しい伝統は、正にこゝに存するのであります。

今や神道は、数年に亙る忍従の後に、再びその自主性を取戻すべき時節を迎へました。而してその自主性を取戻さむが為には、戦勝に傲《おご》る不遜の心をしりぞけると共に、敗戦におびゆる卑屈の態度を脱却しなければなりませぬ。道は権勢武力によつて、右に抂げられ、左に捩ぢられるものであつてはなりませぬ。得意の朝《あした》にも敬虔《けいけん》に、失意の夕にも泰然として、ひたすらに神を仰ぎ、神に仕へ、神の教を承け、神の道を行くところの、公明正大なる態度こそ、正しく伝統を継承する所以《ゆえん》でありませう。

（註一）ホイットニー博士に就いては、拙著『芭蕉の俤』三〇四頁―三一三頁参照。

（註二）Charles A. Beard, President Roosevelt and the coming of the war 1941. New Haven. 1948
（註三）「伯夷頌」は、『唐宋八大家文』にも収めてある。

（註四）『史記』伯夷列伝。

（註五）『新約聖書』馬可（マルコ）伝第八章三六節。

（註六）『論語』子罕第九。また『史記』孔子世家。


（昭和二十七年冬）

（「神道史研究」一―一、昭和二十八年一月。後に『寒林史筆』昭和三十九年七月、立花書房）

五、受難の神道

神無月　木の葉も風に　さわぐなり　あさましかりし　秋の名残に

承久逆乱の後、上皇の遠島御播遷《はせん》をいたみまつり、鎌倉の軍勢の、京都の占領を敢てし、官軍の成敗をほしいまゝにする跳梁跋扈《ちょうりょうばっこ》を憤つて、壬生《みぶ》の二品《にほん》、藤原の家隆《いえたか》は、かやうに詠歎した。当時官軍の、木曽川の守りを失ひ、宇治に敗退したのは、六月の事であつた。而して七月の中旬に至り、後鳥羽上皇は隠岐にうつらせ給ひ、ついで下旬、順徳上皇は佐渡に向はせ給うた。後鳥羽上皇の隠岐に着かせ給うたのは、八月五日の事である。幕府編纂する所の記録『吾妻鏡』すら、其の日の条に、「仙宮は翠帳紅閨《すいちょうこうけい》を柴扉桑門《ひそうもん》に改めたり、所は亦雲海沈々《ちんちん》として南北を弁ぜざれば、鴈書《がんじょ》青鳥の便なく、烟波《えんぱ》漫々として東西に迷ふの故に、銀兎赤烏の行度《こうど》を知らず、只離宮の悲、城外の恨、悩の叡念を増したまふばかりなり」と記し、やがて閏十月十日、土御門上皇の土佐にうつらせ給ふを叙するに及んで、「天照大神は、豊秋津洲《とよあきつしま》の本主、皇帝の祖宗なり、しかるに八十五代の今に至つて、何故に百皇鎮護の誓を改め、三帝両親王配流の恥辱をいだかしめたまふや、尤も之を怪しむべし」と歎息した。幕府の記録すら、猶且つ之を怪しむのであるから、日蓮が之をいぶかつて、「隠岐の法皇は天子也、権の大夫殿（北条義時）は民ぞかし、子の親をあだまんをば、天照大神うけ給ひなんや、所従が主君を敵とせんをば、正八幡は御用ひあるべしや、いかなりければ公家は、まけ給ひけるぞ、此れは偏《ひと》へに只事にはあらず」と説いたのは当然であらう。日蓮すら猶且つ之をいぶかれば、順徳天皇の御代の宮内卿家隆が、此の逆乱を「あさまし」と見て、

神無月　木の葉も風に　さわぐなり　あさましかりし　秋の名残に

と詠歎したのは、当然であらう。神無月の、旧暦十月である事は、いふまでも無いが、恐らくは此の言葉の中に、日蓮の所謂《いわゆる》「天照大神は玉体に入り替り給はざりける歟、八幡大菩薩の百王の誓如何にと成りぬるぞ」といふ歎きが籠められてゐるであらう。而して「木の葉も風にさわぐなり」といふのであるから、騒ぐものは木の葉ばかりではない。世の中も未だ静まらず、第一に家隆の心の憤りと歎きとが、収まらないのであつたらう。

七百年の昔、承久の歎きは、七百年の後、昭和の歎きとなつた。ミッドウェー、ガダルカナルに始まる敗退は、サイパン、グヮム、テニアンの失陥相つぐに至つて、戦局の前途を暗澹《あんたん》たらしめ、玉砕の悲報到来するごとに、恰も木曽川撤収の昔の如く、人々を震駭《しんがい》せしめた。やがて戦の終るや、米軍は鎌倉勢の如く進駐し来り、ほしいまゝに其の占領政策を実施した。承久の昔にも、「霜刑の法、朝議拘らず」、官軍の将士は、十分の審理と、合法の処分によらずして、数多く梟首《きょうしゅ》せられたが、昭和の今も、表に裁判の公正を装ひつゝ、その実は勝者の威力による無理非法の断罪が行はれた。その占領は、今より十年前に始まり、而して今より三年前に終つたが、しかしながら、「あさましかりし秋の名残」は、今以て拭ひ去らるゝに至らず、暴戻《ぼうれい》を憤り、屈辱を恨んでは、木々の葉も風に騒いで静まらぬのである。

占領政策は、もとより多岐にわかれ、多端にわたる。従つて、その被害の及ぶところ、また多方面にわたる事、いふまでも無いが、其の被害の最も甚大なるものの一つとして、神道を挙げるに、何人も異論は無いであらう。神道が受けたる打撃を象徴するものは、諸社の境内入口に立てられたる標柱である。それらの標柱には、上は官幣大社より、下は村社に至るまで、それぞれ社格が表示せられてゐた。占領政策は、極めて冷厳に、且つ極めて執拗に、社格の抹殺を命令し、之に従はざる者は、厳科《げんか》に処すべしと威嚇《いかく》した。今見る諸社の標柱の、上部塗抹《とまつ》の汚点は、此の「あさましかりし秋の名残」に外ならない。木々の葉、風に騒いで、憤懣の気、今以て消えないのは、当然では無いか。

強制せられたるものは、標柱に於ける社格の表記の廃止のみでは、無論なかつた。それは社格そのものの廃止の、当然の帰結であつた。社格の廃止は、特に官国幣社に対しては、その財源を断ち、水道を涸らすの秘策であつた。事実、一時は諸社の経営は大打撃をうけ、中にはよろめくかと思はれたものも、少くなかつた。府県社以下に於いては、もとより事情を異にするが、それにしても、府県や町村との、直接の連繫を絶たれて、種々の不都合を生じ、不都合とまでゆかないにしても、少くとも神社の権威をゆすぶられた感があつた。

神社の宝蔵もまた、此の屈辱の間に、荒らされた。就中、刀剣類は、往々にして、掠奪の厄にあつた。大分の柞原《ゆすはら》八幡宮の、宝蔵するところの刀剣二百振、悉く奪取し去られたといふ如き、その一例である。

研究と教育も亦、大なる打撃を受けた。大正年間、上田万年・三上参次・芳賀矢一、三博士の提唱斡旋によつて其の端緒を開き、その後十数年を経て、漸く独立充実の気運を迎へた東京帝国大学文学部の神道講座は、敗戦と共に廃止を余儀なくせられた。また多年に亘り数多くの神道人を教育し来り、やがて大学として、その研究機関を充実せしめつゝあつた伊勢の神宮皇学館も、解散の強制にあひ、涙を呑んで四散するの止むなきに至つた。之に加ふるに、斯界有力者の追放と、言論の苛察《かさつ》なる抑圧とを以てして、神道の公正なる指導は、著しき阻害に遭うたのである。

即ち今次米軍の占領政策によつて神道の受けたる打撃は、神道史上空前の、深刻にして広大なるものであつた。神社の中に、之によつて著しく衰微したものがあり、神道人の中に、之によつて甚だ動揺したものゝあつたのは、無理からぬ事情と云はねばならないであらう。

然しながら、翻つて考ふるに、仏教の如きも亦、しばしば、非常の厄難に遭遇し、抑圧を経験してゐるのである。先づ支那に於いて之を見るに、所謂三武一宗の法難があつた。その第一は、後魏の太武帝である。後魏の世宗太武帝は、太平真君七年（皇紀一一〇六年、西暦四四六年）「非常の人あつて、然る後に能く非常の事を行ふ、朕に非ずば、たれか能く此の歴代の偽物を去らん」といひ、有司に命じて、天下のあらゆる仏像経論を破棄し、僧侶は焚焼《ふんしょう》して、少長となく悉く之を坑《あなうめ》にし、且つ自今以後、敢へて仏を信じ、仏像を造る者あらば、之を門誅すべき事を宣布した。その第二は、北周の武帝である。北周の高祖武帝は、その建徳三年（皇紀一二三四年、西暦五七四年）、仏教と道教と、二つながら之を絶滅せしめる方針を立て、寺観を毀《こぼ》ち、経像を破り、沙門及び道士は、並に之を還俗せしめた。第三は唐の武宗である。武宗は、会昌五年（皇紀一五〇五年、西暦八四五年）、仏教を断圧して、寺院を毀つこと四万余、僧尼を還俗せしめて民とする事二十六万に及んだといふ。その第四は、五代の後周の世宗である。世宗は、その顕徳二年（皇紀一六一五年、西暦九五五年）、天下の仏寺を廃すること三千三百三十六ケ寺、その破毀したる仏像を以て銅銭を鋳造した。以上が即ち世に三武一宗の法難と呼ばれるものである。しからば仏教が、支那に於いてしばしば抑圧禁断の厄難を経験し来つた事、明かである。

また政府の権力による弾圧では無いが、達識剛直の士の排撃を蒙《こおむ》つた事もある。有名な韓退之の、仏骨を排斥して上表した如き、その著例である。即ち唐の憲宗の時、仏舎利を鳳翔府の法門寺より迎へ、宮中に留むる事、三日に及んだが、韓退之は大に之を不可とし、上表して極諫した。無論、その説は採用せられず、韓退之は却つて厳罰にあつて潮州に流されたのであるから、表面よりいへば仏教は何等の損害を受けなかつたのであるが、「夫れ仏は、もと夷狄の人、中国と言語通ぜず、衣服製を殊にし、口に先王の法言を言はず、身に先王の法服を服せず、君臣の義、父子の情を知らず、たとへ其の身、今に至りて尚在り、其の国命を奉じ、京師に来朝するも、陛下容れて之に接し、宣政一見、礼賓一設、衣一襲を賜ひ、衛つて之を境に出だすに過ぎず、衆を惑はしめざる也、況んや其の身、死すること、すでに久し、枯朽の骨、凶穢《きょうわい》の余、豈宮禁に入らしむべけんや」といふ、民族の伝統と道徳とに立脚しての峻烈なる批判を載せたる上表文は、潮州左遷途上の作、

聖明の為に弊事を除かんと欲す
あへて衰朽をもつて残年を惜まんや
雲は秦嶺に横たはつて家いづくにか在る
雪は藍関を擁して馬すすまず

云々といふ詩と共に、長く後世に喧伝したのであつて、仏教にとつては、やはり大きな痛手であつたと云

はねばならぬ。

仏教の支那に於ける流伝が、順風に帆をあげての安易なる航行で無かつた事は、是等の事例を見ても明かであるが、海を越えて我が国に渡来した後も、或は強硬なる反対にあひ、或は峻厳なる弾圧を受けて、つぶさに辛酸をなめた事は、周知の事実、今更詳説を必要としない所であるが、しばらく其の二、三をあげるならば、第一は、渡来の当初に於ける神道の反撃である。即ち「欽明天皇紀」に、

「物部《もののべ》の大連《おおむらじ》尾輿《おこし》、中臣《なかとみ》の連《むらじ》鎌子《かまこ》、同じく奏して曰く、我がみかどの天下に王たるは、恒に天地社稷百八十神を以て、春夏秋冬いはひをがむことを事となす、方今改めて蕃神を拝むこと、恐らくは国神の怒を致したまはんことを、」

といひ、やがて仏像を難波の堀江に流し棄て、火を伽藍にはなつて、残らず焼却したと伝ふるもの、それであつて、往古の史実、正確詳密を期しがたいとはいへ、仏教渡来の最初に、先づ神道の方面より排撃を蒙つた事は、疑無い。而して『日本書紀』には、かくの如き排撃が、ひとり欽明天皇の御代に行はれたのみでなく、次の敏達天皇の御代にも行はれたと記してゐる。即ち敏達天皇の十四年（五八五）、蘇我《そが》の馬子《うまこ》、塔を大野の丘の北に建て、仏法を興隆しようとしたところ、疫病流行したので、物部の守屋《もりや》、中臣の勝海《かつみ》、共に奏上して、仏法絶滅の勅許を得、塔を倒し、火を放ち、残余の仏像は、之を難波の堀江に棄てたとあるもの、それである。是によつて考ふるに、仏教渡来の当初、之を排除せんとする神道の抵抗は、頗る強硬且つ執拗に行はれたに相違ない。

渡来の当初、かやうに排撃の苦杯を喫した仏教は、その後は、巧妙なる調和策によつて神仏を習合する

に至り、もはや全体として仏教の排斥が、国家の権力によつて行はれる事は無くなつたが、しかしながら宗派によつては、或はその創立に際して弾圧を受けたものがあり、或は長きに亘つて禁断の憂目を見たものがある。法然の流罪に処せられた如き、その著例であらう。

法然の提唱する専修念仏の徒が、先づ弾圧を蒙つたのは、将軍源頼家によつてであつた。『吾妻鏡』によれば、頼家は、正治二年（一二〇〇）五月十二日、専修念仏を禁断し、黒衣の僧十四人を集め、比企弥四郎をして、政所橋の辺に於いて、袈裟を剝ぎ取つて之を焼却せしめた。「見る者堵の如く、皆弾指せざるなし」とあるから、当時世間一般は、邪教として之を排斥してゐた事、明かである。

やがて元久元年（一二〇四）に至り、叡山の反対漸く盛なるに及び、事を穏便にすまさうとして、法然は「七箇条の起請文」に、門下百八十九人の連署を求め、之を山門に提出して、諒解を求めた。いはゆる七箇条は左の通りである。

一、未だ一句の文を窺はず、真言止観を破し奉り、余仏菩薩を謗《そし》るを停止《ちょうじ》すべき事、

一、無智の身を以て、有智の人に対し、別行の輩に遇うて、好んで諍論を致すを停止すべき事、

一、別解別行の行人に対し、愚痴偏執の心を以て、本業を棄《す》て置くべしと称し、強《あなが》ち之を嫌嗤《けんがい》するを停止すべき事、

一、念仏門に於いて戒行無しと号し、専ら婬酒食肉を勧め、たまたま律儀を守る者をば雑行人と名づけ、弥陀の本願を憑む者は、造悪を恐るゝ勿れと説くを停止すべき事、

一、未だ是非を弁ぜざる痴人、聖教を離れ、師説を非とし、恣に私義を述べ、妄《みだり》に諍論を企て、智

者に咲《わら》はれ、愚人を迷乱するを停止すべき事、

一、痴鈍の身を以て殊に唱導を好み、正法を知らずして種々の邪法を説き、無智の道俗を教化するを停止すべき事、

一、自ら仏教に非ざる邪法を説いて正法と為し、偽つて師範の説と号するを停止すべき事、

以上七箇条のうちに於いて、特に注意すべきは、第四条であつて、門下末流の中には、自ら婬乱酒色に耽りつゝ、教義の上にも之を是認して、弥陀の本願をたのむ者は、造悪を恐るゝ勿れと説く者のあつた事が知られ、後の流罪の記事と併せ考へて、世間の指弾、政府の禁断が、此の点に重きを置かれた事を察すべきである。

法然は此の「七箇条の起請文」と同時に、単独の起請文を草し、三宝護法善神の宝前に誓つて、之を天台座主に提出した。その中に世間の非難を述べて、「然るに近日風聞していはく、源空偏に念仏の教を勧めて、余の教法を謗る、諸宗此に依りて陵夷《りょうい》し、諸行之に依りて滅亡すと云々」といひ、自ら之を釈明して、天台の教法は自らの尊信する所であるが、「たゞし老後遁世の輩、愚昧出家の類、或は艸菴に入つて頭を剃り、或は松窓に臨んで志を言ふのついで、極楽を以て所期と為すべく、念仏を以て所行と為すべきの由、時々以て諷諫せり、是れ則ち齢衰へて練行する能はず、性鈍にして研精に堪へざるの間、暫く難解難入の門を置き、試みに易往易修の道を示」したまでゞあると説いてゐるのは、山門との摩擦が那辺に在つたかを示すものである。

更にその翌年、即ち元久二年十月に至り、興福寺の大衆も亦、奏状を捧げて法然の一派を弾劾したが、

その奏状として伝へられるもの、九箇条の欠点を列挙してゐる中に、第五条に於いて神社との関係を注意し、念仏の輩は永く神明に別れ、宗廟大社を憚らず、神明を信仰する者は必ず魔界に堕つと宣伝するのであるが、伝教は宇佐宮に参り、春日社に詣で、各奇特の瑞相を感じたのであり、智証は熊野山に参り、新羅明神を勧請し、深く門葉の繁昌を祈つたのであり、その外、行教といひ、弘法といひ、いづれも神明を尊信した事、顕著なる事実であるが、念仏の徒のいふ所に従へば、是等上代の高僧は、いづれも魔界に堕ちなければならぬ、いはれなき妄説、すべからく直ちに禁止せらるべきであると述べてゐる。これは神道の方面から特に注目すべき所である。

かやうに法然自身は、諸宗の弾劾を蒙むりながらも、穏便に和解の方策を講じてゐたが、門下の中には、親の心、子知らず、却つて摩擦衝突を激発せしむる言動があり、建永元年（一二〇六）には、朝廷に於いて、法然の門下行空及び遵西両人の処分が問題となり、翌承元元年（一二〇七）に至つて、遂に法然その人をも含めて、専修念仏の徒の主なる者を処分し、或は死刑、或は流罪、以て此の一派に大打撃を与へる事となつた。『愚管抄』にこの事を記して、

「又建永ノ年、法然房ト云上人アリキ、マヂカク京中ヲスミカニテ、念仏宗ヲ立テ、専宗念仏ト号シテ、タヾアミダ仏トバカリ申べキ也、ソレナラヌコト顕密ノツトメハナセソト云事ヲ云イダシ、不可思議ノ愚痴無智ノ尼入道ニヨロコバレテ、コノ事ノタヾ繁昌ニ世ニハンジヤウシテ、ツヨクヲコリツヽ、ソノ中ニ安楽房トテ泰経入道ガモトニアリケル侍ノ入道シテ、専修ノ行人トテ、又住蓮トツガイテ、六時礼讃ハ善導和上ノ行也トテ、コレヲタテヽ、尼ドモニ帰依渇仰セラルヽ者出キニケリ、ソレラガ、

アマリサヘ云ハヤリテ、コノ行者ニ成ヌレバ、女犯ヲコノムモ、魚鳥ヲ食モ、阿ミダ仏ハスコシモトガメ玉ハズ、一向専修ニイリテ、念仏バカリヲ信ジツレバ、一定《いちじょう》最後ニムカヘ玉フゾト云テ、京田舎サナガラコノヤウニナリケル程ニ、院ノ小御所ノ女房、仁和寺ノ御ムロノ御母マジリニ是ヲ信ジテ、ミソカニ安楽ナド云モノヨビヨセテ、コノヤウトカセテキカントシケレバ、又グシテ行向ドウレイタチ出キナンドシテ、夜ルサヘトヾメナドスル事出キタリケリ、トカク云バカリナクテ、終ニ安楽・住蓮頸キラレニケリ、法然上人ナガシテ、京ノ中ニアルマジニテ、ヲハレニケリ、」

といふは、『皇帝紀抄』に、「承元元年二月十八日、源空上人法然房と号す土佐の国に配流す、専修念仏の事に依りて也、近日件の門弟等、世間に充満し、事を念仏に寄せ、貴賤并に人妻、然るべき人々の女に密通し、制法に拘はらず、日に新なるの間、上人等を搦取り、或は切羅せられ、或は其身を禁ぜらる、女人等また沙汰あり、且つ専修念仏の子細、諸宗殊に鬱し申すの故也」（原漢文）とあると、併せ考へて、法然の門下、しかも其の有力なる門弟のうちに、戒律を放棄して女犯をほしいまゝにし、頗る風俗を壊乱して憚らない者があり、それが一派弾圧の近因となつたと察せらるるのであるが、兎も角も主なる数名が死刑に処せられ、更に数名が流罪となり、而して此の一宗派の創始者法然さへ土佐（後讃岐に変更）に配流せられたのであるから、打撃は実に痛烈であつたと云はねばならぬ。

法然は建暦二年（一二一二）正月、八十歳にして示寂したといふのであるから、承元元年流罪に処せられた時は、既に七十五歳の老齢であつた筈である。七十五歳の老齢にして、遠く四国に流されるといふ事であれば、それは非常な苦痛であつたらうと思はれるのに、少しも之を苦にしないで、むしろ辺鄙の地方に布教する機会を与へられた事を喜んだと伝へられるのは、其の信念の厚きを見るべきであらう。

然し法難に遭遇して少しもたじろがず、百折不屈の意気を示したものは、いふまでも無く日蓮である。日蓮は、その厳急なる他宗の排撃、容赦なき他門の非難の為に、しば〴〵罪せられた。即ち「国主の用ひ給ふ禅は天魔なる由、鎌倉殿の用ひ給ふ真言の法は亡国の由、極楽寺の良観房は国賊なる由、浄土宗の無間大阿鼻獄に堕つべき由」を高唱して、弘長元年（一二六一）五月、伊豆の伊東へ流されたが、翌年正月に書かれた『四恩鈔』には、之について、一には大なる悦、二には大なる歎ありとして、その悦を、

「法華経ヲ殊ニ信ジ参ラセ候ヒシ事ハ、纔《わずか》ニ此六七年ヨリ以降也、又信ジテ候ヒシカドモ、懈怠ノ身タル上、或ハ学文ト云ヒ、或ハ世間ノ事ニサエラレテ、一日ニワヅカニ一巻一品題目計リ也、去年ノ五月十二日ヨリ、今年正月十六日ニ至ルマデ、二百四十余日ノ程ハ、昼夜十二時ニ法華経ヲ修行シ奉ルト存ジ候、其ノ故ハ、法華経ノ故ニ、カヽル身ト成テ候ヘバ、行住坐臥ニ法華経ヲ読ミ行ズルニテコソ候へ、人間ニ生ヲ受ケテ、是レ程ノ悦ビハ何事カ候ベキ、」

と説いてゐる。

伊東の流謫《るたく》は、三年目の弘長三年二月に至つて赦免せられたが、あくる文永元年（一二六四）十一月十一日には、安房の国東条の松原に於いて、数百人の念仏者に取囲まれ、散々に打擲《てき》せられて、弟子一人は即死し、二人は重傷を負ひ、日蓮自身も、頭部及び左手に負傷した。ついで文永五年には、蒙古の来襲を防がんが為に、禅・律・念仏等の堂塔を焼き払ひ、その信者の首を斬らん事を勧説して、奇矯過激の罪に問はれ、文永八年九月十二日、相模の龍の口に於いて斬られようとしたが、やがて死刑一等を減じて佐渡

へ流される事となり、十月の末に佐渡へ下り着いたが、その置かれたる所の有様は、日蓮自ら語る所によれば、

「本間ノ六郎左衛門尉ガ後見ノ家ヨリ北ニ、塚原ト申シテ、洛陽ノ蓮台野ノ様ニ、死人ヲ送ル三昧原ノ、ノベニカキモナキ艸堂ニ落着キヌ、夜ハ雪フリ、風ハゲシ、キレタル蓑ヲ着テ夜ヲ明カス、北国ノ習ナレバ、北山ノ巓ノ山ヲロシノユキ風、身ニシム事、思ヒヤラセ給へ、」

といひ、また、

「洛陽ノ蓮台野ノヤウニ死人ヲ捨ツル所ニ、一間四面ナル堂ノ、仏モナシ、上ハイタマアハズ、四壁ハアバラニ雪フリツモリテ消ユル事ナシ、カヽル所ニ所持シ奉ル釈迦仏ヲ立テマイラセ、シキモノナケレバ、シキガハ打チシキ、蓑ウチキテ夜ヲアカシ日ヲクラス、夜ハ雪雹ヒマナシ、昼ハ日ノ光モサヽセ給ハズ、心細カルベキスマヰナリ、」

といふ、荒涼凄愴、言語に絶する境地であつた。しかも日蓮は、志操更に動揺する所なく、「あらうれしや、今日蓮は末法に生れて、妙法蓮華経の五字を弘めて、かゝるせめにあへり、在世は今なり、今は在世也」と、歎喜し踊躍してゐるのである。

日蓮は佐渡の謫居数年の後、文永十一年の春に至り、赦されて鎌倉にかへり、一応自由の身とはなつたが、その後この一流は、しばしば法難に遭遇した。中に就いて注意すべきは、所謂不受不施の一派であらう。これは文禄慶長の間、京都東山大仏殿供養の事より端を発し、他宗謗法の人の施を受ける事を拒否する者と、受諾してよしとする者との二派に分れて相争つたが、慶長四年（一五九九）徳川家康之を裁判して、

拒否する一派、即ち所謂不受不施派を非なりとし、之を主張して止まなかつた妙覚寺日奥の袈裟を剥奪し、対馬に遠流するに及び、不受不施を邪義なりとして禁断する方針は、いはゆる神君の御掟として、江戸時代を通じて動かすべからざる鉄則となつた。

対馬へ流された日奥は、その後、大赦に逢うて帰つて来たが、その徒、池上本門寺の日樹、不受不施の義を唱へて、身延山当局を非難するに及び、寛永七年（一六三〇）二月二十一日、幕府は双方を対決せしめた。即ち老中酒井雅楽頭忠世の宅に、老中土井大炊頭利勝、酒井讃岐守忠勝、稲葉丹後守正勝、内藤伊賀守忠重、及び町奉行島田弾正忠利正等参集し、天海大僧正、金地院崇伝、林道春、林信澄等も列席の上、原告側は身延山の先住日乾《にちけん》、日遠《にちおん》、常住日暹《にっせん》、藻原の日東、玉沢の日遵《にちじゅん》、三松の日長、以上六人、被告側は池上の常住日樹、中山の日賢、中村の日充、碑文谷の日進、平賀の日弘、小西の日領、以上六人、双方に分れて対決したが、被告側答弁に窮して敗れ、やがて日樹は信州伊奈へ流されて脇坂淡路守にあづけられ、一味の者は追放せられ、而して日奥は再び法衣を脱して対馬へ遠流に処せられたのであつた。

しかしながら是程迄の厳罰にも拘らず、不受不施を唱へる者は猶絶えず、寛文六年（一六六六）には、また禁を犯して流罪に処せられるものがあつたので、幕府は寛文九年四月三日に至り、不受不施派の寺請を否認し、五人組をして厳重に之を査検せしめた。しかるに不受不施派を奉ずる者は、猶綿々として絶えず、悲田宗と号して、その義を主張した為に、元禄四年（一六九一）四月に至り、幕府は之を禁止して改宗転派を命じ、厳重に戒むる所があつた。

江戸時代に於いては、日蓮宗のうち、特に不受不施派といひ、悲田宗と呼ばれるものが禁止せられたり、又薩藩に在つては、一向宗が禁止せられたりした事はあつたけれども、仏教は全体としては、非常にあたゝかい、むしろあたゝかすぎる程の保護を受けてゐたと云つてよい。しかるに明治維新の成るに及んで、神仏分離、廃仏毀釈の烈風は、所在の堂塔伽藍を吹きまくつて、仏教は一時大動揺を来たし、大混乱に陥つた。彼の大垣の全昌寺に住しては小原鉄心の尊信を得、福井の孝顕寺に住しては松平春嶽と道交を得、今や彦根の清涼寺に住して、名声天下に聞えた清拙が、曹洞一宗の輿望を担ひながら、明治四年（一八七一）帰俗して、鴻雪爪《おおとりせっそう》と称し、大教正御嶽派の管長となつた如き、その動揺の一例であり、また芝の増上寺が、本尊の阿弥陀如来を台徳院の廟内に移し、代つて大殿の須弥壇には、天御中主尊を祀り、注連縄を張り、榊を立て、僧侶も神官の服装をして柏手をうち、三条の教則に従つて、皇道を宣布したといふ如きは、その混乱の一例であらう。

転じてキリスト教を見れば、宗祖たるキリストが既に十字架にかゝつてゐるのであつて、本来慈悲忍辱を旨とする仏教に比すれば、博愛を説きながらも、其の性格は、遥かに強いといはなければならぬ。而してキリストが、迫害のうちに神の教を説いた如く、キリスト教徒は、恐るべき迫害のうちに、その信仰を守り、その教法を弘めていつた。今もローマの近郊に残り、カタコンベと呼ばれる地下坑道の墓所は、西暦紀元三世紀の頃、迫害を蒙つたキリスト教徒の、遁れてこゝに難を避けようとして能はず、潔く殉教して果てた遺跡であるといふ。

宗教改革もまた、強烈なる迫害に抗して行はれた。曾てカタコンベに苦難を避けようとした人々の後継者は、今は逆に教権をふりかざして、新義を唱へ教会を批判する者に圧力を加へようとするのである。ウイッテンベルグ大学の教授マルチン・ルーテル（Martin Luther）は、免罪符の発売を批判し、意見九十五箇条を、ウイッテンベルグの教会の扉に書いて発表した。西暦一五一七年（わが永正十四年）十一月一日の事である。ついで一五二〇年（わが永正十七年）には、「キリスト教貴族に訴ふ」、「教会のバビロン幽囚」、及び「キリスト人の自由に就いて」と題する三篇の論文を発表した。是に於いて教会は憤怒し、彼を破門したが、彼は破門の教書を公衆の面前に於いて焼棄てゝ了つた。一五二〇年十二月十日の事であつた。而して翌年四月、カール五世は、彼をウオルムズの第一回国会に召喚し、彼の唱導する所を異端邪説なりとして、取消を要求した。しかるにルーテルは之を拒否し、「予の立場はかくの如し、之を動かすべからず、神よ、助け給へ」と叫んだ。皇帝は彼を、法外の徒と宣し、その保護を解除し、その宣説を禁止した。

ルーテルの態度も毅然たるものであつたが、迫害の更に烈しく、反抗の一層強かつたのは、ルーテルの先駆者の一人、フス（Johann Hus）であつた。ルーテルは一四八三年に生れたが、フスは一四一五年に此の世を去つてゐるので、二人の間には、七十数年の開きがあつた。フスは、ボヘミアに生れ、プラーグ大学に学び、卒業の後、母校に教鞭を執り、一四〇二年の十月より、一四〇三年の四月までは、その総長の職に在つた。早くよりウイクリッフ（Wycliffe）の著書に親しみ、その感化を受けて、教会の方針に対しては批判的であつたが、その説を宣べ、その書（De Ecclesia）を著はすに及び、一四一四年（わが応永二十一年）コンスタンツ（Constanz）に喚問せられた。宗教会議の要求するは、フスが其の説の誤である事を認め、今後かゝる妄説を述べない事を誓ひ、公然之を取消す事であつたが、フスは断乎として之を拒否した為に、七月六日、遂に死刑の宣告は下された。かくていよいよ刑場に至り、磔にかけられた時にも、再び自説を取消す事を要求せられたが、彼は昂然として之を拒否し、潔く死ぬ決意を示した。火は点ぜられ、煙は濛々として十字架を包んだ。火の消えた後に、灰と、灰の為に汚れたる土とは、ラインの流に投ぜられた。宗教改革は、かくの如き殉教の悲劇を以て、その発端を飾られたのであつた。

キリスト教徒殉教の悲劇は、遠く海外に例を求めるまでも無い。わが国に於いても、数多くの実例を見るのである。天文十八年（西暦一五四九年）ザビエル鹿児島に来り、キリスト教を伝へてより、わづか四十余年のうちに、その教はひろく各地に布かれ、数十の寺院、数百の教会、鬱然として興つたが、天正十五年（一五八七）六月十九日、豊臣秀吉は厳令を下して、之を禁止した。その禁令の第一条に、

「日本は神国たる処、きりしたん国より、邪法を授候儀、太以不レ可レ然事、」

といひ、第二条に、

「其国郡の者を近付、門徒になし、神社仏閣を打破候由、前代未聞候、」

といひ、また第三条に、

「伴天連《ばてれん》、其知恵の法を以、心ざし次第に檀那を持候と被二思召一候へば、如レ此日域の仏法を相破事、曲事候条、伴天連儀、日本の地には、おかせられ間敷候間、今日より廿日の間に用意仕、可二帰国一候、」

とあるを見れば、外人が物質文明の上に於いて貢献する事はよしとするも、宗教の上に於いて、日本の伝統的信仰を否定する事は、之を許容しがたしとするものであつた事、明瞭である。これは同じ秀吉が、文禄三年（一五九四）十一月十六日、山田・宇治・大湊惣中に与へた条目の中に、

「今度伊勢惣国検地儀、雖レ被二仰付一、従二宮川内之儀一、大神宮為二敷地一条、両宮儀崇敬上者、不

レ及二其沙汰一、検地免除之事、」
とあるなどと併せ考へて、秀吉の神祇を崇め、伝統を重んじた態度を察すべきである。

天正十五年六月、禁令発布以前に於いても、キリスト教を信ずるが故に迫害せられ、死を以て信仰を守つた者は、いくらか有つたやうであるが、国家の大方針として之を禁じ、その極、之に背く者を死刑に処するに至つたのは、実にこの禁令以後の事であり、而して最初の処刑、その凄惨にして悲壮なる殉教を以て、内外の耳目を聳動《しょうどう》したものは、慶長元年十二月十九日（西暦一五九七年二月五日）、長崎の立山に於いて執行せられたる二十六人の処刑であつた。その二十六人のうち、伴天連（宣教師）は三名、いづれも外人であり、伊留《いる》満《まん》（伝道者）は六名、内三名は外人、三名は邦人であり、而して信徒十七名、是はすべて邦人であつて、その中には、十二歳、十三歳、十五歳の少年もまじつてゐた。信徒の職業を問へば、或は絹織業であり、薬種屋であり、或は賄方であり、桶屋であり、また矢を作る矢師もあれば、刀研師もあつた。それらの人々が、恐るゝ所はなく、或はむしろ進んで死に就いた態度は、世人の深く感動する所となつた。その後、禁令は益々繁く下され、殉教は年々その数を加へた。就中、慶長十八年七月、江戸に於ける二十七名の火刑、翌年十月、四百余人の海外追放、元和五年（一六一九）十月、京都に於ける五十二人の火刑、同八年九月、長崎に於ける五十五人の火刑及び斬罪、同九年十月、江戸に於ける七十六人の火刑等は、その最も著しいものであつた。

凡そ仏教が、幾多の迫害を越えて、その教義を守り、その教線を伸ばし来つた事、またキリスト教が、その象徴とする十字架の示すが如く、火あぶりの凄絶なる処刑をくぐつて発展し来つた事は、大略以上叙述した如くである。しからば今や神道が、敗戦と共に苦難に陥り、占領政策の為に抑圧を受けても、敢へて怪しむに足らず、驚くを要しないのである。寧ろかくの如き苦難、かくの如き抑圧こそ、神道の根本を深く掘り下げ、その根柢に厚く培ひ、強烈の魔風にも動揺せざる真実の力を養ふべき好箇の機会では無いか。

思へば神道は、従来あまりに安易平穏の道を辿つて来た。恩寵に狃《な》れ、安逸に育つ者は、自然剛操の気魄を欠き、難に臨んで動揺せざるを得ない。百難不屈、金剛不壊の精神は、風雨にさらされ、怒濤と戦ひ、鍛錬に鍛錬を加へて、初めて養はれるのである。さればこそ大西郷も、「貧居傑士を生じ、勲業多難に顕はる、雪に耐へて梅花麗しく、霜を経て楓葉丹し」と歌つたのである。然らば今日神道が多難に陥り、社頭霜白く、神山雪深きを見るは、即ち是百錬の鉄槌を与へられ、千磨の精礪を恵まれたるものと云つてよい。神道にして不朽の生命ありとするならば、必ずや奮起一番、禍を転じて福となし、鉄槌によつて錬へられ、精礪によつて研がれて、陸離たる光彩を放つに至るであらう。

しかも斯の如きは、古来神道の教訓し来つたところである。即ち『日本書紀』神代巻に、素戔嗚尊が、その為し給うたところの様々の悪事によつて、天上より追放せられ、葦原中国に居るを許されず、根の国に向つて放逐せられ給うた時に、雨降りによつて宿りを衆神に乞はれたが断られたので、「こゝをもて雨風甚だしといへども留まり休む事を得ず、たしなみつゝ降りき」とあつて、その「たしなみつゝ」に辛苦の二字が宛てゝある。之に就いて、『日本書紀通証』は、先づ玉木葦斎の説をかゝげて、素戔嗚尊根の国に下り給ふ時、「流離顚沛《てんぱい》の間、此の艱辛労苦に遭ひ、荒金の質変化功熟し、終に聖敬の域に帰せしもの、

豈是れ祓除の功效に非ずや、道に志す者、宜しく深く味ふべし」といひ、次に著者谷川士清《ことすが》自ら辛苦の二字を解読して、

「今按ずるに、学術の要、唯此の二字を貴しと為す。夫れ神聖の教、土金の功に在りて、而して其の躬に行ひ心に得る所以の者は、実に辛苦の二字に在り。また祓除の功と相発す。故に中臣祓《なかとみのはらえ》、素尊の故事を挙げて、遂に功を速佐須良姫に帰す。則ち吾道の帰宿、神聖の心法、亦以て嘿識《もくしき》すべし。蓋し素尊荒金の性、日に鍛へ月に錬り、終に莫大の功徳を成得たるもの、皆此より出づ。夫れ辛苦困難、つぶさに之を嘗めずんば、則ち清々の地、豈其れ期すべけんや。徳性を養ひ、気質を変ずる、是に於いてか以て法と為すべし。故に曰く、学術の要、唯此の二字を貴しと為すと。学者尤もよろしく服膺《ふくよう》すべし。」

と述べてゐる。然らば即ち千辛万苦のうちに錬磨して、やがて清清の境地に到達するは、神道に於いて既に先賢の明示するところである。

災厄の日に、周章狼狽するは、勇士の恥づるところ、苦難の時に、変説改論するは、君子の為さざるところである。神道が、此の災厄に畏怖せず、この苦難に退転せず、むしろ転禍為福の妙用を発揮すべき時、先賢の教は、炳として後学の行手を照らすのである。

（昭和三十年冬）

（「神道史研究」四－一、昭和三十一年一月。後に『寒林史筆』昭和三十九年七月、立花書房）

六、皇学指要

大雨数日にわたれば濁流は横溢し、教学十年を怠れば俗論横行して止まぬ。たまたま今朝テレビに見て驚き、且つあきれた所であるが、「修行」といふ言葉を耳にして、何を連想するかとの問に対して、若者共は答へた。曰く「古い。」曰く「封建。」曰く「きびしい。」曰く「いやだ。」かういふ世の中であれば、「皇学」も亦正しく理解せられず、或は之を「古くさい」とし、或は之を「固陋《ころう》」と感じ、心中幾分の抵抗を感ずるであらう事、想像に難くない。

然し是れは、必ずしも今日に限つた事ではあるまい。曾て谷秦山は、「宮地介直に答ふる書」に於いて、抑も我が邦は、開闢以来亡びざるの国なり。神代の古風、猶尚考ふべし。以て普天に軌則して愧《は》づるなかるべし。しかるに我が国の人、質朴余りありて考究精《くわ》しからず、反りて外国敗乱、百起百滅の遺塵を信じ、彼の風を移して以て我が人を化せんと欲す。何ぞ其の思はざるの甚だしきや。

と歎息した。是れは蓋し正徳元年（一七一二）の事であらうから、今より二百五十八年前に当る。学界に自主の気象乏しく、外国異学の為に惑乱せられやすい事、昔も今の如く、今も昔に似てゐる事、大概かくの如くである。

ここに挙げた谷秦山の語、我が国は開闢以来亡びた事の無い国であつて、よく神代の古風を存してゐるので、その遺風は之を顕彰して全世界の軌範とすべきであると説いたのは、安政三年（一八五六）四月二十六日、橋本景岳が中根雪江に贈つた書に、

国是と申す者は、国家祖宗の時、既に成り居り候者にて、後代子孫に在りては、其弊を救ひ候へば宜しき義に御座候。子孫の代に在りて別段国是を営立すると申す例もなく、道理もなし。祖宗とても、別に深智巧慮して御編み出し成され候にては無之、たゞ天地自然一定の理に御基づき遊ばされ、時勢人情を御斟酌《しんしゃく》あらせられ、衆人の心一同趣向致し候処を御考合せ成され、国是御立て遊ばされ候なり。

といひ、更に、

元来、皇国は異邦と違ひ、革命と申す乱習悪風これなき事故、当今と申し候ひても、直に神武皇の御孫謀御遺烈、御恪守《かくしゅ》御維持遊ばされ候て然るべき義と存じ奉り候。但し右申上げ候通り、時代の沿革と申す者これあり候へば、神皇の御意に法《のっと》り候事、簡要にして、其作為制度に至り候ては、些少換改潤色これなく候はでは、叶ひ申さず候。然れば、神皇の御孫謀御遺烈と申し候は、即ち人、忠義を重んじ、士、武道を尚《たっと》び候二箇条に御座候。此れ即ち我が皇国の国是と申す者に御座候なり。此の二箇条、皇国の皇国たる所にして、支那の華靡《かび》浮大、西洋の固滞暗鈍に比し候へば、雲泥の相違、神皇の御遺烈、必ず尚武重忠の四字に限り申し候。

と喝破したのと、時処を異にして相互相識《し》らぬままに、同一点を指向して呼応するものと云つてよい。即ちそれは、万世一系の天皇をいただく国であり、革命といふ乱習悪風の曾て行はれた事の無い国であ

るといふ所に、日本の道の特質があり、尊厳があるといふのである。革命を乱習悪風と断ずるのは、それが反逆であり、下剋上であり、断絶であるからであり、万世一系を尊しとするのは、それが上よりの慈愛と下よりの随順による美はしき調和の永続であつて、恩愛のあたたかき感情が全国民にしみわたつてゐるからである。景岳は之を尚武重忠の四字、即ち忠義の精神と尚武の気象との二つに分けたが、その尚武といふも、実は忠義より出るのであつて、秦山が宮地介直に与へた別の書（壬辰即ち正徳二年）に、

　夫れ国の強久は、土地甲兵の盛に在らずして名分の厳に在り。

といひ、また、

　我が朝、終古外国の侵侮《しんぶ》を受けざる者は、豈大小強弱の勢を以てせんや。たゞ其の名分の正、万国に冠絶すればなり。

と説いたのは、名言とすべきである。

　かやうに道の淵源を古代に溯つて国家建設の初めに在りとするに就いては、世の進化を考へ進歩を説く者に於いて異論あるをまぬがれないであらう。それに対しては二つの点から考察する必要がある。その一つは、淵源が国初に在るとするのは、古代に於いて既に完備してゐたといふので無くして、その萌芽がすでに古代に在り、それが幾百年幾千年を経過して、或は強化せられ、或は向上して来たと考へるのである。山鹿素行の『中朝事実』が、我が国教学の本、すべて神代史に存する事を説き、殊に宝鏡を授け給ふに当つての神勅をあげて、

　当に猶吾を視るがごとくすべしの四字、乃ち天祖皇孫伝授の天教、千万世皇統謹守の顧命なり。其の

言簡にして、其の旨遠し。（中略）蓋し人子恒に如在の敬を存するときは、則ち怠惰の気、終《つい》に張るべからず。（中略）後の聖人、三年父の道を改むる無きを以て孝となす、亦可ならずや。

と述べてゐる如き、それである。今一つは、世のいはゆる進化進歩の思想は、新しいものを以て古いものよりすぐれたりとする価値判断の、実は速断であり、妄断であつて、頗る反省を必要とする点を考へねばならない。その甚だしいものは、人類はあだかも猿より進化したものであるかの如き錯覚におちいり、従つて時代を溯れば溯るほど無知蒙昧であつて、新しいものは、すべて古いものよりすぐれて居るといふ妄想をいだいてゐるのである。しかるに歴史の上に於いては、ある時代の芸術、または文学や宗教の、後世に於いては企及すべからざる高級なるものを存するに驚歎する事、しばしばである。古きものを劣れるもの、悪しきものと解するは、妄断であり、革命の論理である。

即ち我が国の先哲は、我が国の道が実に国体より出づる所であり、その淵源は国初に溯り、その実修練磨向上開展が、我が国の歴史に外ならぬ事を看取し、道破し、体得し、実証した。彼の吉田松陰が、嘉永四年（一八五一）のくれより五年の正月へかけて、即ち二十二、三歳の若さに於いて水戸に遊び、会沢正志斎・豊田天功等の碩学をたづねて其の説を聴き、驚いて従来学ぶ所の空疎なるを慚愧《ざんき》し、

身、皇国に生れて、皇国の皇国たる所以を知らず、何を以て天地に立たむ。

と叫んだのは、此の点の開眼を示すものである。

ここに我が国を規定して、特に皇国といつたのは、我が国体を一言にして道破したものであつて、その意義頗る重大である。『弘道館記』に、

恭しく惟《おもんみ》るに、上古神聖、極を立て統を垂れたまひ、天地位し、万物育す。

とあり、『中朝事実』に、

故に人皇の洪基を建て、即位の大礼を開きたまふ。蓋し即位とは何ぞ。天子、大宝の位に即《つ》きたまふなり。人君、天に継いで極を建て、万国以て朝し、元元以て仰ぎまつり、四海始めて天子の崇《とう》とぶべきを知り、明徳を中州に明かにし給ふの義なり。即位の大礼は、人君、綱紀を其の始に正したまふなり。豈ゆるがせにすべけんや。

とある。その立極といふは何ぞといへば、極は極致であり、終点であり、目標であり、理想である。即ち天皇が、全国民団結の中心であり、全国民統合の根原であり、その敬愛の対象であり、その賞罰の規準であり、その運動の目標であり、指揮の主権である事を示すものである。そして斯くの如く立てられたる極即ち天皇の御位は、垂統の二字に表現せられたる如く、ただ一系に相続せられて万世に伝へられ、絶えて革命を許さない。ここに我が国体の特質が存するのである。

してみると、皇学といふのは、ただ皇室に関するのみであつて、ひろく他には及ばないのでは無いか、といふ疑問が起るに違ない。然しさうでは無くて、一切の学問が、此の国体から出て来るのである。国体の中から出て来、国体の線にそうて発展してゆくを正しとし、国体外から出て、国体に矛盾し背反するを正しからずとするのである。

但し特に注意しなければならないのは、かやうにいふは、外国に出でたる教学をすべて排除するといふ意味では決して無い事である。それは我が国の国体が一種特異なもの、例外的なものであるかの如く誤解せられる事と関連がある。世界に民族は多く、国家も多い。その国家の歴史を考へるに、その初めに於いては、我が国の古代と相類するものが少くなかつたやうに見える。しかるに大抵の国は、不幸にして後に革命もしくは滅亡の悲運に見舞はれ、我が国の如く万世一系の国体を保持し得た国は、殆んど無い。即ちその立極は相似て、その垂統は大いに異なるのである。換言すれば、我が国の万国に異なる所以は、本来それが異例特質であるからで無くして、我が国がその最初の性格を素直に守り通して来たのに反し、他国に於いては中道にして不幸なる変質変容を見た点に存するのである。従つて外国に於いても我が国の教学を参考し採用してよいと同様に、我が国としても外国の教学の中に参考し採用してよいものがあるのである。

外国が中道にしてその性格を変改したのは何故であるかといふに、つきつめていへば、上下の不徳によるといふの外は無い。我が国が、悠久の年月の間に、不幸もあり、争乱もあり、衰微もあり、混迷もありはしたものの、よく其の本質を守り通して来たのは、その立極の聖徳によると共に、爾後《じご》君臣相共にその遺訓を奉じて忘れなかつた為であらう。天皇に権力が集中せられるのは当然の事ながら、天皇は権力者として下民に臨まれるのでは無く、ただ謹んで神教を奉じ、祖訓に違ふまいと努められるのである。国民の中に英偉卓抜の才能の現れるのは、是れ亦当然の事ながら、彼等は個人の自恣によつて動かないで、天皇の教命に随つて其の力を発揮するのである。たとへば支那から渡つて来た『孟子』の如き、之を読んで其の雄弁宏辞よく異端を挫くに感嘆しながら、革命是認の説に至つては、国体護持の上に害ありとして、天皇の教命無き以上、正式に教材として採用しがたいとした如き、それである。

されば皇学とは、先皇の遺訓を奉じ、先哲の指導を受けて、国体の護持をその本分とする所の、敬虔なる学問である。それは歴史学であると共に、国家学であり、政治学であり、また経済学である。それは国語学・国文学であると共に、また倫理学であり、哲学である。それは古い学問であると同時に、今日、或は明日の新しい学問である。それはひとり我が国に限局せらるべき偏狭なるものにあらずして、ひろく世界に貢献し得るものである。「教育勅語」に、

斯ノ道ハ実ニ我カ皇祖皇宗ノ遺訓ニシテ子孫臣民ノ倶ニ遵守スヘキ所、之ヲ古今ニ通シテ謬《あやま》ラス、之ヲ中外ニ施シテ悖《もと》ラス

とあるもの、是れである。

されば皇学は、曾ては記紀万葉、『令義解』、『延喜式』等を、主として其の研究の対象としたが、それは拡げて国史の成迹全般に及び、御歴代の宸記、諸家の日記、数多き勅撰和歌集より、更に承久・建武の遺文を捜り、『禁秘抄』についで『神皇正統記』、下つて水戸の『大日本史』、更に山崎闇斎及び其の門下の著述、山鹿素行の『中朝事実』、そして橋本景岳、吉田松陰、真木和泉守、更に佐久良東雄、橘曙覧等を経て、明治大正の諸家を吟味しなければならぬ。その点従前国学と呼ばれたる範囲よりは、いちじるしく其の区域をひろくするであらうが、しかも其の程度に止まらずして、和漢欧米の歴史、思想、学問一切が、積極消極、もしくは加減賛否の何等かの意味に於いて関係をもつであらう。皇学の内容深遠であり、その範囲は宏大であるといはなければならぬ。

（『高原先生喜寿記念 皇学論集』昭和四十四年十月、皇學館大学出版部）

II　神社の歴史

七、神仏関係の逆転

近時世間に現れる論説の傾向を見るに、一部の間に於いては、神仏関係の歴史に対して明察を欠き、近世三百年の努力を無視して、再び中世の混沌雑駁に復帰しようとする傾向を見る。いはれなき逆転と断ぜざるを得ない。よつて少しく神仏関係の歴史を説き、この難問題の究明に資したいと思ふ。

近時この問題について世に現れる論説は、多く明治維新の当初に行はれたる神仏分離の非難である。しかもその多くは、単に維新当時の処置のみについて論難し、その歴史的背景に言及する事なく、而して或は明瞭に之を以て足れりと断言してゐる。しかしながら、神仏分離は、決して明治維新の際に忽然として起つたものではなく、この傾向は近世三百年を貫くものであつて、その先駆は、既に近世の初頭に立つてゐるのである。この近世三百年の間の思潮がやがて明治維新を機会として神仏分離を徹底せしめたのであつて、之は決して一朝一夕の事ではなかつたのである。それ故に維新の神仏分離を論ぜんとする者は、当然近世の初頭、中世の末期にかへつて、神仏分離の傾向を、その起原とその発展とに於いて考察しなければならない。

しかし、それすら未だ十分でない。否、それのみにては殆んどこの問題を理解する事は出来ないであらう。何となれば、神仏分離あるは神仏習合あるによる。習合を究めずして、分離を説く事は出来ないからである。ここに分離の前提として習合がある。神仏分離の史的研究は、当然神仏習合のそれより始めなければならない。

しからば神仏習合とは何であるか。神仏習合は、神と仏との調和である。然り、名は調和である。しかし実は神を仏に隷属せしめる事であつた。即ち神仏習合の基調をなすものは、本地垂迹《ほんじすいじゃく》の思想であつた。これは仏を本地とし、神を垂迹とするものである。たとへば伊勢の内宮を胎蔵界の大日如来の垂迹とし、外宮を金剛界の大日の垂迹とし、石清水八幡の本地を阿弥陀とし、上賀茂を観音、下賀茂を釈迦、住吉を薬師、日吉を釈迦、北野を十一面観音、熊野を阿弥陀、香取を釈迦、鹿島を十一面観音とする類である。これは決して単なる調和の関係に立つものではなく、神を仏の垂迹と見、権現と考へ、その本地が仏なるによつて初めて神の権威を認めたのであつた。即ち本地垂迹の思想にあつては、神は単に仏の影であるにすぎない。いはば神はここに仏に従属してゐるのである。

神を以て仏に従属せしめ、従属の関係に於いて初めて神の権威を認めようとするが如き思想は、いかにして可能であるか。その為には先づ仏教が圧倒的の勢力を有たなければならない。しからずんば神道をそのうちに包含し、その下に蹂躙《じゅうりん》する事は出来ないのである。第二は神道がその力を失つて居なければならない。しからずんば神道は仏教の下に屈服し隷属する筈はない。而して神道がその力を失ふ時はいかなる時であるか。即ちこれは国民が歴史を忘却した時である。論理的にかく考へられるのであるが、事実の上に、これは亦その真なる事を証明せられた。即ち神仏習合、本地垂迹の説は、平安の末期に起つてゐるのである。従来は或は之を古く奈良朝に溯らせ、又は平安の初期に置く説もあつたのであるが、先年文学博士辻先生の「本地垂迹説の起源について」といふ詳細なる研究が発表せられて、（「史学雑誌」十八編所載、又『日本仏教史之研究』所収）それらの説の妄は破られ、神仏習合の現象は奈良前期より徐々として現はれて来たが、まだ本地垂迹説は唱へられず、藤原時代に入つて、恐らくは延喜の前後から、これが起つたらしく、やがて源平時代を経て鎌倉時代に入り、漸次その教理的組織を大成し来つたのであると結論せられた。而して先生の説によれば、垂迹思想の初見は、承平七年（九三七）十月四日の太宰府牒であつて、それには、「彼宮此宮雖㆓其地異㆒、権現菩薩垂迹猶同、」と記されてゐる。但し垂迹といふ語は、貞観、寛平の頃から段々散見してゐる。即ち概括していへば、延喜天暦の前後よりして、本地垂迹の思想は起つて来たのである。そしてそれより後急激にこれが発展し、非常な勢を以て氾濫していつたのである。

　しかるに、この延喜天暦の前後は一体いかなる時であつたか。この時代は我が国の歴史に於いて、最も重大なる変転期の一つである。即ち従来支那大陸との間に、前に隋、後に唐との間に、国使の往来があつたのがこの時代に至つて止められた。これは外国関係の上に非常に重大な変化であつて、いはば一種の鎖国状態に入つたものであるが、それと共に国民の間に外国に対する注意がうすらぎ、従つて国家観念が薄弱になり弛緩して来たのである。それと共に深く考へなければならないのは、歴史編纂の事業が、この時より止んだ事である。従来『日本書紀』より『続日本紀』、『日本後紀』とつぎ〳〵に作られて来た国史が、醍醐天皇の延喜六年（九〇六）に『三代実録』を作られたのを最後として、以後全く止んでゐる。これは外国関係の断絶と深い関係があるものと考へられる。即ち外国がなくなつたので国家観念が弛緩し、国家としての自覚がうすらいだ為に国史を編輯する気力を失ひ去つたのである。かく見来れば、延喜天暦時代は、国史に於いて最も重大なる変転期の一つである事は、十分に会得されるであらう。恰もこの時である。恰もこの時に本地垂迹の思想が起り、神仏の習合が成熟して来たといふのは何を語るか。まさにこれ国民が歴史を忘却し我自らを放下し、神道その力を失つた時、仏来つて神にとつて代るといふ前述の論理を如実に示すものではないか。而して又恰もこの頃よりして国家の統制力のうすらいだのに乗じて、私寺の建立が甚だ盛となり、仏寺所在に遍満して、仏教の勢力が甚だ盛となり、而してそれらの寺院が、又国家の規定の乱れに乗じて、多くの荘園を私有して、その俗的勢力を愈々盛ならしめたのであつた。本地垂迹思想がこの時に発達し来り、神仏習合がこれより大成し来つたのは、まことに故ありとしなければならない。

神仏習合はかくの如くにして成立した。しからばその破綻はいかにして来るか。第一には仏教の勢力が衰微し、第二には歴史を回顧して国民的自覚が生じて来れば、ここに神仏の習合は破れ両者の関係は分離するに至るべきである。而して仏教の勢力の衰微は、中世の末近世の始に起つた。上代の末より非常の権威を有し、朝廷すら之を奈何《いかん》ともする事の出来なかつた比叡山延暦寺が、織田信長の為に一朝にして焼き払はれ、全山灰燼《かいじん》となつて了つた事は、仏法衰微の時節到来をつぐる鐘声ではなかつたか。信長一度出でて延暦寺は焼かれ、興福寺は慴伏《しょうふく》し、本願寺は討たれ、高野山は囲まれた。これは上代中世を通じて未だ曽て見ざる大変革であつて、世運の推移を明瞭に物語るものである。而して思想界には仏教攻撃の論が相ついであらはれた。藤原惺窩、林羅山、山崎闇斎、中江藤樹等いづれもその錚々たるものである。熊沢蕃山、荻生徂徠、新井白石、太宰春台等いずれも同じ流れに属する。『三輪物語』は熊沢蕃山の著と伝へ

られ、その果して蕃山か否かは明かでないが、やはりこの一派の思想を記述したものである。例へば、

「其国に住ては、其国の君ならでは、他に君ある事を知侍らざる事は、臣の道也、」

「日本は日本にて、直に天地を父母とし給ひ、天神よりの御系図にて事たれり。……かく目出度日本の系図をばあらぬ様に取なし、神よりははるかに下れる仏をば、神仏などとてならべていふは、惑る事の甚しきなり、」

「たとひ中国の聖人渡り給ふとも、日本にてはおのづから日本の徳あれば、神道にしたがひ給ふべし、」

「夫日本は神国なり、昔神道の盛なりしときは、仏者共神を敬ふにことよせ、神社の地のかたはらを少しかり居て、神仏は水波のへだてにて、本地垂迹なりなどいひて、ちいさき堂をたて、後生をいひて諸人をまどはしすすめしより、……次第に威勢付たり、……うちみる所より堂は本になり社は末に成がごとし、」

「日本の神道を破りて、なきが如くにしたるものは仏法也、」

かくの如き仏教破斥の説は本書に充ち満ちてゐる。漢学を主とする者の間に於て既にかやうな勢であるから、国学者の中から国粋思想の現はれ、国民的自覚が生じ、やがて仏教を斥けて神道の光を発揮しようといふ努力が出て来る事は当然といはなければならない。寛政二年（一七九〇）藤原重名は、その師本居宣長の『馭戎慨言《からおさめのうれたみごと》』に序して、

「天地の中に、八百国千国と、国はおほけど、吾皇御国ぞ、よろづの国のおや国、本つ御国にして、あだし国々は、皆末つ国のいやし国になもありける、」

といひ、それが外国文化に眩惑した為に、

「天地のあひだにてりかがやくべき、おや国本つ御国の光は、かへりていやしき末つから国におほはれて、世にあらはれずなも有ける、」

と論じ、よつて此光をかかぐるは我々の務であるのに、却つて之に反対する者の多いのを慨き、

「己が国をおきて、あだし国をたふとまむは、己が君にはまめならずて、よその君にへつらひつかへ、己が親をすてて人の親をいつかむがごとし、さることわりあるべき物かは、」

と論じてゐる。この国民的自覚を以て神仏の関係を見る時、その習合に反対し、垂迹説の打破につとめるのは当然であつて、賀茂真淵は『県居《あがたい》雑録』の中に習合反対説をのべて居り、本居宣長は『玉かつま』の中に、

「仏道は、ただ悟と迷ひとをわきまへて、その悟を得るのみにして、その余の事はみな枝葉のみなり、かくてその悟といふ物、また無用の空論にして、露も世に益ある事なし、しかるを、世の人、その枝葉の方便にまどへるは、いかなる愚なる心ぞや、」

といひ、天下の人の悉く仏道と儒教とに心を奪はれて、「神のまことの道を思ふ人は、千万人の中に、ただ一人二人に」過ぎない事を慨歎し、

「神の道は、世にすぐれたるまことの道なり、みな人しらではかなはぬ皇国の道なるに、わづかに糸筋ばかり世にのこりて、ただまことならぬ他の国の道々のみはびこりにはびこれるは、いかなることにか、まがつひの神の御こころは、すべなき物なりけり、」

と述べてゐる。この精神を継承し、しかも金鉄の意志、灼熱の感情を以て、之を強調し、之を発展せしめたものは平田篤胤であり、「ふみ見ふければ夜七夜を、ねでありきてふ」篤胤の強烈なる意志は、その門人に伝はつて明治維新の実行力となつた。神仏分離はここに於て完成したのである。

もとより勢の激する所、或は破壊にすぎ、或は圧迫を事とした所もあらう。宝塔忽ち摧破《さいは》に遇ひ、霊仏一朝にして灰燼となり、断礎の間徒《いたずら》に草の離々たるを見る時、誰か心を傷ましめないものがあらう。しかも己を虚うして歴史の大局を達観すれば、神仏分離は国民的自覚当然の帰結であつて、其間些《いささか》の疑惑を容れない。しかもこの理は年と共に忘却せられ、今や囂々《ごうごう》非難の声をきく。神仏の関係は、一部の間に於いては、殆んど逆転せんとしつつある。而して、これは歴史の正しき認識の欠如より起るものであり、今や歴史の光によつて是正せられなければならないものである。

（「研究評論 歴史教育」二ー四、昭和二年七月）

八、伊勢神宮の信仰

伊勢神宮に対し奉る信仰は、国民的普遍的であるところに、重大な特色があります。神社によりましては、ある氏族に、又はある地方に、或はまたある職業に、偏して信仰せられる神社もありますが、伊勢神宮に対しましては、どの氏族も、どの地方も、どの職業も皆厚い信仰をさゝげてゐるのであります。それは誰も知つて居られるところで、今事新しくいひたてるまでもありませぬが、こゝに一つ私の身近にある例を申述べようと思ひます。

私の奉仕して居ります越前の白山神社は、白山社とよばれ、白山平泉寺とよばれ、また単に平泉寺ともよばれて来たところであります。処は越前大野郡平泉寺村、今改めて福井県勝山市平泉寺町、市といひ、町といひましても、この頃流行の市制が布かれただけの事で、深山幽谷といふ方が感じがぴつたりするほどのところであります。しかし奈良時代に創建せられ、平安時代の中頃から盛大になり、鎌倉以降中世を通じて、繁栄を極めたところであります。その中世繁栄の状況は、いろいろの物語や記録、たとへば『平家物語』や『源平盛衰記』、『太平記』、『玉葉』などによつても知られますが、今に白山社にのこつてゐる古図があつて、之を見れば一目瞭然であります。

古図はいくつかあります。最も古いのは、永禄頃に描かれたと思はれるもの、これは境内の主要部分のみを描いたもので、ほゞ現在の境内四方五千坪の場域に当ります。次に一層ひろく周囲に拡大して、元の四至内、凡そ一里四方を包含したもの、これは慶長年間に描かれたものと、元禄年間に写されたものと二つありましたが、前者は昭和二十年七月、福井で戦災にあつて、焼失して了ひました。元禄のものは、幸に今も残つてゐます。その外に古く版にしたものもあります。いつごろか分りませぬが、明暦の前後かと思はれます。

さて是等の白山社古図を見ますと、神明社が、二つ見えてゐます。一社は本社のうしろ、明王谷へ登る道から、三宮へ折れるところにあります。今一社は、南大門から南へ出て、竪小路を越えたところにあります。前者は天正二年（一五七四）の兵火にあひまして後、再興されずに今日に至りましたが、後者は今もひきつゞいて存して居ります。即ち越前平泉寺の白山社の境内には、神明社が二つもあつたといふ事を、注意したいのであります。

又別に、この白山社の古記録の中に、大永四年（一五二四）、臨時の祭礼に流鏑馬《やぶさめ》の行はれた時の、費用の決算報告があります。それは、御児等三人、射手二人、殿原五人、中間六人、小者二人、下部三人、以上二十一人が、百日の間、精進屋へこもつて稽古をし、その上で行はれるのでありますが、その間の費用を詳細に記録して、総計して四百八十五貫二百文となつてゐます。銭にして四百八十五貫二百文といひましても、現今では一寸見当がつきかねますが、中世に於いては、大体銭一貫が米一石に相当するを普通としますト上に、たまたま此の大永四年の入用帳に「二十一貫文　飯米二十一石二十一人分　一升あて」とあつて、正に一石一貫の勘定であつた事が分ります。従つて四百八十五貫二百文は、米にして四百八十五石二斗に当り、今日の米価四百八十五石二斗は幾程かを考へますと、この臨時の祭礼の規模の大さも分るのであります。さてこの臨時の祭礼入用帳に、注意すべき項目がありますのは、

二貫四百文　御伊勢へ代官参二人

といふ記事が六月と九月と二度出て来る事であります。之によつて見ますと、白山社に於いて、此の流鏑馬の行事を行ふに当り、百日の精進に入る時に、先づ伊勢神宮へ代官二人を参拝せしめ、百日の精進終つて、いよいよ臨時の大祭を行ふにのぞみ、再び伊勢神宮へ代官を参拝せしめたものと考へられます。

大永四年といひますと、戦国時代の最中であります。戦国時代といひますのは、応仁文明から始まつて、約百年つゞくのでありますが、大永は丁度その中頃に当ります。かやうな戦国乱離の世でありながら、一つの御祭を行ふに当り、わざ〳〵代官をつかはして、伊勢に参拝せしめる事、前後二回に及ぶといふ事は、当時の交通の危険を考へます時、容易な事では無かつたと思はれます。

かやうに伊勢神宮に対しましては、いづれの地方に於いても、他の神社と違つた特別の信仰を捧げて来たのでありまして、それは全く国民的であり、日本国に於いて普遍的であり、その点、他に比肩すべきものがありませぬ。

ところが今一つ伊勢神宮の特色と考へられます事は、その信仰が前申しました如く、国民一般普遍の事でありまして、すべての人に尊信せられながら、しかもあくまで伝統の純粋性を保持して来た事でありす。たとへば仏教との関係を見ますと、仏徒によつて尊信せられた事は、既に奈良時代の昔から顕著であ

りまして、それは古写経の奥書などにも記されてゐるところでありますし、後になりますと西行法師が参拝して、「かたじけなさに涙」を流した事は、誰知らぬ者もない事であります。それにも拘らず、神宮に於いては、あくまで固有の儀式を重んじ、純粋の伝統を守つて、決して時勢と歩調を合せ、外来の宗教と習合しようとは、なさらなかつたのであります。即ち人々は、伊勢神宮へ参拝しますかぎり、純粋の日本人として、一切の外来文化から、一応離脱して、その本来固有の心にたちかへつたのであります。『延喜式』の中に、斎宮に於いて忌まれた事が、いくつか記されてありますが、仏を忌んで中子といひ、経を忌んで染紙といひ、塔を忌んでアララギといひ、寺を忌んで瓦葺といひ、僧を忌んで髪長といふやうに規定せられてありますのは、いづれも神道の純粋性を保持せんが為に外ならないのであります（二）。

第三に注意すべきは、伊勢神宮へ参拝します人々の祈願であります。それについては『新古今集』に、俊恵法師の歌が載つてゐます。

かみかぜや　玉串の葉を　とりかざし　内外《うちと》の宮に　君をこそ祈れ

俊恵法師といひますのは、大納言源経信の子に左京大夫俊頼があつて、歌仙といはれましたが、その俊頼の子が即ち俊恵法師であります。よほど歌道を好んだ人で、その家を歌林苑と名づけ、毎月集会して歌をよんだといふ事であります。その作つた歌では、「よもすがら物おもふころは」の一首、百人一首に入つて、一般に知られてゐますが、この歌、元は『千載集』にのせられて、

よもすがら　物おもふころは　あけやらぬ　ねやのひまさへ　つれなかりけり

と、あけやらぬになつてゐます。それは兎も角、今、『新古今集』に見ゆる「かみかぜや」の一首につい

て考へますに、伊勢の内外両宮に参拝して、御祈り申上げるのは、「君」の御事であります。「君」といひますのは、天皇の御事であります。(二) 即ち謡曲に、「千秋万歳君千世までと、いくたびいふもめでたき御代ぞ」（狛形猩々）(三)などとありますやうに、天子様の御長寿、御代の御栄を祈るのであります。また『後拾遺集』に載せられた民部卿源経信の歌に、

君が代は　つきじとぞおもふ　神風や　みもすそ河の　すまん限は

とあるのも、同じく伊勢大神宮にお参りしては、専ら天皇の御長寿をお祈りした証拠となりませう。「神風や」は、伊勢の枕詞であり、みもすそ河（御裳濯川）は、五十鈴川の別名で、即ち大神宮の神域を流れてゐる川であります。尤も経信は、伊勢に参詣して之をよんだのではなく、この歌は、承暦二年（一〇七八）に、内裏の歌合でよんだといふ事でありますが、同じ時に、前中納言大江匡房《まさふさ》も、

君が代は　久しかるべし　わたらひや　五十鈴の川の　流れ絶えせで

とよんで居り、之は『新古今集』に入つてゐます。実地にのぞみ、実境を詠じたものでないにしましても、伊勢を思ふ時、即ち君が代の長久を念ずる時であつたといふ事は、是等の歌によつて知られます。神社によりましては、自分自身の為に祈り、特定の技能の為に祈り、幸福の為に祈るといふ事もありますが、伊勢に御参りしましては、「君をこそ祈れ」で、天子様の御長寿、御代の御栄、やがて日本国の隆昌を御祈りするのであります。こゝに伊勢神宮に対し奉る信仰の重要性があると思はれます。

註

（一）斎宮の忌詞　御歴代の天皇御一代ごとに、未婚の皇女又は女王を選んで、伊勢大神宮に差遣せられ、大神宮に奉仕せしめられました、その御方を斎宮（さいぐう）といひます。その忌詞のうち、仏を中子（なかご）といふのは、厨子（づし）の中に安置してあるからでありませうか。経は赤軸黄巻といひ、紺紙金泥などといひまして色のついた紙を用ゐたものですから染紙（そめがみ）といつたのでありませう。塔をアララギといつたのは、塔を蘭塔とよび、その蘭の連想からアララギといふに至つたものでありませう。寺を瓦葺（かはらぶき）といふのは、古くは瓦で屋根をふいたものは、主として寺院であつた為であり、僧侶を髪長（かみなが）といひましたのは、頭を剃つてゐるのに、その逆をいつた反語であります。

（二）君　君といふ言葉は、その最も厳粛なる意味に於きましては、天皇の御事であります。源頼朝の書状の中に、「あなたの手紙の中に、君と書いてあるのは、もしかすると頼朝を指されたのではありませぬか、果してさうであるとすれば、それは恐れ多い事で、天皇以外に君といふ言葉を使用すべきではありませぬから、之を固く止めて貰ひたい」といふ意味の文がありますが、征夷大将軍として、幕府を開いた頼朝、武家政治の創始者と云はれる頼朝にして、かやうに厳粛に、謙虚に、「君」といふ一語を、つつしんでゐます事は、注意しなければなりませぬ。

（三）謡曲　謡曲には、日本の国がらを、正しく表現してゐる文句が沢山あります。名高い「高砂」にも、「草も木も、わが大君の国なれば、いつまでも君が代に、住吉にまづ行きて、」といひ、「難波」には、「万機の政おだやかにして、慈悲の波四海に普く、治めざるに平かなり、君君たれば臣も又、水よく船を浮ぶとかや、

（中略）然れば普き御心の、いつくしみ深うして、八洲（やしま）の外まで波もなく、広き御恵、筑波山の陰よりも、茂き御陰（みかげ）は大君の国なれば、土も木も、栄へさかふる津の国の、難波の梅の名にしおふ、匂ひも四方（よも）に普く、一花ひらくれば天下皆春なれや」とあります。而して今引用しました「狛形猩々」（こまがたしやうじやう）と同意の文は、「鳳来寺」にあります。「一天太平、君の御寿命万歳千秋と申捨てて、仙人大将かへり給へば」とあるもの、即ちそれであります。

（「桃李」六－一、昭和三十一年一月）

九、雲に入る千木

百聞は一見に如かずといふ。私は此の諺を、出雲の大社に於いて痛感した。去年の夏の事である。『出雲国風土記の研究』印刻成つて、奉献の為に参詣した時、許されて初めて楼門の内に参進し、神殿の柱下に立つて、恭しく上を仰ぎ見た時、古人が「天下無双の大廈《たいか》」と称し、古歌に「雲に分入る千木の片そぎ」とよんだのが、決して誇張でなく、修飾でなく、正にこれ実際であり、実感である事を知つて驚歎した。「天下無双の大廈、国中第一の霊神」とは、康治元年（一一四二）八月十八日在庁官人の解状にいふところである事、翌年三月十九日の官宣旨に見え、また久安元年（一一四五）九月二十八日の出雲国司解状にも述べてゐる事、同年十月四日の官宣旨に見えてゐる。「雲に分入る千木の片そぎ」の歌は、寂蓮法師の作として『夫木抄』に見え、

「出雲の大社に詣で丶見侍りければ、あまくもたなびく山の中にて、かたそぎの見えけるなん、此世の事ともおぼえざりけるによめる、

やはらぐる　光や空に　満ちぬらん
雲に分入る　ちぎの片そぎ」

といふのである。前者は在庁の官人であり、出雲の国司であるから、大社の崇厳を知悉《ちしつ》してゐる事、いふ

までもないが、後者も寂蓮法師、蓋し神殿近く参進して、畏敬感歎の余り、この歌をよんだものであらう。楼門を隔て、八足門の外に在つて、遥かに拝するだけでは、これまでの感じは出ないのである。

一体出雲の大社の建築に就いては、それが切妻妻入《きりづまつまいり》である事、殊に中央に真の御柱があつて、周囲に八本の側柱があり、いはゞ四室に分たるべき構造であつて、奉仕の神官参入の場合には、いはゞ下段の二室を経て上段に進み、上段の第三室より第四室に向つて御神座を拝する仕組になつてゐる点が、その特色とせられ、こゝに古代住宅の面影が偲ばれるといふ事、人の喋々し、喧伝するところである。それは、いかにも其の通りであらう。そのやうな構造の古風にして意味の深い事は、無論であるが、しかし今一つの驚くべき特徴は、その雲を凌ぐ高峻、胸をうつ豪壮に在る。これあつてこそ、いかにも大社であり、古くは其の点が強調せられてゐたのに、今の人多く之を説かないのは不思議である。

出雲の大社が、高さ八丈と定められてゐる事は、古来諸書の記すところである。現に今実測して見るに、礎石より千木の先端に至り、正に八丈あるといふ。而してこの八丈の高さを以て正殿式とし、都合によつて之に達する事の出来ない時は、仮殿式としたが、その仮殿式にしても、なほ六丈六尺の定めであつたといふ。中世鎌倉時代の後期より三百数十年の間は、仮殿式によつたが、江戸時代の初め、寛文七年（一六六七）松江の藩主松平出羽守直政、将軍家綱に請うて正殿式に復し、その後、延享元年（一七四四）かさねて正殿式を以て造替して、今日に至つてゐるのである。

高さ八丈といふ、一口に云へば何でも無いやうであるが、石や煉瓦をたゝみ、コンクリートで固めて積み上げてゆく西洋建築ならばいざ知らず、木造の純粋日本建築で、しかも是れ重層ならず、二階屋では無いのである。二階でなく重層でないものを平屋といへば、これも其の平屋の部類に入るの外は無からうが、それでゐながら高さ八丈である。しかもまた数十本の柱によつて支へられ、広大の面積を占めてゐるのでは無くして、わづかに六間四面の建築、すべて九本の柱によつて立つのである。縁《えん》の下は、普通には極低いものであるが、こゝでは床下《ゆかした》一丈二尺といふ。その豪快にして高峻なる、以て察すべきである。

ところが更に不思議なる古伝がある。それは出雲の大社、昔は今の八丈の二倍の高さ、即ち十六丈あつたのであり、そのまた前に溯れば、十六丈の二倍、即ち三十二丈あつたのであるといふ伝説である。之に就いても、私の痛感した事は、明師良友をもたねばならぬといふ事である。若し私が、佐太の朝山宮司の説をきく機会が無かつたならば、此の古伝は、之を荒唐とし、架空として、問題にもしなかつたであらう。幸にして佐太に参り、佐陀の大社に詣でゝ、曾て細川幽斎も一泊した朝山家にとめて貰ひ、一夜の清談に、いろ〳〵と啓発せられる事の多かつた中に、此の古伝に就いても益を受けた。それは『口遊《くちずさみ》』を参照せよといふ事である。よつて私は、直ちに『口遊』を見れば、出雲の大社は、現在以上の高さであつた事が考へられるといふ事である。『口遊』を検し、三十二丈の説は之を論外として、また十六丈の説にしても、厳密に十六丈であつたか否かは、しばらく措いて、兎も角も今の八丈よりは更に高く、十六丈と誇称してもよいほどに聳え立つてゐたであらうと推測するに至つた。

『口遊』は、天禄元年（九七〇）に、源為憲の著したものであつて、少年の為に普通の常識を授けた教科書であるが、その中に平安時代の諺として、橋の大なるもの、大仏の著しいもの、及び建築の雄大なるものを、全国的に見て、それぞれ三つあげ、その順序を記してゐるのである。先づ橋に就いては「山太、近

二、宇三」といふ。太は太郎、二・三はそれぞれ二郎・三郎と見ればよい。つまり「阪東太郎」といふやうな言ひ方である。而して今、山太云々は、橋に於いては、山崎橋を日本一とし、近江の勢多橋を第二とし、宇治橋を第三とするといふのである。山崎の橋は、曾て行基のつくる所といふが、その流失によつて嘉祥三年（八五〇）之を再興せしめられた事が、『文徳実録』に見えてゐる。『延喜式』には、山城国宇治橋の敷板は、長さ三丈、弘さ一尺三寸、厚さ八寸のものを、近江国として十枚、丹波国として八枚提出するに対し、山崎橋の方は、敷板の弘さと厚さとは同様であるが、長さは二丈四尺のものを、摂津と伊賀とは各六枚、播磨、安芸、阿波の三国は各十枚負担し、毎年之を送つて山城国へ届ける規定になつてゐる。今かりに此の敷板を延べて見るに、宇治橋は三丈のもの十八枚であるから、合計五十四丈となるに対し、山崎橋は二丈四尺のものを四十二枚では百八丈となつて、正に宇治橋の倍の長さである。山崎橋の規模の壮大なる事、以て察するに足らう。紀貫之は、承平四年（九三四）の冬土佐を立つて、翌年二月、京に帰つたが、その紀行『土佐日記』二月十一日の条に、「山さきのはし見ゆ、うれしきこと限りなし」と記してゐる。其の朽廃し流失したのは、何時の事であるか審《つまびらか》にしないが、橋は失せても諺は残つてゐたと見えて、『拾芥抄』にも此の三つをあげてゐる。

次に仏像について、和太、河二、近三といふのは、大和の東大寺の大仏を第一とし、河内の知識寺を第二とし、而して近江の関寺を第三とするといふのである。知識寺は、白河天皇の応徳三年（一〇八六）六月顛倒して、大仏も砕けてしまつたが、『扶桑略記』によれば、その長《た》け六丈の観音立像であつたといふ。関寺については、『栄華物語』みねの月の巻に、せきでらに大いなる御堂を建て、弥勒を安置する事が見えてゐるが、それは万寿二年（一〇二五）の事であつて、『口遊』の作られた天禄元年よりは、五十余年も後の事であるから、『口遊』にいふ大仏は既に失はれ、此の時改めて再興されたのであらう。

　かやうに見てくると、『口遊』に記されてゐる諺の、決して妄誕でない事は、明かである。それ故に、同書が、建築の雄大なるものをあげて、雲太、和二、京三、之を大屋誦となすといひ、その雲太は、出雲国城築明神の神殿であり、和二は、大和国東大寺の大仏殿であり、而して京三は京の大極殿八省をさすと註記してゐるのを見れば、出雲の大社は大極殿よりも、大仏殿よりも、大きかつたとしなければならぬ。大きいと云つても、面積のひろさを云ふのでは無いらしいから、それは専ら高さに於ける比較であつたらう。ところで大仏殿も、大極殿も、今は伝はつてゐないのであるから、高さも明瞭ではないが、前者については、『東大寺大仏記』に、高さ十二丈六尺と記され、その十二丈は、一本に十五丈とあつて、十二丈六尺が正しいか、十五丈六尺が正しいか、明かでは無いもの丶、いづれにせよ、此の大仏殿を第二に抑へて、それより高く上へ出るのが出雲の大社であれば、それは低く取つても十二丈六尺以上、高く取れば十五丈六尺以上、古伝の十六丈に近いといはざるを得ないのである。

　十六丈の高い建築といへば、驚くべき高峻であるが、それが木造にして不可能で無い事は、現に見る日光の東照宮の五重塔が十一丈三尺三寸二分、醍醐の五重塔が十二丈、而して東寺の五重塔に至つては十八丈三尺七寸に達してゐる事実によつて証明せられてゐる。こゝにひるがへつて『日本書紀』を見るに、一書の記すところ、天日隅《あまのひすみ》の宮の制、千尋《ちひろ》の栲縄《たくなわ》を以て結《ゆ》ひて百八《はち》十紉《むすび》にし、柱は高く太く、板は広く厚く造られたとあり、『釈日本紀』には之を承けて、「其の社の制作、高大なり、世に之を出雲の大社と号す、已《すで》に此の紀の一書の文に叶ふ」と説かれてゐる。之を『出雲国風土記』の、「五十足《いそたる》天日栖宮の縦横の御量《みはかり》、千尋の栲縄もちて百結《ももむすび》に結び、八十結《やそむすび》に結び下げて、此の天御量もちて、所造天下《あめのしたつくらしし》大神の宮造り奉れ」との、神魂《かむむすびの》命の詔を伝へてゐるのと照し合せて、大社の規模の、初より高峻豪壮、抜群絶類であつた事が察せられる。

大仏殿を凌ぐ威容は、今日の見る能はざるところである。しかし現に仰ぐ八丈の神殿にしても、何といふ巍々たる壮観であらうか。屋根は檜皮葺《ひわだぶき》であるが、その厚さ三尺、坪を数へて百七十七坪といふ。その大きく厚い屋根を、天辺に仰ぐのである。若し夫れ雲に分け入る千木の片そぎの、更に高く聳え立つを見ては、誰か心神恍惚としない者があらう。正にこれ天工であり、神作である。うべなるかな、天下無双の大廈とうたはれ、雲太、和二、京三ともてはやされた事。

もとより木造の建築であるから、永代不変といふわけにはゆかぬ。殊に我国大社の例、式年遷宮の規定もある程で、相当の年月を経過すれば、木の香も新しく造替するを良しとする習はしであつて、出雲の大社も既にたびたび造替を歴《へ》、現在の神殿は、前にも述べた如く、延享元年の造替にかゝり、今より約二百十年ばかり前のものであるが、注意すべきは、材料は新しきを採りつゝ、構造は古制を守つて改めない事である。それに就いて私は、最近はからずも玄機老師の逸話をきゝ、衷心感にうたれた事がある。玄機老師は、昭和五年に入寂せられたが、曹洞宗近世の傑僧の一人であつた。晩年若狭の三方に退隠し、洗心園に庵を結ばれたが、その浴室の営造に当り、谷川から水を引く為に、甥なる人が鉄管を寄進しようとしたところ、老師は之を謝絶して云はれた。「鉄といへどもやがては錆びもするであらうし、故障も起るであらう、寧ろ竹を用ゐて、数年にして新しいものととりかへるがよい、永久不変といひ、天壌無窮といふは、物にたよつての事では無い、常に要心をし、絶えず修理を加へて、油断をしないといふ事である。」これ至言である。この至言の故に、私は老師を達人とし、感歎してやまないのである。

私は曽てギリシヤを旅して、アテネのアクロポリスに登り、パルテノンの前に立つた。またイタリヤに赴いて、ローマのコロッセウムを観た。倉卒《そうそつ》ではあつたが、埃及《エジプト》ではピラミッドを一見した。しかしいづれも廃墟であり、死滅せる遺物であつた。ピラミッドの如きは、五千年ばかり前の作であるといふが、一時は何の為に造られ、何を意味するかも知られない程に、今の世、今の人とは、縁が切れてゐた。そこには伝承もなければ、祭祀も絶たれてゐるのである。また今以て不可解の謎となつてゐるものには、イースター・アイランド（Easter Island）の石像がある。此の島は南太平洋に在つて、一八八八年、即ち明治二十一年以来、チリ国に属してゐるが、チリより離れる事二千哩、殆んど絶海の孤島と云つてよい。面積は四十五平方哩といふ事であるから、我国でいへば壱岐に似て、壱岐よりも少し小さい。壱岐には山らしい山が無いために、滝といふものは見られないと聞くが、イースター・アイランドには、川らしい川は無いといふ。（両者を比較してゐるうちに、私は四十年前、壱岐に遊んで、その川に亀が沢山居り、亀が沢山居るといふよりも、所によつては川が亀で埋まつてゐるのを見た事を想起した。壱岐の人々は曽て亀卜の術に長じ、卜部として採用せられた。日者のうち独歩と云はれた伊岐宿禰是雄も、此の島に生れて、神代以来の祖業を伝習し、清和天皇の御代に宮主に任ぜられたのであつた。）此の島をイースター・アイランドと呼ぶのは、一七二二年（享保七年）に初めて発見せられた時、たまたま三月の下旬、あだかもキリスト教のイースター（復活祭）の日であつた為であるといふが、不思議な事には、此の島には大小数多くの石像があつて、小さいものは四尺ばかりであるが、大きなものは三十七尺ばかり、多くは一丈五尺前後であつて、曾ては皆、石の台座の上に立つてゐたが、今は台座より落ちて、気の毒にも散乱してゐる。その石像は、島の東端にある灰色の火山岩を以て造られ、その上に載せらるべき冠は、赤みを帯びた凝灰岩で出来てゐる。この数多くの石像や、それが立ち並んでゐた石段は、何時の世に、如何なる人々によつて造られたものであるか、口碑之を語らず、記録之を伝へてゐない。今こゝに住む土人は、わづかにバナナや砂糖きびを栽培し、鶏や山羊を飼つてゐるのみで、神話なく、伝承なく、歴史なく、文化なき状態である。即ち名は復活祭の島であるが、実は往古の信仰も芸術も、死滅して既に年久しく、復活の術《すべ》もないのである。

対蹠的なるは、我国である。『延喜式』の制定は、千年の昔である。しかるに式内載するところの神社三千一百三十二座、無論多少の衰微廃絶不明未詳もあるもの丶、伝はつて今に存するもの、少くとも其の三分の二以上はあらう。伊勢の神宮は申すもかしこし、出雲の大社の如きは、その随一であり、冠冕《かんべん》であるが、こゝに古制伝はり、旧観存し、雲に分け入る千木の高峻を仰ぎ見るのみならず、天穂日命以来、国造家の血脈相承して今に至り、伝承儼然《げんぜん》、祭祀依然、神威日に新なるは、実に此の変転滄桑《そうそう》もたゞならぬ人の世に於ける偉観であり、光明であるといふべきである。

（昭和二十九年二月稿）

（「神道学」一、昭和二十九年五月。後に『寒林史筆』昭和三十九年七月、立花書房）

十、三輪山

数多くの発見と発明とは、我等の智識をひろめ、その生活を豊にした。しかし若しも思ひあがつて、自然を軽蔑し、自然をけがすならば、それは必ずや害毒となり、不幸となつて、我等の上にはねかへつてくるに違ない。人は昔を忘るるものなれど、天は道を失はざるべしとは、『神皇正統記』の訓誡であるが、自然の法則を無視して、道にはづれた行動をとれば、必ず不幸を招く事は、山を乱伐し、川を忘れて、やがて洪水となり、人も家も押流される悲惨事の起るごとに、人々の痛感する所である。自然の前に謙虚であり、自然の法則に従順であるならば、幸福はおのづから得られるであらう。

我等の先祖が、大自然を尊び、高山秀峰を神として畏敬した事、それは支那に於いても、同様であつた。即ち『書経』には、「天地は万物の父母」といひ、『詩経』には、「天烝民《じょうみん》を生ず」とある。大自然なくして、我等はあり得ない、我等は大自然の子であり、大自然は我等の親であるといふのである。そして名山大川五岳《ごがく》四瀆《とく》を祭つた事が、『書経』の舜典《しゅんてん》などに見えてみる。その五岳といふのは、

東に　泰《たい》山

西に　華《か》山

南に　霍《かく》山
北に　恒《こう》山
中央に　嵩高山

であり、四瀆といふのは、

江《こう》　即ち揚子江
河《か》　即ち黄河
淮《わい》　即ち淮水
済《せい》　即ち済水

を指すのである。瀆といふのは、妙な字であるが、瀆は独《どく》なりで、独立せる大河川といふ意味ださうである。無論是等は、最も重要なものを挙げただけで、祭られる山川は、これだけに限られたのでは無い。昔の支那は、十二の州に分けられてゐたが、それぞれの州に高山大川一つづつを定めて之を祭り、州の鎮《しずめ》としたのであつた。そして之を祭るに、それぞれ等級があつて、五岳を祭るには、三公を祭るの礼を以てし、四瀆を祭るには、諸侯を祭るの礼を以てし、その他の山川を祭るには、伯・子・男を祭るの礼を以てしたといふ。

支那の古代に於いても名山大川を神としてあがめ、之を祭る事が為政者の重大なる任務の一つであつたが、我が国に在つては、それ以上に山川の神霊と親密に結ばれて来たのは、山河の自然と我等の祖先とが、神話を通して、一つに融け合つてゐるからである。その実例として、奈良県磯《し》城《き》郡大三輪町の大神神社を見る。是れ即ち三輪明神として、その名ひろく全国に知られ、厚い信仰をあつめて居る神社であるが、土地の名がミワであるところから、神社もミワ神社と呼ばれ、それに特に大の字を冠してオホミワ神社といひ、之に漢字をあてては大神神社と書き、古来それで通用してゐる所から考へて、此の神社は非常に古い時代からの大社であつて、他に肩を並べるものもないほどに規模も大きかつたに相違ないと思はれる。ところが、それほどに古い、それほどに大きい神社であるに拘らず、此の神社には、本社の神殿が無いのである。拝殿はあり、拝殿の奥に、三つの鳥居はありながら、神殿は無いのである。それは昔からの事と見えて、『大三輪鎮座次第』といふ、七、八百年前の古書にも、

「当社古来宝倉無し、唯三箇の鳥居あるのみ、」

とあり、神社の旧記に、御祭神のよませ給うた御歌として、

「つくらはぬ　いはきををのが　すみかにて

かげはづかしき　みむろやまかな」

といふ歌をかかげ、此の御歌あるによつて、当社には、神殿を設けないのだと記してあるといふ。『三輪山縁起』には、御託宣に、

「法体周遍、草木国土、皆わが体なり、悉皆我すみかなれば、いづれのところか我すみかにあらざる、いづれの草木か我体にあらざる、」

とあり、それ故に特に神殿を設けないのであると説明してある。

実地を見ると、拝殿にかしこまつて、鳥居越しに奥を拝すると、奥に見えるのは三輪山である。蓋し此

の美しく貴い三輪山それ自体が、御祭神であるに相違ない。そしてそれに神話と歴史とが融け合つて来て、渾然たる神秘の境に、人の心を引入れずには措かないのである。『日本書紀』に引く一書の説によれば、大国主の神、またの名は大物主の神、または国作大己貴《おおなむち》の命と申す、少彦名《すくなひこな》の命と力をあわせ、心を一つにして、天下を経営し、また人民及び動物の為に、医療の方法を定められたので、万民は今に至るまで生活安定の御恩に浴してゐるのである。その大己貴の命は出雲に移られたが、その幸魂奇魂《さきみたまくしみたま》は、希望して大和の三諸《みもろ》の山に住み給うた。これ即ち大三輪《おおみわ》の神である。此の神の御子に、甘茂《かも》の君、大三輪の君、また姫たたら五十鈴姫《いすずひめ》の命があつて、その五十鈴姫命は、神武天皇の皇后とならせ給うた。（一説には、五十鈴姫の命は、御子でなくして御孫であるとする。）

大体かういふ伝である。既に大己貴命をまつるとなれば、山はいはば神座と考へられるやうになつたであらうが、山自体を神聖視する本義は、やはり失はれずに残つて来た。

古い古い昔の信仰が忘られてくると、此の神社に神殿の無いわけが分らなくなつて来た。『奥儀抄』を見ると、神殿の無い事を、道理にかなはぬと考へて、土地の人々集まつて、神殿を建てたところが、烏《からす》が幾百羽となく現れて、くひやぶり、ふみこぼちて、材木をくはへ去つてしまつたので、神殿の無いのは、神意に出た事と分り、それ以来は建造を断念したと書いてある。『大日本史』は之に就いて説を立てて、元来は神殿があつたのが、中世朽損し破壊して、遂に再興出来なかつたものであらうと云つてゐるが、此の神社は大和の一の宮であり、全国二十二社の一つにかぞへられ、神位は正一位、毎年四月と十二月の上の卯《う》の日の御祭には勅使を立てられた程であつたし、中世には仏教と習合して大三輪寺が栄えたのであつたから、神殿が消えてなくなつて、その後、再興し得なかつたなどとは、考へられない事である。

つまり、我等の父祖が、拝殿にかしこまり、鳥居を通じて礼拝《おが》んだのは、あの崇厳な三輪の神山であつたのである。この山は周廻《まわり》四里（十六キロメートル）にのぼる大きな山であるが、神威をかしこんで、誰も此の聖域《せいいき》を犯す者が無く、樫《かし》や椎《しい》、椿《つばき》などが深く茂つて、完全に原始林の姿を存し、見るからに美しく神々しいのである。

三輪山の大神神社と共に、古い信仰をうかがふべきものは、沖の島の宗像神社がある。福岡県宗像郡の宗像神社は、たごりひめの命、たきつひめの命、及びいちきしまひめの命、以上三柱《みはしら》の女神《めがみ》をまつるのであるが、神社は、沖の島と大島と田島と、三箇所にあつて、右の三女神を別々にお祭りしてゐる。そのうち田島は、名は島といふが、九州の陸地にあり、あとの二つは、海中の島であつて、古いものには大島は神湊の北方三里、沖の島は大島の北四十八里と書いてある。最近のしらべ、神湊から沖の島までの直線距離は五十七キロ米といふ。大切なのは此の沖の島であつて、その周廻は約四キロであるといふのであるから、前の三輪山が周廻十六キロといふと比較して、その大きさ大抵見当がつくであらう。そして此の島、全部が岩山であつて、山脈は西南より東北に連なつて背骨をなし、その南側には灰白色の岩壁が露出して断崖をなし、断崖から下は急傾斜して海岸に及んでゐるといふ。それが玄海灘《げんかいなだ》の真只中《まっただなか》に在つて、荒れ狂う浪にその裾を洗はれながら、微動もせずに屹立し、常緑の林、全山全島を蓋うてゐる姿は、小舟をあやつつて魚をとり、又は危険を冒して海をわたる人々に、いかなる感動を与へ、いかなる尊敬と信頼とをかち得たか、後世の人々には、はかり知るべからざるものがあつたに相違ない。

　宗像の三女神は、その御名によつて察せられるやうに、極みなき深海に、狂ひ立つ怒濤を鎮めて立たせ給ふ崇高なる島の神である。此の神の御めぐみにより、御守りによつてこそ、海に舟出して航行も漁撈も出来るのであつて、それなくして、どうして大海を航し、怒濤を乗切つて行く事が出来よう。海は名立《なだ》たる玄界灘、一たび狂風吹き到れば、万馬空を駈《か》けるが如き濤《なみ》立ちである。その恐ろしい海の真中に屹立して微動もしない小島の美しい姿、人々は之を伏し拝んだに相違ない。宗像の神は、ここに出現し、ここに感得せられたのである。そして神社は、大島にも建てられ、田島にも建てられ、沖の島と合せて三箇所に、三女神を分つてお祭りする事となり、社殿の規模にしても、祭祀の儀式にしても、陸地に在る田島が主要なところになつたであらうが、信仰の上から云へば、沖の島が本源《もと》であつたであらう。そして其の信仰の強かつた時には、沖の島は一切のけがれを忌み、従つて人の居住し生活する事を、拒否したであらう。島全体が神聖である事、大和の三輪山と同一であつて、拝みには行き、お供《そな》へには行くが、それが終ればすぐに退いて、島をけがさないやうに、つとめたに相違ない。

　島によつて国を立て、国の周囲を浪によつて洗はれ、外国との交通は必ず波を越える事によつて行はれ、外国との戦も当然海上の制覇《せいは》を第一主要とした関係から、宗像の女神が国家鎮護の神として、皇室からも、民間に於いても、特に重んぜられるに至り、方々に勧請《かんぜい》せられて、数多くの神社が作られたが、そのうち、古代の信仰をうかがひ得る大切なところは、安芸《あき》の厳島《いつくしま》神社である。此の神社は、『延喜式』に、伊都伎《いつき》島《しま》神社、名神大と見えてゐるが、その名によつて察せられるやうに、宗像の神が祭られてゐるのである。島の大きさは、周廻七里とあるから、メートルに直せば、二十八キロメートル位であらうか。して見ると、沖の島の七倍程にも当らうが、瀬戸内の海から眺めても、対岸の安芸から見ても、青々と茂つた島山の美しさ、之を神聖の地としてあがめ、ここに宗像の女神ををろがみ、此の島をけがす事を恐れて、お産《さん》の穢《けが》れと、死の穢れとを忌み、産婦も島を離れ、遺骸も対岸へ送り来つたといふが、それは沖の島と同じやうに、本来は此の島、居住生活すべからざる聖地と考へられてゐた、その名残《なごり》であらう。

更に遠く北に飛んで、青森県八戸《はちのへ》市の鮫《さめ》港、蕪《かぶ》島といふ島の上に、厳島神社が勧請してある。今は陸つづきになつてゐるが、元は離れ島であつた。小さな岩山であるが、一面に蕪の花が咲いてゐて美しい。戦争中、海軍が此の島に洞窟を作つたので、島の植物は枯れてゆき、蕪も一たん絶滅して、島の景色も変り果てたのを、終戦の時に只三本だけ残つてゐたのを見付けて、大切に育てたところ、今また元のやうに、全島蕪の黄色い花で埋まるに至つたのだといふ。そこへ無数の島が群《む》れてゐる。聞けば、春は海猫、三月に来て八月の末南方へ帰り、秋はかもめ、九月に来て三月に北方へ去るのだといふ。私の行つたのは五月であつたから、海猫が島全部を蓋うてゐた。何でも五、六万に及ぶといふ事であつた。兎に角これも人住まぬ海中の岩山、黄色の花と白い島とに埋まつた島であつて、ここに厳島神社が勧請せられてゐる事は、宗像神社本来の性格を、沖の島で考へ、安芸の厳島で考へてゐた私を喜ばせるに十分であつた。

次には滝である。深山の静寂を破つて、漲り落つる滝の響、人はそのすさまじい音と、天空よりさか落しに落ちてくる威容とに打たれて、ここに神の力を思はずには居られない。その代表的なものは、紀州の那智《なち》の滝であらう。『紀伊続風土記』には、此の滝、高さ百丈あまり、広さ十丈あまり、落ちくる勢、言語の及ぶところでない、滝壺の大きさ三町あまり、その底より雷の如き轟音を発して、人の話も聞きとれない、富士山と琵琶湖とを、我が国奇勝の第一として世に讃へてゐるが、よろしく那智の滝を加へて、皇国の三絶といふべきであるといひ、また『続西遊記』には、此の滝の事を想像して、荒々しく恐ろしい景色であらうと思つてゐたが、実際は全然ちがつて、いはば美人がうすものを着て立つてゐるやうであり、上の方は水筋通つて見えるが、下の方は石に当つて砕けて霧となり、その見事なる事、言《い》ひつくすべくも無い、下には大石多いが、滝壺と云ふほどの淵は無い、世の人の噂は、実際とちがつてゐると述べてゐる。

根津美術館所蔵の「那智滝図」は、巨勢金岡《こせのかなおか》の筆と伝へられたもので、果して金岡かと云ふに、その確証は無いが、多少年代はおくれるにしても、七、八百年前の名画である事は間違ない。重要な事は、これが風景画として、山水観賞の為に描かれたものでなくして、宗教画として、那智の神を礼拝《らいはい》する為に作られたものだといふ点である。即ちこれは、いはば那智曼陀羅《まんだら》と呼んでよいものである。曼陀羅といふのは、梵語《ぼんご》で、訳すれば壇《だん》に当るといふ。即ち神仏のここに集まる聖所祭壇である。滝をゑがいて、此の一幅に那智の神を迎へ、之を床に掛けて祭らうといふのである。それは細長い瀧をゑがく為に、高さは高く、はばは割合に狭くして、一杯に那智の滝を描き、下方には礼拝所の屋根だけを出してゐるので、礼拝の対象が滝そのものである事を、明白に語つてゐる。

南海道紀伊国神名帳には、従四位上飛瀧神と見えて、これが即ち那智山の神に外ならぬ事は、『平家物語』巻二、康頼祝言の条に、鬼界《きかい》が島へ流された丹波の少将成経と、平判官《へいほうがん》康頼との二人は、もとより熊野信心の人であつたから、何とかして島の内に熊野三所権現《ごんげん》を勧請して祈らうとして、島の内を尋ねたところ、山の景色、樹《き》の木立《こだち》、海の眺め、一際《ひときわ》すぐれた所が見つかり、殊に

「滝の音殊に凄《すさま》じく、松風神さびたる栖《すま》ひ、飛瀧権現《ひりょうごんげん》の御座《おわしま》す那智の御山にさも似たりけり、さてこそ、やがてそこをば那智の御山とは名附けけれ。」

とあるによつて知られる。

安和二年といへば、西暦では九六九年、即ち今より千年前であるが、その年に奈良の仲算といふ有名な僧が、熊野山へ参り、那智の滝の下で、般若《はんにゃ》心経を講じたところ、忽ち千手千眼《せんじゅせんげん》の仏の姿が現れた、そして講じ終ると共に、仏の姿も消えて、あとには草鞋《わらじ》だけが残つてゐたといふ。また『後鳥羽院熊野御幸記』には、那智に参着して、先づ滝殿を拝したまふ、とある。それは建仁元年（西暦一二〇一年）の事であるが、それより十二年後の建保元年には、熊野山飛龍権現の御前に於いて、医王といふ少年の気絶した事が藤原定家《ていか》の日記である『明月記』に見えてゐる。そこで再び『紀伊続風土記』を見ると、前にあげたやうに、此の那智の滝の美しい事を述べて、富士山に琵琶湖、それに此の那智の滝の三つを以て、皇国の三絶、つまり日本に於いて最も美しい景色といふべしと力説したあとで、

「朝廷飛瀧神と崇《あが》め、官社《かんしゃ》に列して御崇奉あらせらるるも、由ありといふべし、」

と断定してゐるのである。

また風の神を祭るのは、大和の龍田《たつた》神社であり、雨の神を祭るは、同じく大和の丹生川上神社である。雨も風も、単なる自然現象とばかりは見ないで、その奥に神霊のはたらきありとするのである。池もさうである。仁明天皇の承和七年（西暦八四〇年）、大宰府からの報告に、肥後の阿蘇郡にある健磐龍命《たけいわたつのみこと》の神霊池は、雨が降つても、旱天《ひでり》がつづいても、水の増減の無いところであつたのに、今や水涸《か》れて四十丈も

減水したとあり、それより二十数年たつて、清和天皇の貞観六年（八六四）には、やはり大宰府からの報告に、肥後国阿蘇郡正二位勲五等健磐龍命の神霊池、声を発して震動し、濁つた水が沸騰したとあつた事が、『日本記略』に見えてゐる。

木にもまた神木がある。『古今集』に、

我庵《わがいお》は　三輪の山もと　恋しくは
とぶらひ来ませ　杉立てる門《かど》

といふ歌があつて、それを『袋草紙』には、三輪明神の御歌としてあつて、大神神社々頭の杉は、特別に神聖なものと考へられてゐた。今も古い大杉が数本、いかにもけだかい姿で立ちならんでゐるが、その偉容は、千年以前に既に人々の心を打つたのであらう。

『日本書紀』を見ると、履中天皇の御孫弘計《こけ》王は、御兄億計王と共に、難を避けて播磨《はりま》の田舎にかくれ、地方の有力者の家に奉公して居られたが、たまたま宴会の席上、舞ふ事を強要せられた時に、

石上《いそのかみ》　ふるの神杉《かみすぎ》、本《もと》なり末《すえ》おしはらひ
市《いち》の辺《べ》の宮に、天の下しろしめしし、
天方国方押《あめよろずくによろずおし》磐《は》の尊《みこと》の御裔《みなすえ》

であるぞと名乗り給ひ、それより御身分あらはれて、都へ迎へられ、やがて天皇の御位につかせ給うた、是れ即ち顕宗天皇であると記されてゐる。

石上ふるの神杉といふのは、『延喜式』大和山辺《やまのべ》郡に石上《いそのかみ》に坐《ま》す布留《ふる》の御魂《みたま》の神社とある神社、即ち

今の石上神宮の社頭に、古く大きい杉があつて、それが神木とあがめられてゐたから起つた言葉であらうが、『万葉集』には、しばしば歌はれてゐる。

石上　ふるの神杉　神《かむ》びにし

　吾やさらさら　恋に逢ひにける

といふのが巻十に、また、

石上　ふるの神杉　神びにし

　恋をも我は　更にするかも

といふ歌が巻十一に収められてゐる。それらは只、古いとか、老いたるとか、いふ言葉又は連想を引き出すために、「石上ふるの神杉」と特に石上神宮の神木をうたひ出したのであるが、石上神宮にかぎらず、大神神社にかぎらず、神社の社頭には、特に神木としてあがめられる古い木があつたであらう。

それらの神木は、原則として一般の人の手をふれる事を禁じてあつたにちがひ無い。『万葉集』巻四に、

うま酒を　三輪の祝《はふり》が　忌《いわ》ふ杉

　手触れし罪か　君に遇《あ》ひがたき

といふ歌がある。うま酒といふのは、崇神天皇の御代に、活日《いくひ》を以て大神神社の神前に供へる神酒をつくる職掌にあてられた事が、『日本書紀』に見え、古くより此の神社の酒が有名であつて、うま酒といへば、すぐに三輪を連想したので、ここにも三輪を引きだす為の枕《まくら》につかはれたのである。祝は、神職の事、忌ふは、大切にお守りしてゐるの意味であらう。すべてのけがれの無いやうに、一切の不浄不潔を遮断し

てゐたのであらう。しかるに今、此の歌をよんだ丹波《たには》の大女《おおめ》といふ女子は、その神聖な杉に手を触れたので、神罰を蒙つて、恋人にあふ事が出来なくなつた、と云つて歎くのである。

越前平泉寺の白山神社には、神木として特に重んぜられて来た杉が数本あるが、江戸時代に幕府の巡検使が来た時、之を迎へる為に、道をつくり、橋をつくり、丁重に待遇したが、いかなる事があつても、神木には手を触れてはならぬ、通行に多少の不便があつても、神木の枝は打つてはならぬと、きびしくことわつてあつた。

さういふ神聖な木が、一本二本ではなく、鬱然《うつぜん》として森をなしてゐるのを、我等の先祖は、かむなび（甘南備、神南備）と呼んだ。『万葉集』巻十に、

旅にして　妻恋ひすらし　ほととぎす
神名備《かむなび》山に　さ夜《よ》ふけて鳴く

といひ、巻十三に、

神名備の　三諸《みもろ》の山に　いはふ杉
思ひ過ぎめや　蘿《こけ》むすまでに

（「週刊時事」五―八、昭和三十八年二月。後に『父祖の足跡』昭和三十八年六月、時事通信社）

十一、外交の祖神

『古事記』や『日本書紀』の伝によりますと、仲哀天皇の御代に九州に内乱があつて、天皇は親《みずか》ら之を討伐し給うたが、戦果は容易にあがらなかつた、時に神託があつて、内乱の根元は朝鮮半島に在る、若し半島の野心を打砕くならば、九州の内乱は自然に平定するであらうと教へられたが、仲哀天皇は未だ之を信ずるに至らずしてお崩れになつた、よつて神功皇后は、全責任を一身に負はれ、神託に従つて海を渡り、半島を征伐し、之《かく》を平定してお帰りになつたので、内外一時に治まり、国威大にあがつた、是の時、神託を下し給ひ、征戦を指導し守護し給うたのは、伊勢大神宮の外には、底筒男《そこつつのお》、中筒男《なかつつのお》、上筒男《うわつつのお》、三柱の大神であつたので、皇后は是の三柱の神を国家の守護神として鎮祭せしめ給うたとあります。

何分にも記録の発達しない昔の事とて、専ら口伝に頼つた為に、年月といひ、地理といひ、事情といひ、頗る明確を欠き、それが長い間に自然に真実から離れてゆく所もあつて、後世から見れば、まことに頼りなく思はれる伝説となりました。殊に『日本書紀』が、年月の不明な太古に、無理に年月を比定した為に、神功皇后の御事蹟も、百数十年前に溯つて係けられ、海外の情勢と釣合はなくなつて、一層学者の疑惑を招いたのでありました。

然し幸にして満州に高句麗の広開土王碑が発見せられ、また我国に於いては石上神宮の七支刀が伝はつてゐました為に、是等二つの正確なる遺物によつて、古伝を整理して、その誤を正し、真実を明かにする事が出来るやうになりました。

即ちその大体を申しますと、満州に国を建てた高句麗が、その強大なる勢力を以て南下し、朝鮮半島を席捲して来たので、百済は将に滅亡しようとし、新羅は止むを得ず高句麗に服属しようとし、その影響を受けて、我国でも九州には大に動揺が起つた、神功皇后は、その動乱の根本が、高句麗の南下侵略に在る事を、神託によつて明察せられ、敢へて海を越えて出兵し、遠く平壌へまで進撃して高句麗兵を撃退せられたので、百済王は深く此の大恩を感謝し、「貴国の鴻恩《こうおん》、天地よりも重し、いつの日、いつの時にか、敢へて忘れまつることあらむ」と云つて、数々の宝物を献上し、その中に前に述べた七支刀も入つてゐた、半島の動乱鎮まると共に、九州の動揺も自然に治まつた、是れが大筋であります。

さて此の御事蹟は、まことに重大であります。『日本書紀』には、皇后は非常なる御決意で、「征戦は国の大事、安危成敗、ここに在り、神助を蒙り、群臣の協力を得て、之を断行するが、事もし成功すれば、群臣、その功を共にするべく、事もし成らずば、罪は吾れ一身に負ふであらう」と仰せられたとあります。即ち其の大方針は、すべて皇后の策定し給うた所である事、明白でありますが、その根本は、苟くも国の治安の乱される時には、危険をかへりみず敢然として禍根を排除して自衛を完《まつと》うする事、同時に他国の苦難に同情し、それが滅亡に瀕する時には、進んで之を援助し救済する事、以上の二つを、同時に遂行せられたのが、神功皇后であらせられたのであります。そして是の大方針は、一たび神功皇后によつて示されました後、長く我国の外交方針となりました。

是の大方針を垂示し給うた三柱の神と、之を御一身に顕現し遂行し給うた神功皇后とは、住吉大社に鎮祭せられて居られますので、住吉大社は、いはば外交の祖神と申上げてよく、海外交渉の大事に遭遇するたびに、その御神徳は仰がれて来ました。

少しその例をあげますと、第二十一代雄略天皇も、高句麗を討つて半島の苦難を除き、先皇の御志を継がうとせられました事が、『日本書紀』及び『宋書』に見えてゐます。当時世間で云はれてゐた言葉に、「百済の国は、一応亡ぼされて歎いてゐたのに、天皇のおかげで、また再興された」と、もてはやされてゐたといひます。

次に第二十六代継体天皇の御代に、百済の国より、任那《みまな》の国の四つの県を割譲していただきたいとの申出があり、朝廷では重臣、之を承諾するに決し、物部大連麁鹿火《もののべのおおむらじあらかひ》に命じて百済の使者に通告せしめようとしたところ、大連の妻、強く之を諫めて、「朝鮮半島の国々は、住吉の大神より応神天皇にさづけ給うた所であるのに、その国境を勝手に変更して、任那の一部を百済に与へられる事は、後世の非難を招くでせう」と云ひ、皇太子（安閑天皇）も同一の御意見であつた事が、『日本書紀』に見えてゐます。

第三十七代斉明天皇の御代に、唐の大軍、百済を侵し、百済将に亡びようとして、救援を我国に求めました時に、「兵を請ひ救を求める事を古昔《いにしえ》に聞く、危きを扶《たす》け絶えたるを継ぐこと、恒《つね》の典《のり》にあらはれたり」として、救援の兵を出されました事、天智天皇その御精神をお継ぎになつて、唐の軍と決戦せられました事は、有名でありますが、その時に回想して拠り所とせられましたのは、神功皇后の偉業であつたでありませう。

かやうに住吉大社が、外交の祖神と仰がれますと、住吉大社の宮司は、自然外交に注目し、海外の情勢にも明るくなる筈であります。第二十九代欽明天皇の御代には、津守連《つもりのむらじ》が、朝鮮に赴き、百済との交渉に当つた事が、『日本書紀』にくはしく記されて居り、それを見ますと、津守氏は外交官として活躍してゐるやうであります。

それより五、六百年も後の事でありますが、津守国基が対馬へ赴き、かへりみれば「我国のかたは遥になり」、前には「新羅《しらぎ》の山」が見えたので、

船出せし　博多やいづら　対馬には　知らぬしらぎの　山は見えつる

と詠《よ》んだ事は、高松宮司もはやくから注目して、『住吉大社史』の序文に於いて言及して居られますが、是れは頗る重要な事だと思はれます。国基は大社第三十九代の神主で、歿したのは、堀河天皇の康和四年（一一〇二）、年は七十七歳といふ事でありますが、その前後に朝廷の重臣、老齢に拘らず、奮つて外交の局に当り、はるばる九州に赴いて太宰府《だざいふ》を統督した事と、何等かの関係があるのではありますまいか。たとへば大納言源経信は、堀河天皇の嘉保二年（一〇九五）七月大宰権帥《ごんのそつ》となつて九州に下向し、二年後の永長二年正月、太宰府で亡くなりました。下向の時に八十歳、歿年八十二歳でした。次に大宰権帥に任ぜられたのは、権中納言大江匡房《まさふさ》、下向したのは承徳二年（一〇九八）九月、年は五十八歳でした。住吉の神主津守国基は、此の両人のどちらとも親交があつたやうですが、大宰権帥となつて赴任するのを、淀川の河尻で見送り、いろいろ物語して、

六年《むとし》にぞ　君は来まさむ　住吉の　まつべき身こそ　いたく老いぬれ

と詠んだのでありました。権師の任期は五年であるから、六年目には帰つて来られるでせうと云つたのですが、それが一体誰に対して云つたのか、『後葉集』には経信だといひ、『津守国基集』には匡房だとあります。「待つべき身こそいたく老いぬれ」と云ふ所から判断するに、見送られる権帥よりは、見送る神主の方が老人で無ければなりませぬ。経信の赴任八十歳、その時に国基七十歳、匡房の赴任五十八歳、その時国基七十三歳。従つて『後葉集』の経信とするは誤、『国基集』の匡房とするを正しいとしなければなりませぬ。その頃、朝鮮より医師の派遣を依頼せられた事があつて、朝議まちまちであつた時、経信等の意見によつて拒絶する事に決し、その返牒を匡房に命じて作らしめられたところ、

「双魚鳳池の浪(月カ)に達し難し、扁鵲《へんじゃく》豈雞林《けいりん》の雲に入らん」

と書いて、人々の歎称する所となつた話は、頗る有名であります。

それより後、凡そ外国との間に問題が起ります時には、人々は住吉大社の御神徳を仰ぎ、神功皇后の御偉蹟を偲ぶのでありました。今その一例として、副島種臣をあげようと思ひます。明治六年三月、外務卿副島種臣は、特命全権大使として、国書を奉じ、軍艦に乗つて、清国に赴きました。使命は修好、特に清帝への謁見を表にして、同時に台湾の問題を交渉し、また朝鮮の独立を保証するを包含してゐました。台湾の問題といひますのは、琉球の民、漂流して台湾に着いた者五十四人、生蕃の為に虐殺せられたので、その責任を問はうとしたのであります。当時清国政府は尊大にして優柔、外交の礼にかなはざる所多く、各国の公使皆これに悩んでゐましたが、我が副島大使は年齢四十六歳、識見あり、胆略あり、殊に支那の

古典に通じてゐましたので、巧に之を駆使して論を進め、ひとり理の当然を衝くのみでなく、清国の為に懇切に誘導しましたので、たちどころに問題を解決し、立派に使命を果して帰朝しました。例へば彼が日本も西洋各国も同列に謁見せられたいと云ふに対し、日本は外務大臣が大使となつて来たのであつて、他国の公使とは位が違ふ、それを混一するは春秋の古礼にそむくと難じたり、又然らば各国を前にして、日本は別個後にしよう、是れ二、三の公使の要求によると云ふに対し、外人の言に従ふは、清国の主権を棄てるものであると論じて反省せしめたり、情理を兼ねて光輝ある外交は、後人を感悟せしめるものでありました。その副島種臣の書きました一幅に、

神武紀元国、承㆓奕世之休風㆒、神后外征勇、遏㆓百蛮之反側㆒、

明治甲申天長節　副島種臣

とあります。神武天皇によつて建てられた我国は、代々の見事な伝統をうけつぎ、神功皇后の勇気ある外交は、いかなる国のあなどりをも拒否するといふのであります。明治の外務卿は、やはり住吉の御神徳を仰いでゐた事、明かであります。

（「すみのえ」一〇〇、昭和四十七年四月）

十二、東照宮の造替に就いて

本日の題目は東照宮の造替《ぞうたい》に就いてでございますが、これは日光の東照宮を指したものであります。日光の東照宮の建築は、非常に荘厳華麗を極めて居るといふ点を以て、日本の美術建築の歴史の上に於て、寧ろ又世界の美術建築の歴史の上に、非常に重大な意義を有《も》つて居るものであります。然るに東照宮が現在の如く荘厳華麗なる建築を有《も》つに至つたのは、それは元和三年（一六一七）の鎮座の時でなくして、其後寛永年間に造替《つくりか》へられました以後のことであります。即ち私が茲に東照宮の造替に就いて申上げますことは、造替といへば事は簡単のやうに聞えますが、実は現在の如きあの荘厳華麗を極めた東照宮が出来上ります其顚末に関係いたしますので、題目は小さいやうでございますが、実は日本並《ならび》に世界の建築史上に可なりの影響を与へるものと信じて居ります。東照宮の造替のことは寛永年間のことでありますからして、現在より遡つて僅かに二百六七十年に過ぎない極《ごく》新しい出来事であります。又之を致しました者は威権赫々たる幕府がやつたことでありまして、実に天下の耳目を聳動《しょうどう》した非常な著しい出来事であつたのであります。左様な著しい出来事であるにも拘らず、其真相は、若し私共の見る所を以て正しいとすれば、是まで伝へられて居る所は悉く偽《いつわ》りであります。私は今日其旧説を反駁いたしまして、私が今日までに調べ上げまして研究の結果を申上げて、御批評を仰ぎたいと存ずるのであります。

是までの説に依りますと、元和三年に出来上りました建物を、今のやうな荘厳な建物に造替へたのはそれは三代将軍家光の時で、家光が寛永元年（一六二四）に命令を下して、全国の職工に動員令を下し、秋元但馬守と松平右衛門大夫との二人を奉行と致しまして、十三年の永き年月を掛けて寛永十三年に出来上つた。其費用は全国の三百諸侯に課して、其目的とする所は是等の財用に大名を窘窮《きんきゅう》せしめて大名をして手も足も出ないやうに虐《いじ》めてやらうといふ、さういふ計画を以てあゝいふ荘厳華麗な建築が出来た、即ち政策の為に造られたと称へられて居ります。今日外国人どん〳〵参つても皆さういふ説明を致して居ります。

然るに私共の見る所を以てすれば、それは第一に年代に於て異なつて居ります。第二に奉行が違つて居ります。第三に其費用の出所が違つて居ります。第四に斯《かく》の如き建築を為すに至つた動機が違つて居ります。要するに根本から違つて居ります。古い説は纏《まと》めて申しますと今申上げましたやうなことでございますが、それはどの本を見てもさういふ風に書いてあるのでありまして、日光のことを書いたものは非常に数多くございます。又特に日光だけのことを攻究して書かれた書物も数多いのでありますが、悉くさうなつて居ります。殊に日光廟建築研究のオーソリチーと申しますれば『工科大学紀要』に塚本博士と大沢博士の共著で「日光廟建築論」といふものが、是が現在では日光廟研究のオーソリチーでありますが、此中に、

「当時旭日冲天ノ徳川氏ノ声威ヲ以テシ、是ヲ数百ノ諸侯ニ徴シ、千万ノ工匠ヲ役シ、前後十数年ノ星霜ヲ費シタルヲ見ルモ、事ノ極メテ重且大ナルヲト《ぼく》知スルニ足レリ」

とあり、全篇の議論が此説に立脚して立てられて居ります。然るに此説がをかしいのであります。で斯《か》ういふ風な説が何に依つて立てられて居るか、先づ第一に斯かる旧説の出て来る根本を究めようと思つて段々見て参りますと、是は寛永元年に幕府から出たといふ五通の文書がありまして、其五通の文書の上に此説が立てられてあるのであります。其五通の文書は、『徳川実紀』、『晃山拾葉』の中にも収められてあり、其他記録として方々に伝はつて居ります。其五通の文書は非常に長いものでございまして、今一々申上げることは出来ませぬが、要するに寛永元年に豊後、信濃、加賀、大炊《おおい》等、是は幕府の老中等でありまして、たとへば大炊といふのは土井大炊頭《かみ》でありますが、さういふ風に老中方から命令が五通出て居ります。其の五通の文書に依りますと、松平右衛門大夫と秋元但馬守を奉行として寛永元年より非常に大仕掛を以て、全国の職工に動員令を下すことが出て居ります。此文章が基礎となつて総ての説が立てられて居るのでありまず。然るに段々見て参りますと、此の命令はどうしてもをかしい所がございまして、私はてつきり是は偽物に違ひないといふ見当を附けたのであります。さういふ見当を附けて段々見て参りますと、此五通の文書は一寸見れば誰が見ても正しいものと見えるにも拘らず、又是まで一人として之を疑つた者がないにも拘らず、是は悉く偽物であります。

第一に、是等の日附を見ますに、寛永元年正月二十一日のものが二通、寛永元年二月六日のもの、寛永元年三月朔日のもの、寛永元年三月十一日のものがそれぐ〳〵一通づゝ、即ち合せて五通ございます。然るに寛永元年と年号の改まつたのは二月三十日のことでございますから、正月の文書の二通並に二月六日のもの、又恐らくは三月朔日のものも総て元和十年となくてはならぬものであります。かくて先づ、第一に年号の上に於て不確実であるといふ疑を受けるのであります。

第二に、或は年号は後の人が書換へたのであらうといふ弁護が成立つのでありますが、ところが其文句をよくよく調べて参りますと、それはもう少し後に作られたものであつて寛永元年頃の文句としては疑を挟む余地があるのであります。

第三に、此条令に見えて居る松平右衛門大夫が、寛永元年に斯の如き重大な役目を受けたといはれて居るに拘らず、本人の履歴を見ますと色々日光に関係したことが前後数多く見えて居るにも拘らず、寛永元年に左様な重大な役目を受けたといふことは一切見当りませぬ。

第四番目に、寛永元年に斯様な役目の奉行が二人出来て、交代して一人は日光、一人は江戸に居て連絡を取るやうにしたといはれて居る其秋元但馬守が間もなく方々出歩いて居るのであります。この命令を受けた其年に、大坂城の修築のことに依て論功行賞があつて其事を承つて大坂に行きましたり、又寛永三年には二代将軍秀忠の上洛に扈《こ》従したりして居りまして、斯ういふ重大な役目を承つて居りながら方々を歩くのは甚だ不審なことであります。

第五番目に、五通の令状に添へまして日光建築の終つた時にそれぞれ褒美がありました。其行賞のことを書いたものがあります。其中に秋元但馬守には、本高一万八千石の外に別に四万石を拝領して甲斐国で五万八千石の所を残らず賜つたと書いてあります。即ち日光造営の功績に依て五万八千石の所領を得たといふのであります。ところが秋元但馬守は一生一万八千石で終り、五万八千石となつたのは彼が死んだ後子孫の時であります。殊に松平右衛門大夫は、御造営相済み直ちに自殺致されたるに付恩賞がなかつたとある。是も真赤な嘘でありまして、此後十年か経つて慶安元年（一六四八）に病死して居ります事実と矛盾して居ります。

第六番目に、最も怪しいのは、是まで述べました五箇条は此条令に不審を附けたに過ぎないのでありますが、もつと疑ふべきはかゝる重大なる出来事が、其当時の正確なる記録に何等徴すべきことがないのでありります。是は実に不思議なことでありまして、僅か二百六七十年前の、其時分の記録は沢山遺つて居りますにも拘らず一切見えて居りませぬ。それから又おかしいのは、そんな風に寛永元年に始めて十三年の歳月を費して工事が連続して居つたといふのに、それにも拘らず寛永八年六月には、日光東照宮修造の為に佐藤、長崎の両人を奉行としたことが『寛政重修諸家譜』に見えて居りますので、是などは前の説に従ひますと全然意味が通らぬことであります。以上は要するに、此五通の文書に対する疑でありますが、之を根柢的に引くり返すものは別に新しい説の確立であります。

それは又段々申上げますが、要するに斯の如く是まで日光廟を論ずる者が、悉く五通の文書を土台にして居たけれども其五通の文書は真赤な偽作であります。それならばそれ等の文書を何時頃誰が偽作したかと申しますと、段々探して見ますと、是は天明六年（一七八六）以前のものには見当らぬのであります。あるか知れませぬが私の目にはまだ触れないのであります。恐らく天明六年以前余り遠からぬ時代に於て、即ち徳川の中頃に於て作られたものと思ふのであります。然らば誰が作つたかと申しますと、其内容から見ると何か秋元家の家臣に関係がありはしないかと思ひます。それは『日光名所図会』に、右の五通の文書が引いてありますが、其中に此五通の記録は旧館林藩士某の家に蔵すなどとあります、又かの秋元家の加増の記事等をみまして、私は其処に何等かの関係がありはしないかと疑ふのであります。それははつきり致しませぬが、要するに是まで旧説の根本であつた所の五通の文書は、総て偽作であつて取るに足らぬといふことは明らかになつたと思ひます。

さう致しますと、それでは一体何時造り始めたかと申しますに、それは私の調べた所に依りますと、寛永十一年に始めて計画されたのであります。寛永十一年に計画されて十三年に出来上つて居ります。ところが、是も非常に困つたことには其当時のものに十一年に始つたといふ確かなものがございませぬで、僅かに『日光山旧記』でございますとか、『日光山御譜記』でございますとか、『柳営秘鑑追加』ですとか、『殿居嚢後篇』とかいふものに、寛永十一年に造替の計画があつて其年の十一月の十七日に御普請始めになつたといふことが書いてあります。然るに之等の書物は四つ共総て後のものでありまして、之を信ずる為には尚ほいろ〳〵の研究に依て、それが確かであるといふことを証明しなければならないのであります。ところが段々調べて参りますと、是等の記録に云つて居る所は、それが後の記録であるに拘らず非常に確かなものであるといふことが分つて参りました。其証拠には、一体東照宮を造り替へるならば先づ何よりも先に御仮殿を拵へまして其処へ御神体を遷した後でなければ、御神体がある儘で造り替へるといふことは不可能であります。それで先づ仮殿を拵へた年代が此問題を解決する一つの鍵となつて参ります。ところが、それは記録に明文がございまして秋元家の記録に依りますと、寛永十二年の正月に御仮殿が出来て居ります。それから其仮殿が出来まして御神体を其処へ遷しまして、随て愈々本社の造営に着手いたしました其年代は、其年寛永十二年の五月のことであります。それは朝廷の方に色々記録がございまして、寛永十二年四月二日に禁中に東照社（東照社と申しますのは、当時まだ宮号の宣下がございませぬでしたから）の造営の日時定めがありまして、『公卿補任』、並びに『大内日記』に見えて居ります。其間の事は色々公卿の書いたものが遺つて居りまして、顚末が精しく分つて居ります。要するに、東照宮造営の為に新たに仮殿を設けて其処へ御神体を遷し奉つたのは寛永十二年五月以後のことであります。然るに、寛永元年から工事を始めたとすれば十一年の間何をして居たか、是は全然解することが出来なくなつて来るのであります。

かやうに段々調べて見ます所に依て東照宮を造り替へるといふ計画が寛永十一年の、而かも秋に始めて起きまして、愈々仮殿を造つて本社の造営に着手したのが、十二年五月であつたといふことが明らかになつたのであります。然らば竣工の年月は何時であつたかといふと、寛永十三年の四月に大体完結して居ります。其事も朝廷の方の記録に『資勝卿記』、『実条公記』、『忠利宿禰日次記』等がございますが、それに委細見えて居ります。其考証の精しいことを申上げますと数限りもございませぬが、殊に林羅山が寛永十三年の五月の中旬に、将軍家光の命に依て日光に新たに造営をした記事を書いて居ります。『東照大権現新廟斎会記』といふのがそれでありますが、其記録の中に（是は前に申しました様に十三年五月に書いたもので、殊に家光の命に依て書いたものでありますから最も信頼すべきものでありますが）「去歳初夏に創めて今茲季春に成る」、即ち十二年の夏の初に始めて今年十三年の春の末に出来たと書いてあります。要するに、現在の日光廟は寛永元年に工事を始めて十三年に出来上つたものでなくして、十一年に計画を立て十二年に愈々造営に着手し十三年の春に出来上つたものであります。

ところが、是に於て直ぐに建築家の方から駁論が参ります。あの荘厳華麗を極めた日光廟が僅か一ヶ年の間に造営せられることは全然不可能のことである、貴様の議論は建築といふことを解しないといふ反駁がなされるのであります。ところが、事実其当時の人々が非常に之には驚いて居るのであります。殊に此当事者が非常な苦心でありまして、其時には日光に天海大僧正が居たのでありますが、天海が主として書きました『日光山縁起』の中に「但恨御建日間立数不レ幾」といふことが書いてあり、又「御普請中雖レ為二寒天一、替二毎年一不レ暖不レ寒、所以朝レ霜暮戴レ星、為二人夫一為二奉行一各奉仕故、如二御誂一堂社仏閣悉造畢、併御神慮亦将軍御信力故、人皆感レ之」といつて居ります。

仮名で書かれました縁起の中にも、是は寛永十六年に天海大僧正が編纂いたしました信頼すべきものでありますが、其中に明かに日数が極短かかつたといふことが書いてあります。又大楽院と申しますのは日光にありまして東照宮の別当でありましたが、其大楽院の伝記が残つて居つて第二世の恵海の伝記によりますと、秋元但馬守が奉行であつて非常に心配いたしまして、御宮の出来のことは神明の加護なくんば成功速かなるべからず如何にすべきやと言つて、大楽院の坊さんに心配の余り相談を掛けて居ります。ところが恵海がいひますのに、それは男体山の三社が日光山地主権現であるから、其男体山の御宮を造り替へて祈願を籠めたら宜しからうと建白をした。秋元但馬守、早速それに従つて二荒山の新宮本宮瀧ノ尾三社の造替を致したとあります。それで今二荒山上にありますこれらの宮の中を調べてみますと、銘が残つて居りまして如何にも寛永十三年に造り替へて居るといふことが分るのであります。それで大楽院の伝記の中に書いてあることは事実として認めて宜しいだらうと思ひます。斯様に僅か一年の間に、殆ど吾々が信ずることの出来ない程の速さを以てあの工事が出来たのでありますが、是は今日からみれば非常に不思議なやうでありますけれども、あの時代の気分から申しますれば何でもないことだらうと思はれます。現に大坂城に致しましても、あの大規模な大坂城が僅か三年にして出来上つて居ります。それから、秀吉が一世の豪華を極めました聚落の第が一年余りに出来上つて居ります。それから、秀吉が建てました大仏殿並に大仏は割合長うございまして、四ヶ年掛つて居ります。それから驚くべきことは、将軍家康が居りました駿府の御殿が一度火災に遭つたことがございまして、其時などは僅か二ヶ月で建直して居ます。当時の気分からいへば十三年も掛つて、のんべんだらりとやることは全然あり得ないこと、考へられるのであります。殊に其後幾年か経ちまして、元禄年間になりまして再び日光の東照宮を造り替へるか或は手入れをするかといふ問題が起きて居りますが、其時に新たに造り替へるのでありますならば、来年中は掛るでありませうといふことを云つて居ります。是などは手入れならばもつと早く出来るが、新たに造替するならば来年中は掛るといふ。即ち一年で出来る見込があつたものと思ひます。殊に現在御出でになれば能く分ることでありますが、東照宮とは姉妹関係がありまして規模に幾分相違がありますもの丶、大猷廟は承応元年（一六五二）四月に始まつて二年の春出来て居りますから一年余りの間に出来て居ります。それから手近で申しますれば、二代の台徳院の霊屋が僅かに六ヶ月で出来て居ります。それ等の他の例を調べて見まして、日光廟が僅かに満一ヶ年或は一ヶ年半の中に出来上つたといふことは、さまでの不思議はないと思ふのであります。

尚ほ是等のことは、段々次のことを述べますと明瞭になること丶信じます。又其時の奉行に致しましても奉行は秋元但馬守一人でございまして、松平右衛門大夫正綱の方は全然関係がございませぬ。それ以前の造営には関係がありますが、寛永十三年の大改築には全く無関係であります。扨、然らば何故に将軍家光は斯の如き大規模なる計画を立てゝ、而かもそれを寛永元年でなくして寛永十一年に始めて、而かも僅かに一ヶ年半ばかりに日数の中に、即ち十三年の春までに是非仕上げなければならなかつたかといふことに就て申上げたいと思ひます。それは実に東照宮の真面目を発揮するものでありまして、同時に日本人の信じて居る祖先崇拝、熱烈なる祖先崇拝の近世に於ける代表的のもの、標本的のものとして挙げるべきだと信じて居ります。是まで日光の東照宮といへば普通には非常な悪感情を以て迎へられて居りまして、其時の朝廷が微々たる御有様でありますのに、将軍家は三百諸侯に金を課して、あゝいふ華麗なものを、而かも大名窘窮政策の為めに建て、之を以て天下に威厳を示したと悪い意味にとられて居ります。是恐らく、幕末に於ける幕府を倒す議論に気勢を添へるプロパガンダが手伝つたものかと思はれます。而かも今日に於て、日光の人々も又学者も、それをそのまゝうけついでゐるのは、実に不思議な現象であります。よつて私は、家光が斯の如きことをなすに至つた真の動機原因を尋ねて見たいと思ひます。

さらば、家光は何故に斯の如きものを建てたか。それは第一の原因は云ふまでもなく家光が自分の祖父に対する熱烈な信仰で、これを究明するとき私は実に感激に堪へないのでありますが、日光の建築は実に家康に対する熱烈なる信仰の結晶であります。此家光の祖父を慕ひ、祖父を崇拝する所の其信念が此処に現れたものであります。是は後になりまして精しく結論として申上げたいと思ひます。ところが、家光がそんな風に強烈な信仰を有つて居つたならば何故にもつと早く建築に着手しなかつたか、寛永十一年を待つたのは何故であるか、さういふ疑問が直ぐに出て来るのであります。家光が将軍になりましたのは元和九年でありますから、寛永十一年は実に将軍になつてから十二年目であります。何故十二年間投げて置いて、十二年目になつて急に思ひ出したやうに建築をしたか、さういふ疑問が起るのであります。さういふ疑問に答へるには、此に二代将軍秀忠といふものを考へなければならぬ。秀忠の性格と家光の性格とは全然違つて居りましたので、同じ家光の時代と申しましても、家光の将軍でありました時代の初めの方は親の秀忠が生きて隠居して居つたのでありますが、此御隠居が生きて居た時代と愈々秀忠が薨くなつて、自分が思ふ存分勝手に出来るやうになりました時代とは、国内の政治に致しましても、外交に致しましても万般のことが悉く面目を異にして居ります。之は江戸時代史を通観する上に、是非とも注意しなければならぬことであらうと思ひます。そこで、秀忠といふ人は御承知の通り非常に控へ目な人でございまして、総て進んでやるといふことはありませぬで寧ろ退いて守る保守派の人であります。万事是まで通り家康の時のやり方、其儘を継承して一切新しいことはやらない非常に落ちついた保守的な人であります。殊に又、家康との関係が家光とは大分違つて居りまして、家光は御承知の通り、其秀忠の世嗣に立ちましたのも家康の御蔭でありますし、家光と家康との関係は非常に密接であるに拘らず、秀忠と家康との間は勿論疎隔はありませぬですが、家光に見るが如き熱烈な愛情は無かつたやうに考へられます。そこで秀忠が居りました間は、家光はどうしても思ひ切つてあゝいふ大事業に着手することは一般に出来なかつたのみならず、親を憚つて祖父に対してさういふ立派な宮殿を造ることを躊躇したのであります。それは他にも例がありまして、天和二年（一六八二）に智楽院の忠運が書き上げましたものに、家光は台徳院様即ち秀忠がまだ生きて居ります間は、深く御慎みあらせられて内証で御本丸の間に甚だ小さき御宮を造られた。そして、寛永九年に父親が死ぬと同時に、本丸から二の丸に引遷して立派な御宮を造営したといふことが出て居ります。家光が祖父家康を信仰いたしまして、立派な宮を造営したいと思ひましても、父親の秀忠が生きて居る間は、それに遠慮しなければならぬといふ所から江戸城内に小さい御宮を建て丶居つたといふことは、東照宮造替の歴史を究明する鍵となるのであります。是に於て寛永元年説が全然意義を失つてしまふのであります。寛永元年としては、秀忠が立派に生きて居る時、（彼は寛永九年に死んで居りますから）かく父親の生きて居るのに、全国の職工に動員令を下して非常に驚くべき大規模な日光廟の大建築の起工をしたことになります。あゝいふ文書を偽作した人は、此間の消息を少しも知らなかつたのであると考へられます。ところが秀忠が寛永九年に薨くなられまして、そこで家光は父親が死んだから、さあやらうといへるかといふに流石にさうも言はれなかつたと思はれますが、そこで愈々日光の大造営のやうな大きな工事を始める為には何等かの口実がなくてはならぬ。既に自分の熱烈な信仰があり、又憚るべき秀忠は薨くなつて居りますけれども、愈々着手するには直接の動機がなくてはならぬのであります。ところが此に非常に都合の好い事には、大きな社は神宮を始めとしまして二十一年目に造り替へるといふことがございます。家光は此例を思ひ浮べたのであります。それで寛永十三年と申しますと、丁度元和三年に日光東照宮が建てられましてから二十年目に相当致しますので、是は洵《まこと》に好い大造営の機会を与へるのであります。其事は当時のものに皆見えて居ります。『日光山御神事記』でありますとか、先刻申しました『天海仮名縁起』でありますとか、其他のものに皆其事が書いてございます。『日光山御神事記』の中にも大社は二十年毎

に造替へる、日光の建築は其例を追うたことに過ぎないといひ、又『東照大権現仮名縁起』の中にも

「今此東照宮三所大権現もこれにひとしくなぞらへ当社開基より廿一年にして寛永十三丙子造替の時に至りて征夷大将軍家光公ひだのたくみに課し不日に成功をとぐ」

とあります。

以上申上げました所に依りまして、日光の造替が寛永元年に始まつて十三年に出来上り、其奉行が秋元但馬守、松平右衛門大夫であつたといふことは全然違つたことで、奉行は秋元但馬守一人であり、工事は十一年に始まり十三年に成つたといふことは明かになつたのであります。

次に費用は誰が出したかといふ問題が出て参ります。ところが是までの説に依りますと、先刻も申しました『工科大学紀要』には「当時旭日冲天ノ徳川氏ノ声威ヲ以テシ、是ヲ数百ノ諸侯ニ徴シ」とあつて、即ち三百諸侯から金を募つたといふ、是は一般に信ぜられて居る説でありまして、今でも皆さういふことを云つて居ります。然るに、此造営に要しました金は悉く家光の手元から出て居ります。それは当時の記録が完全に遺つて居りまして、明細に分るのでありますが、寛永十一年に計画を立て、寛永十二年に幕府から金を奉行へ渡しましたので、造営奉行は小判五十六万六千両、一分判二千両、銀百貫目、米千石を受取つて居ります。其決算報告を寛永十九年閏九月に出して居ります。一切の費用は此会計報告に網羅してあるのでありますが、其が今秋元家に伝はつて居ります。それに依りまして、造営に要した金が小判五十六万六千両、一分判二千両、銀百貫目、米千石であつたといふこと、さうしてそれは総て将軍家から出したといふことは明かになつて居ります。

ところが尚ほ其金の額でありますが、これに就きましても少し弁ずべきことがあります。今、此金を現在の金にしまして、どの位になるかと換算いたしまして見ますに、私の考へます所では三通りの換算の仕方があると思ひます。第一には其金銀が今日に残つて、それが今日の金銀の相場としてどれだけの価値があるか、第二に其金銀が其当時に於いてどれだけの購買力があつたか、金銀其自身は何等絶対的価値を有つて居ない、物を買得るので価値を生ずる、故にその購買力如何を調べるのであります。ですから第一番より第二番の方が意味を有つて居ります。第三番は是は三通りの中でも重大な換算法と思ひますが、あの建築に要する材料並に是に要する手間、それ等のものが今であつたら幾ら掛るだらうといふことであります。ところが、第三番は残念ながら私には建築の方は分りませぬので、私の手許では出来ませぬ。第一第二のやり方は精細に調べました。第一段の換算法即ち其当時の金銀、其儘今日に残つて居つたとしてみますと、慶長小判は一両の中に金四匁一厘二毛、銀六分を含んでをりますからして、其分析の結果によつて計算いたしますと、小判五十六万六千両は一千一百六十九万二百二十円となります、次に慶長一分判は一両の重さが一匁一八、金は千分中八百五十五・七、銀は百四十三を含んで居るとして、それを現在の時価に致しますと、一分判二千両は一万三百二十円に当ります。それから銀の今の相場を少し区々でありますが、一匁三十五銭と致しますと、百貫目は三十五万円になります。それから米千石、米は騰つたり下つたりしますが、一石を三十円としますと三万円になります。かくて第一計算法に依りますと、総計一千二百八十万五百四十円となるのであります。

ところが其金が其儘残つて居つたとしての換算法でありますから、是は余り正しい換算法ではありませぬ。寧ろ其当時、それ等の金銀がどれだけの購買力を有つて居つたかといふ第二番の方が意義を有つて居るのであります。それには其時の相場を調べて見なければならぬのですが、是が非常に厄介でありまして、今と違つて米相場は処によつて区々まち〳〵でありますから見当がつかぬのであります。もう寛永となると交通も可なり能くなつて居るのですが、それにしても非常なる差がありまして、奥州の方、京都の方、江戸の方実に区々であります。私は始め仕方がありませぬから、皆集めて其平均でやつて行かうかと思ひました。ところが非常に有難いことには、秋元家の記録の中に御造営の御時分米金相場の事といふことが明記してございます。金一両が米一石二斗に当り、又金一両は銀六十四匁に当ると明記してあります。此相場に依て造営の費用が計算されて居ると書いてあります。ですから他の相場がどうであつたにしろ、今私が換算する為には此相場に依るのが一番宜しいのであります。此相場に依つて段々換算いたして見ますと、小判一両は米一石二斗を買ふことが出来ますから、五十六万六千両は米六十七万九千二百石を買ふことが出来、時価一石三十円と致しますと全体で二千零三十七万六千円となります。かやうに金一分判並に銀、米、それ等総てを計算いたしますと、全体として二千零四十八万零二百五十円、要するに二千五十万円ばかりの金になります。ところが是だけの金が、其当時の幕府の全財産からしてどれだけの重きをなして居るかといふこと、之を考へて見なくてはならぬのでありますが、是までの説に依りますと全国の諸大名から金を取立てたといふ説はいふまでもなく、幕府から出したとする説でも、実に幕府の全力を尽して造営したかのやうにいはれて居ります。然るに、此の時幕府の経済力は斯くまで国力が伸長した今日の日本帝国財政よりもつと健全であつたのでありますそれは実に驚くべきものであつたのでありまして、家康は御承知の通り長い間隠居して駿府に居つたのでありますが、其隠居のことで幕府の宗家から見れば、さまで重きをなして居らぬ隠居の家康が薨くなつた時に遺した所の金が驚くべき多額に上つて居ります。今日光造営費用の中に於きましては、小判五十六万六千両といふのが重きをなして居りまして、其他のものはそれに附加へられたものでありますが、是が家康の遺産を見ると小判は四十七万六千五百八十両あり、彼此殆ど相当つて居りますが、それは隠居の家康の遺産の三分の一にしか当らぬのでありますから、随て是程の金は勿論大金ではございますが、幕府の全力を挙げたとは認められぬのであります。殊に私の驚きましたのは、二代将軍の秀忠が寛永九年に薨くなりまして、其時に一族の女や大名旗本などへそれ〴〵形見を贈つて居りますが、その形見として贈つた金が五十六万三千五百両、日光造営五十六万六千両と殆ど相当つて居ります。幕府が日光造営に費した金は、秀忠が薨くなつた時に知り合に贈つた金と殆ど同じであります。幕府が、而かも正貨でどれだけ金を持つて居つたかといふことは御想像に余りあること丶思ひます。其方の研究で非常に面白いことが出て来るのでありますが、研究としては極めて緻密な方法を要しますし、余りさういふ緻密な御話になりましては御分り悪いだらうと思ひますから、それは何等かの機会に纏めて別に発表いたします。計算の方はそれで打切つて置きます。

要するに将軍家光は仮令《たとえ》幕府の財産から見れば、さまでの額ではなかつたにしろ非常な大金を投じて祖父家康の為に、現在見るが如き立派な日光廟を建築したのであります。斯様にして金を三百諸侯に課したといふ説は破られたのでありますが、而かも尚ほ残つて居ります説は『日光名所図会』でありますが、之に非常に面白いことが書いてありまして、家光が東照宮を造営した時に府庫を傾けといふことのいけない

ことは、唯今申上げたことで御分りでありませうが、

「譜代の諸侯、旧恩故顧に報せむとて、率先して賦を助くれば、外様の諸侯と雖も、義に於て袖手傍《しゅうしゅ》観するを得ざる也、是、家光が計、他人を揺がさむか、まづ自ら動かざる可からず」云々。

即ち、他の奴に金を出させる為には自分が出さなければならぬから先づ自分で出して、そこで譜代の諸侯が出し、従つて外様の諸侯が義理で黙つて居れぬから大いに出したといひ、

「諸侯は鳥居、石燈籠を献じ、或は樹木を奉納し、堂塔玉垣を寄進し」、

是も間違つて居ります。何となれば、此寛永の大造営時に諸侯との関係は殆ど絶無であります。鳥居を献上したといふのも、あの鳥居は元和四年に献上したものでありますし、石燈籠を献上したといふのも、日光には石燈籠は全体から申しますと百二十五基現存して居りますが、それを寄進せられた年代により分類して仔細に調べて見ますと、元和三年四月に七十八基を奉納して居りますのが一番大きいので、其他には一つ或は二つ或は三つと少しづゝ別々に奉納して居ります。さうして驚くべきことは、寛永九年の四月に四つ奉納され、寛永十七年四月に二基奉納されて居る。其中七年の間即ち寛永十年より十六年に至る間、即ち家光が即ち日光廟を造替へました其時代に於ては一つも奉納してありませぬ。随て、日光造替の際に石燈籠を諸侯が献上したといふやうなことも意味をなさぬことであります。それから樹木を奉納したとしてありますが、杉並木を植付けましたのは松平右衛門大夫正綱でありまして、それは慶安元年の碑文がありまして能く分ります。それは過去二十年間に段々植付けたとあります。慶安元年に二十余年前から植付けたといへば、それは寛永三、四年から始つたことで、従つて杉並木は日光廟の造替と何等関係を有つて

居ないものであります。斯様にして、寛永度の造営は全体幕府の独力を以てなされて、諸侯は之に対して殆ど何の寄与する所もなかつたのであります。最後に結論と致しまして、又本日の私の貧弱なる講演の眼目と致しまして、家光の信仰を申上げて此講演を終りたいと思ひます。

将軍家光、祖父家康を信仰いたしまして其情、実に熱烈を極めたといふことは、色々の方面に現れて居ります。第一に社参の数に依てそれが的確に知られますが、徳川十五代を通じまして、いや家康は抜けますから十四代の中で、東照宮に将軍が参詣いたしました度数は十九回ございます。然るに十九度の中で十一度までは家光の参詣であります。二代将軍秀忠が三回、四代将軍の家綱が二回、吉宗が一回、家治が一回、家慶が一回、而して家光は十一回参詣して居ります。他の将軍の全部を合はしても家光に及ばないのであります。此事実が、家光は並々ならぬ信仰を有つて居つたといふことを証明するものであります。

次に驚くべきことは、今日光の輪王寺に伝はつて居ります家康の画像が全体で八幅ございます。それは家康の像を描きまして其裏にそれ〳〵裏書がございますが、其裏書に依りますと、東照大権現を夢に見奉つて、目覚めて画工をして之を描かしめたといふことが書いてあります。それは家光がお祖父さんの家康のことを夢に見て、目覚めて狩野探幽に命じて描かしめたもので、裏書に依りますと、寛永十八年に一幅、寛永十九年に二幅、寛永二十年に三幅、正保四年（一六四七）に一幅、年代の分らぬのが一幅と都合八幅ございます。斯様に寛永の而かも終りに於きまして、即ち祖父と別れてより後二十三、四年も後年に於て、年々斯様に祖父を夢みて目覚めて画工をして之を描かしめるといふことは、実に祖父に対する信仰が溢れて居らなければ出来ることではないのであります。さうしてそれだけであつたならば、或はお祖父さんが懐しいから夢みたといへるのでありますが、其懐しさは普通の懐しさでない。思慕でなくして信仰となつて居ります。それは輪王寺に家光公の守袋が伝はつて居ります。その常に肌身を離さなかつた守袋の中に、纏つたものでなくして小さな紙片に、自分で思つたことを書付けてあります。随て、それは家光公の内的生活を極めて赤裸々に、何等人に見せるべきものでありませぬから極めて露骨に書いてありますが、それを見ると私共は驚くべきことを発見いたします。実に色々のことを書いてありますが一つの紙片に、

「そくさいになりながく七十までもいきひとたび天下をさめ候はゞ」

そこで文章が切れて居ります。表面から見れば何でもないことでありますが、祖父家康の如く七十までも生きて天下を治める、祖父の成した大事業の真似をしようといふことが之れも現れて居ります。其他東照宮のことは到る処に小さい紙に書いてある。

「二世将くん二せこんけん」

など、書いたものがあります。是で家康が第一世の将軍であつて又第一世の大権現で、秀忠が第二世の大権現であつて、自分も随て第三世の大権現となるといふやうな考へがあるやうに見受けられます。それから斯ういふのがあります。

「いきるもしぬるも何事もみな大こんけんさましたに将くんこともみなしんへあけ候」

私には意味の分らぬ所がありますが、

「まゝな事もおもはすしんおありかたく存あさゆふにおかみ申ほかはなく候」

さういふことが書いてあります。即ち、何もかも生きるも死ぬるも何事も皆大権現祖父家康公の神の命の

儘であるといふことを書いたものであります。

「いゑやすさま三せのちきり」

など、書いたものがあります。其他家康公を夢に見た夜に（文章の意味が私にはよく分りませぬが）何か怪しい奴が出て来たのを引捕へて膝の下に押入れた所が、

「しんのてからおし候」

と仰せになつた。権現様が白き服を召されて現れられて、本当の手柄をやつたといふ御褒めに預かつたといふことが書いてあります。其他沢山の守袋に文書があります。其所に家光公の精神生活が能く現れて居りまして、如何に祖父に対して厚き信仰を捧げて居つたかといふことが明瞭に現れて居ります。此守袋の文章とあの霊夢の画像と対照して見、それから父秀忠を憚つて内証で本丸に御宮を建てたといふ、それ等のことを総括いたしまして、家光が祖父に対して有つて居つた感情は私共には能く合点が行くのであります。随て、家光があの荘厳な東照宮の建築を始める時に、それを以て幕府の威権を示さうとか、或は諸侯から金を取立てゝ虐めてやらうとか、さういふ風な政策的な考へは少しもなくして、彼の純粋熱烈な信仰が発露して、斯様な造営が出来上つたものと考へられるのであります。之によりまして、日光東照宮が是まで普通に考へられて居りますやうな意義が幾分変りはせぬかと思ひます。併し尚、それを徹底的に論じます為には家光公の人物事績を更に論究しなければならぬのでありまして、どうかすると幕府を常に仇敵の如く見る人もありますけれども、日本歴史の全体の経路から見て武家政治が如何に貢献をなしたかといふ事を、大所より観察考究いたしまするならば、今日幕府に対する悪感情は和げられなければならないと

思ひます。是はこゝに関係の無いことでありますが、例へば北条時宗の如き、未曾有の国難を払ひのけて日本国を磐石の安きに置いたあの大偉人に対して、それが偶々《たまたま》幕府の執権者であつたといふ理由の下に、彼の功績が正しく酬いられてゐないといふことは、私は実に遺憾に堪へないことであります。さういふ方面と連絡して考へまして、多少日光廟の意義なども変つて来ること、存じます。甚だ詰らぬことでございますが、之を以て終りと致します。

（「明治聖徳記念学会紀要」一五、大正十年三月）

十三、靖國神社総説

靖國神社は、終戦後無理に置かれたる変則の地位より、いまだに原態に復帰するに至らず、その為に種々の論議が試みられつつある。然るにそれらの論議の中には、現状を悲しむのあまり、一時便宜の策を講ぜむとするものもあるやうである。現状を歎いて、一日もはやく解決を急がうとする心情は、之を諒としなければならないが、問題は極めて重大であり、国家の基本に関する所であるから、一時の弥縫《びほう》、便宜の妥協によつて、その本質を誤るべきでは無い。

占領下に於いて、すべてが歪曲せられた事は、今更いふまでもないが、然し真実をいへば、歪曲せられたるは、ひとり占領下に於いてのみで無くして、占領解除の日に、当然為すべき修正復原の大事が怠られた為に、歪曲はそのまま沿襲せられて今に至り、今日に至つては、本末の道理も分らず、是非の感覚も鈍つて来た。我等は、何よりもそれを恐れ、それを歎かねばならぬ。

第一に、国家の重要性、その崇高性が、考へられて居らぬ。「国の為」といふ事は、曾ては最高絶対の価値である所であつたが、占領下に於いて、「帝国主義」または「超国家主義」に対する罵《ば》詈《り》讒《ざん》謗《ぼう》、乃至苛烈なる迫害の為に、国家に対する観念または感覚は、いちじるしく変化して、何等かの罪悪感さへ之にまつはり、もはや其の永遠性、絶対性を感得する事が困難になつてゐる。此の場合、尤も重要なる事は、勝手に着色し、我が儘に評価する事をやめて、率直に、ありのままに、事実を観察する事である。「大日本帝国」は、正に「帝国」と称し、その大使館は、正に「帝国大使館」と称したであらう。然しそれは、一体いかなる罪悪を犯したといふのであるか。逆に、「共産主義」は、更にまた「デモクラシー」は、何等の侵略、干渉、隠謀、迫害を行はず、いはゆる「帝国主義」とは、凡そ縁の遠いものであつたといふのか。之を判定するものは、事実である。

いかにも我が国は、我が陸海軍は、いくたびか血を流したであらう。しかしそれは、その本旨に於いて、国家護持の為であり、進んでは、東亜の保全の為であつた。さればこそ将士は、欣然として死地に赴き、悔なくして命を捧げたのである。更にいへば、それは決して明治以後だけの事でなく、またひとり靖國神社のみに止まらぬ。我が国の古代史が、またいはゆる神話と称せらるるものが、後の虚構であるといふ非難は、以前からもあつたが、戦後は殆んど一般的となつて、それが国家に対する尊敬と愛情とを失はしめる原因の一つとなつた。しかし二、三千年も前に、あのやうに神話を整理し得た事は、国家建設の大理想、その熱情、その気魄の、いかに雄大であり、熾烈であり、その組織力の、いかに強大であつたかを示すものであつて、讃美の対象でこそあれ、非難すべき事柄では無い。

目を転じて『旧約聖書』を見るに、それはいかにも荒唐無稽の物語であつて、そのままに信用する事は出来ないやうに見える。人によつては、モーセの如きも、架空の人物であつて、実在したのでは無いといふ。しかしイスラエルの人々のエジプト移住、四百三十年にわたるエジプト滞在とその苦難、モーセに導かれてのエジプト脱出、その脱出の際に、「イスラエルの人々は海の中の乾ける所を歩みしが、水はその右左にかきとなれり、かくヱホバこの日イスラエルをエジプト人の手より救ひたまへり」とあるを『旧約聖書』に見て、さて一九五六年の第二次イスラエル戦争、及び今年の中東戦争（一九六七年六月）を見るに、三千年前の『旧約聖書』が、今猶生きてゐるに驚かざるを得ない。イスラエル地方に立てられてゐたユダヤの国家が亡びたのは、西暦一三五年の事であつて、ベングリオンがイスラエルの独立を宣言したのは、一九四八年五月十四日、従つて国家をもたずして民衆が世界の隅々に放浪し、つぶさに辛苦を嘗めたのは、実に一千八百十三年の長きにわたつた。さればこそイスラエルの人々は、国家の必要性を痛感し、生命にかけて之を守らうとするのである。あらゆる災難の中に於いて、最も重大なるは、国の亡びるといふ事であるとは、日蓮の言葉であり、古代の仏教は、四天王をまつつて、国の四境の安泰を祈つた。国家の重要性、絶対性、永遠性を確認する所にのみ、国は立ち、栄え、そして永続してゆくのである。そして此の精神がうすらぎ、国の為に献身する事を欲しないやうになつた時、国家は衰微し、民族は堕落するの外は無い。

神道は、国家と共にある。当然、国家建設を輔翼した功臣は、神として尊ばれた、神代の伝に詳なる所である。後世になつても、国家護持の功労を賞して、その歿後に、或は位を贈り、或は官を贈られた例は多い。醍醐天皇の御代に、延長元年（九二三）四月二十日、故大宰権帥菅原道真に、右大臣正二位を贈り、村上天皇の御代に、天暦三年（九四九）八月十八日、故太政大臣従一位藤原忠平に正一位を贈り、且つ貞信公と諡《おくりな》を賜はり、円融天皇の天禄三年（九七二）十一月十日、先に薨じた太政大臣正二位藤原伊尹に正一位を贈り、謙徳公と諡を賜はつた如き、その例である。すでに薨じた人に、官位を贈られるといふ事は、その人、此の世にゐないとすれば、甚だ無意味なる儀礼である。然し当時、その身は歿しても、その魂は残り、依然として朝廷に仕へ、国家を護持するものと確信されたのである。

その身歿して後も、その魂魄此の世に留まつて君国を護るといふ考の、最も良く現れてゐるのは、楠木正成の最期である。

正成座上に居つつ、舎弟の正季に向つて、抑も最期の一念に依つて、善悪の生を引くと云へり、九界の間に、何か御辺の願なると問ひければ、正季からからと打笑ひて、七生まで只同じ人間に生れて、朝敵を滅ぼさばやとこそ存じ候へと申しければ、正成よに嬉しげなる気色にて、罪業深き悪念なれども、我も加様に思ふなり、いざさらば同じく生を替へて、此の本懐を達せんと契りて、兄弟ともに刺違へて、同じ枕に伏しにけり。

かやうに記した『太平記』の作者は、正成に対して絶讃を捧げ、「智仁勇の三徳を兼ねて、死を善道に守るは、古より今に至るまで、正成程の者はいまだ無かりつるに」と述べてゐるのである。足利全盛の時にさへ、心ある人は、かやうに正成の言行に感激したのであるから、後世学問の開け、道義の明かになると共に、七生報国の願が、人々の胸を打ち、その指標となつたに、不思議は無い。

君国の大事に一身を捧げ、一家を顧みなかつた忠烈の人に対して、贈位と祭祀と、当に行はるべきであつたのは、承久と建武と、あの二つの重大事に際してであつた、承久には中納言宗行、按察使光親、参議中将信能等の公卿、山田重忠、鏡久綱の武士、建武には中納言資朝、同具行等の公卿、楠木、新田、名和、菊池の諸将に対し、当然贈位祭祀の事あるべくして、しかも両度とも失敗に終り、主上すら或は絶海の孤島に、或は山間の僻地に移らせ給うた程であれば、当然の事でありながら実行不可能であつたのは、まことにやむを得なかつた。

心ある人はそれを歎き、或は私に楠子の墓を立て、或はひそかに楠公社を祭つてゐたのであつたが、やがて孝明天皇は、嘉永四年（一八五一）三月、和気清麿に対して、護王大明神の神号を賜はつた。佐久良東雄は之を聞いて喜びに堪へず、友人を誘つて、直ちに高雄山に登り、感激を数首の歌に託した。

かしこきや　八幡の神も　あらはれて
　御言たまひし　君がまごころ
高雄山　紅葉のいろに　あこがれて
　時雨にぬるる　人はあれども
高雄山　もみぢににほふ　時ならで
　しぐれにぬるる　けふぞうれしき
皇まもる　神のましゐます　高雄山
　あかき心の　みゆるもみぢば

別格官幣社として、国家護持の忠臣を祀られる先蹤は、孝明天皇によつて、かくの如くあざやかに開かれたのである。

やがて文久元年（一八六一）三月、真木和泉守は上奏して、古来の忠臣義士に神号を賜ひ、或は贈位贈官、

或は其の子孫を禄し給はむ事を請ふ。その文に曰く、

忠義の魂魄を冥々の中に感動し、節烈の心志を目前に奮発せしむるは、此一挙にあり。さし当り攘夷の事より起りたれば、先づ外征に功烈ある　崇神天皇　応神天皇　神功皇后の山陵に奉幣し、武内命はじめ、歴代三韓にて功績節義あるは、神号を賜ひて祠を建、藤原隆家、北条時宗、河野通有、菊池某、序に南北朝時代の忠臣義士、楠氏を始め、足助重範如きに至るまで、尽く官位を贈り、其墓あるは墓に　勅使を以て事を告げ、此節の攘夷に冥々より力を添ふべき　宣命など賜ふべし。又当時其子孫の列藩に在りて士夫たるは、朝廷に召し　其事を命ぜらるゝもよろし。庶人など落魄したるは、召して県士に列せらるゝとも、又遥に賞物を賜はるも可なるべし。

流石は国体に徹したる英傑の献言だけあつて、国家として当然実行せらるべき重大事を提案したその見識は、まことに時流を抜くものであつた。明治の大御代に入つて、着々実施せられた大改革が、殆んど皆この時この人の建言に拠る事は、今一々ここに説く暇は無いが、しかも特に注目したいのは、真木和泉守の建言以前、すでに孝明天皇の思召によつて、和気清麿が神として祀られた事である。和泉守の建言は、文久元年三月の事である。しかるに護王大明神の神号は、それより十年前の嘉永四年三月の事であつた。そして其の宣命に、和気清麿が、宇佐の神勅を奉じて「君と臣との道しるく立」てたる功績を賞し、もし此の人「なかりせば、下《しも》として上《かみ》を凌ぎ、上として下を欺くことの有りつらむに、身の危きを顧みず、雄々しく烈しき誠の心を尽くせるは」古人のいはゆる危きに臨んで命を致せるもの、その大功、十分に世にあらはれざるを歎き思召されて、護王大明神とあがめ給ひ、正一位を贈らせ給ふに就いては、今後いよいよ

「天皇朝廷を堅磐に常磐に動くこと無く、夜の守日の守に護り幸へ給ひて、天下泰平にいかし御世の足らし御世に護」り給へと仰せられたのであつたが、その聖旨は、明治天皇によつて継承せられ、真木和泉守の門流によつて輔翼せられて、やがて明治元年（一八六八）四月、湊川神社の創立となり、ひきつづいて数多くの別格官幣社の創祀、特に靖國神社の勅祭となつたのである。

その一例として、明治元年閏四月六日の「御沙汰書」に、

有功を顕し有罪を罸す、経国の大綱、況や国家に大勲労有レ之候者、表して顕すこと無レ之節は、何を以て天下を勧励遊ばさるべきや。豊臣太閤側微に起り、一臂を攘て天下の難を定め、上古　列聖の御偉業を継述し奉り、皇威を海外に宣べ、数百年の後、猶彼をして寒心せしむ。其国家に大勲労ある、今古に超越する者と申す可し。抑武臣国家に功ある、皆廟食、其労に酬ゆ。当時　朝廷既に神号を追謚せられ候処、不幸にして天其家に祚せず、一朝傾覆し、（中略）深歎思食候折柄、今般　朝憲復故、万機一新の際、如レ此の廃典、挙ざるべからず。加レ之宇内各国相雄飛するの時に当り、豊太閤其人の如き英智雄略の人を得させられたく、思召さる。之に依りて新に祠宇を造為し、其大勲偉烈を表顕し、万世不朽に垂れさせられたく　仰出され候。

とあるを見れば、推して靖國神社の本質の、いかに厳烈重大なるものであるかを察するに足るであらう。

かくの如くにして明治二年六月、東京に招魂社は創立せられ、そして十年後に靖國神社と改称せられ、別格官幣社に列せられた。従前、国家の為に一命を捧げたる忠士は、国家によつてここに祀られ、以後君国の為に一命を捧げようとする人々は、死してここに祀られむことを期待した。即ち国家護持の精神は、

明治二年以来今に至つて百年、この靖國神社に凝集し、国家の柱石となつてゐるのである。それを看破し、最もあざやかに之を表現してゐるものは、ラフカヂオ・ハーン即ち小泉八雲である。八雲はいふ、

日本の真の力は、その庶民の道義性のうちに存する。即ちそれは或は農夫であり、或は漁夫であり、或は職人であり、或は労働者であつて、或は田畠に、或は町の片隅に、黙々として静かに働いてゐるが、日本民族のみづから意識せざる英傑の気象は、実に是等庶民のすばらしい勇気に存するのである。彼等は生死に無関心であるのでは無いが、しかも死者にさへ位を賜はり、位階をのぼせ給ふ天皇陛下の御みことのりのまにまに献身せん事を冀ふのである。今や日露戦争の為に召出されたる幾千の若者の誰よりも、戦勝の栄誉を帯びて家へ帰りたいといふ願を聞く事は無い。彼等に共通の願は、唯一つ、招魂社にまつられて、天皇陛下及び祖国の為に生命を捧げた人々のすべてと一所になるといふ事である。日本を敵とする国の恐れなければならないのは、その精鋭の武器よりも、此の古来の忠誠心である。

まことに八雲の洞察したる如く、靖國神社は国家護持の精神のやどる所である。従つて若し此の崇高にして厳烈なる本質を見誤り、一時便宜の処置によつて之を左右するとならば、それは国家の基礎を動揺せしめるものなる事を覚悟しなければならぬ。

(「神道史研究」一五–五・六合併号、昭和四十二年十一月)

Ⅲ　歴代の御聖徳

十四、天智天皇の聖徳

天智天皇の聖徳大業は、天日の如く明かに輝いてゐて、国史の中に於いても、最も光彩陸離たる所であるが、戦後の研究、此の天皇の御代の前後に集中して、微細を分析し、隠晦《いんかい》を発揚すると共に、却つて大局の上に於いて混乱を来たし、誤解を生じた嫌が無いでも無い。よつて今簡単に大綱を挙げて聖徳を讃へようと思ふ。

第一には、易世革命の危険を、その将《まさ》に火の手のあがらうとする直前に、粉砕し、除去して、皇統を守り、皇位を固くせられた事である。ことに第一にと云つたのは、それが他の一切の事業に先駆し、他の一切の事業は、これを基礎として行はれたといふだけの意味では無く、むしろ他の一切に超越して、最も重大なる意義をもつものであるといふ意味である。万世一系の皇統といふ事の、深遠重大なる意義を、戦後一段とくづれ去つた今日の精神界に於いては、殆んど忘れ去つたかの如く、事実の上に之を疑ひ、価値の上に之を軽んずる論説の横行は、目にあまるものがあるが、皇統の連綿として継承せられて、少しも異氏他姓の交替を許さなかつた事実は、いかなる攻撃的破壊的研究にも堪へて、動揺しないであらうし、而してそれが国民道徳の精華であり、民族結集、国家建設の理想的形態である事は、ひろく万国の歴史を見渡して、革命の悲惨残酷なる迹に心を痛めた者の、結局承認せざるを得ない所であらう。

君臣の間の道義弛廃して、上に対する畏敬謹慎の心失はれ、権勢財力に傲る者の跳梁を許したもの、それが舒明天皇・皇極天皇の御代の風潮であつた。舒明天皇の八年（六三六）七月、大派王《おおまたの》、大臣蘇我の蝦夷に向つて、群卿及び百寮の朝廷に参ること、すでに懈《おこた》つてゐる、今日以後之を厳重に戒めて、卯の始に参り、巳の後に退出する事と定め、鐘を以て定刻を知らせるがよいと云はれたが、しかも大臣は之に従はなかつたといふ。卯の始といへば大体午前六時前に当り、非常に早いやうに思はれるが、巳の後に退出するといへば、午前十一時すぎにはひけるのであるから、上古の風習及び環境から言つて、決して厳しきに過ぎると思はれないが、大臣之に従はず、遅参を放任したといふのである。当時紀綱の紊乱、以て察すべきであらう。

皇極天皇の御代にも、蘇我の蝦夷を以て大臣とすること、もとの如くであつたが、その子入鹿またの名は鞍作《くらつくり》、自ら国政を執つて、威勢父にまさつたとある。大臣にあらざる者が大臣以上の権勢を振ふといふのであるから、紀綱はこれよりいよいよ乱れざるを得ない。果して其の年、蘇我氏は、祖廟を葛城の高宮に立てて八佾《いつ》の舞をなし、歌を作つて、「大和の忍《おし》の広瀬を渡らむと、脚《あ》よひ手《た》つくり腰つくらふも」と云つたといふ。八佾の舞に就いては、之を疑ひ、又は之を認めない人もあるが、やはり之は僭上の事実を表したものとすべきであらう。尤もその八佾の解釈に於いては、『左伝』隠公五年（紀元前七一八）の条に、天子は八を用ゐ、諸侯は六を用ゐ、大夫は四、士は二とあつて、舞楽の人数、階級に応じて制限があつたので、それに就いて、八を八人八列、即ち六十四人、六を六八四十八人、四を四八三十二人、二を二八十六人と解する説と、縦横同数として八八六十四人、六六三十六人、四四十六人、二二四人とする説とあり、更にいへば、八はただの八人、六は六人とする説もあるが、此の場合には、さやうの人数に拘泥する必要はなく、ただ朝廷に於いて行はれる舞楽を摸して、蘇我氏の祖廟に盛大なる舞楽が行はれたといふ事であらう。しかるに、それは、すでに臣下の分を越えて、自ら君上の威儀をととのへむとする極めて僭上の振舞であつて、孔子のいはゆる「是れをしも忍ぶべくんば、いづれをか忍ぶべからざらんや」といふ憤りを、『書紀』は、言外にふくめて記述してゐるのである。「大和の忍の広瀬を渡らむと」云々の歌も、踊躍して天下を押領せんとする野心を表したものと解せられてゐる。

蘇我氏はまた、天下の人民を発して、あらかじめ墓二基をつくらしめ、一を大陵《おおみささぎ》といつて父蝦夷の墓とし、一を小陵《こみささぎ》といつて子入鹿の墓とし、上宮聖徳太子の為に定められてゐた乳部《みぶ》の民を集めて、己の墓の為に使役した。よつて太子の御女大娘姫王《おおいらつめのみこ》は、天に二日なく、国に二王なきに、蘇我は何たる無礼をなすかと憤られ、その為に遂に亡ぼされ給うた。

翌二年の十月には、蝦夷病んで朝参せず、私に紫冠を子の入鹿に授けて大臣の位に擬した。ついで十一月には、人をつかはして、太子の御子山背大兄の王を襲はしめた。王は逃れてしばらく山中に在したが、やがて斑鳩寺にかへられるや、蘇我の兵之を包囲したので、王はその子弟と共に自決せられた。三年になると入鹿は、甘檮《あまかし》の岡に家を二つ並べ立て、父の家を上宮門《うえつみかど》といひ、自分の家を谷宮門《はざまのみかど》といひ、子を王子《みこ》といひ、門に集まる者を祖子孺者《おやのこわらわ》（即ち子分）といひ、要害を厳しくし、兵備を充実し、漢《あや》の直《あたい》等をして、二つの門を守衛せしめたといふ。即ちこれ皇威を僭し、大権をぬすむ野心非望の完全なる発露といはねばならない。

非望の発現、露呈かくの如く顕著であるに拘らず、断乎之を誅伐して皇統を守らうといふ決意と実力とをもつ人は、一向に現れなかつた。山背大兄王の既に亡くなられた後、皇族に於いて重きをなしたお方は、蓋し軽皇子と古人大兄皇子であつた。軽皇子は、皇極天皇の皇弟であつて、天智天皇には母方の御叔父に当り、古人大兄皇子は、舒明天皇の皇子であつて、天智天皇には、異母兄に当る間柄であつた。しかも蘇我氏の僭上強大、将に皇位を凌がうとするを眼前にしながら、之を排除しようとする運動は、此の間よりは出て来なかつた。それどころでは無い。古人大兄皇子の如きは、御生母が蘇我蝦夷の女であるところより、蘇我氏と親しく、入鹿が山背大兄王を攻めようとした際にも、入鹿と共に在り、入鹿の為に助言せられた程であつた。而して軽皇子が蘇我蝦夷入鹿父子等と共に山背大兄王を攻められたといふ『太子伝補闕記』の記事は、或は之を後世の訛伝であつて信ずべからずとしても、しかも軽皇子が積極的に蘇我氏の僭上を懲戒排除された形迹は一向に見当らないのである。

かやうにして、外には蘇我氏、絶大の勢力を擁して僭上を極め、内には皇族無気力にして、断乎として不逞を排除する意志を欠いた時に、敢然起つて蘇我氏を亡ぼし、一系の皇統を守られたのが、皇極天皇の皇子にして、古人大兄皇子の異母弟に当る中大兄皇子、即ち天智天皇に外ならなかつたのである。而して此の蘇我氏の誅伐こそは、天皇の一切の御事業に先行し、その基礎となり、前提となつたものであるばかりでなく、一切の御事業に優越して重大なる意義をもつものである。一系の皇統を守るといふ事は、それほど重大な価値をもつものである。

戦後の研究家の中には、我が国の歴史の中核をなす万世一系の皇統に、聊《いささ》か疑惑をもつ者がある。しかしそれは邪推であつて、一系の事実は疑ふべくもない。同時に戦前には、一系は自然であり当然であつて、何の苦悶も努力もなくして、おのづから、さういふ結果を見たかの如く、安易に考へる者が多かつた。それも間違である。危険もしばしばあり、苦悶も少くなかつたのを、危難のうちに之を救ひ、苦悶のうちに之を守り、むしろ千辛万苦して、もり立てて来たのが、一系の皇統であつて、そこに日本の道義の光栄があり、国史の精華があるのである。而してその危険の最も大なる一つが蘇我氏の僭上であり、之を解決せられたのが天智天皇の英断に外ならなかつたのである。

第二には、官職制度を始め、国家の機構及び政治万般の大改革である。これは蘇我氏滅亡の直後、ただちに着手せられて、天智天皇が皇太子として万機の政を摂せられた大化年間を中心として、その前後にわたつて実施せられたものであつて、一口に大化の改新として喧伝せられてゐる。それに就いては、他に詳論精究があるであらうから、ここには省略するとして、ただ二、三の事を注意したいと思ふ。此の大改革が唐の官職制度を参考し、それを摸倣せられる所の多かつた事は、今更いふまでも無い。官職にしても、御史大夫などといふがあつて、いかにも唐制そのままの摸倣といふ感じが強いが、しかし太政大臣・左大臣・右大臣といふ最高首脳部の名称及び構成は、むしろ我が国の伝統を生かした独特のものといつてよいであらう。殊にそれが感ぜられるのは、大槻の樹の下に群臣を集めて、天神地祇に告げて盟はしめ給うた事、また蘇我の石川麻呂が、先づ神祇をいはひしづめて、しかる後に政事を議すべしと奏上した事、白雉の現れた時に詔して、公卿百官よろしく清き心を以て神祇を敬ひ奉れと仰せられた事、遣唐使入唐した時、日本の国初の神々の名を問はれて、問に随つて之に答へた事等の見えてゐる為である。聖徳太子には見られない神道的色彩であつて、一層伝統的立場といふべきであらう。そして是等の改革を通覧する時、その基調をなすものは、実に君臣の秩序の確立であると考へられる。蘇我氏滅亡の直後、大槻の樹下の盟に、君臣の関係は、天地の如く、変易あるべきでないに拘らず、末代の人心浮薄にして、秩序の乱れた事をなげき、今や逆臣誅に伏したのを機会として、今後は君臣の道義を確立すべく、此の盟にそむく者には、直ちに誅戮を加へる事を明かにせられたのは、大政の根本方針を知らしめられたのであり、大化二年（六四六）に皇太子（天智天皇）上奏して、天に双日なく、国に二王なし、この故に天下を兼幷《けんぺい》して万民を使ふべきは、ただ天皇のみと答へられたのは、かさねて此の精神を強調せられたものに外ならぬ。天智天皇の政治は、一面頗る花やかであつて、盛に外国の文化を摂取採用せられ、官職制度もととのひ、教育の機関も設けられ、指南車も輸入せられ、冶金の術も進み、時計も始めて用ゐらるるに至つたのであるが、それを単に文化主義と見てはならぬ。他の一面に、厳に厚葬を禁じ、美食飲酒を排斥して勤勉力行を奨励し、朝臣参内の法を定めて、有位の者はかならず寅の刻（およそ午前五時ごろ）に朝廷南門の左右に列立し、日初めて出づるに及んで門を入つて再拝し、庁に就くべく、遅刻した者は入門を許さない事、及び午の時に至つて鐘声を聴いた後に退下すべく、それ以前の早退を禁ずる事を明かにせられたのを見ると、制度の改革も、文化の摂取も、すべては国家の基礎を固めるといふ大目的から出て来た事であり、そして其の国家の基礎として、前に述べた君臣の秩序の確立が考へられてゐたものとしなければならぬ。

その君臣の秩序を、最も深い基礎に於いて、また最も広い範囲に亙つて、徹底せしめ、確立せしめたものは、実に土地人民の私有を禁じ、改めて公地公民とせられた事であつて、大化の改新の眼目はここに在つたのである。それ故に、大化の改新、乃至その前後に亙る天智天皇の政治を、隋唐文化の摸倣採用による修飾と観てはならぬ。一見そのやうに見えて、実は紀綱弛廃して崩壊の危機に瀕してゐた皇国日本の復活を期したる真剣の努力であつたのであり、その一挙一動には、国家建設の大目的の為に流されたる血と汗が滲《にじ》んでゐたのである。

　第三に考へなければならないのは、百済の滅亡を憐み、その遺臣の請に応じて、その再興を援助しようとして、唐との決戦を敢へて辞せられなかつた事である。唐が蘇定方を大将軍とし、水陸両軍十万の大兵を以て百済に迫り、その都扶余《ふよ》を陥れて、王義慈及び太子隆を捕へ、遂に百済を亡ぼしたのは、唐に於いては高宗の顕慶五年、我が国にあつては斉明天皇の六年（六六〇）であつたが、百済の遺臣鬼室福信は、直ちに再興の旗をひるがへして唐軍に抗すると共に、使をつかはして我が国の救援を求め、殊にわが国に人質となつてゐた王子豊璋を迎立しようとした。我が国に於いては、此の請願をゆるし、詔を下して、百済救援の大方針を宣明せられた。その詔は、頗る注意すべきものであつて、「師を乞ひ救を請ふこと、之をむかしに聞けり、危きを扶《たす》け、絶えたるを継ぐは、恒の典よりあらはれたり、百済の国窮し、来つて我によるに、本の邦ほろびて依るところなく、告ぐるところなし、戈を枕にし胆を嘗めて、必ず救をたもたむといふ事を以てす、遠くより来りて表啓す、志奪ひがたきあり、将軍に分ち命《おお》せて、百道倶《とも》にすすましむべし」云々とある。当時唐国の勢力の隆々たる事は、唐に発遣せられた使人や、唐より帰朝した留学生等によつて、十分に知られてゐた所であり、その第一線の将兵、朝鮮半島に侵入しては、「一挙して九種を平らげ、再捷して三韓を定む、劉弘の尺書を降せば、則ち千城徳を仰ぎ、魯連《ろれん》の飛箭を発すれば、則ち万里恩をふくむ」といふ勢であつた事（「唐平百済碑」）は、詳細に報告せられてゐたであらうに、その強大なる勢力に百済一国あへなく滅ぼされた悲劇を眼の前にしながら、敢然として再興の義軍に援助を約し、勝ち誇る唐の大軍と決戦しようとされた事は、頗る重大である。前にあげた詔のつづきに、「礼を以て発遣せよ」とあり、註にあげられた或る本に、「天皇豊璋を立てて王と為し、塞上を立てて輔となし、礼を以て発遣す」とあるを以て察すれば、恐らく豊璋は、我が朝廷に於いて、斉明天皇の勅命によつて、百済国王に封ぜられ、国王としての礼遇を賜はつて、送りかへされたのであらう。百済国王を我が国に於いて擁立し、兵を発して之を送りかへされるのみでなく、唐との決戦を覚悟して、天皇みづから九州に行幸せられて軍事を統《す》べられたのであるから、尋常一様の決意でなかつた事、明瞭である。想ふにそれには二つの理由があつたであらう。その第一は、百済が我が国の附庸第一線であつて、之を失ふ事は、半島に於ける我が足場を失ふ事であり、いはゆる唇破れて歯寒し、九州は海を隔てて直ちに外国に対する事となる。よつて国防の上より、半島の一角を確保し、之を以て大陸の勢力を阻止する防波堤としようとされたのであらう。而して其の第二は、国家転覆の危機に遭遇し、身を挺して強豪不逞を誅し、漸く危難を脱して、鋭意国家の基礎を固めて来られた天智天皇は、国家興亡の問題について、必ずや常人に十倍し、百倍する深刻なる感懐があつたに相違ない。百済の滅亡に深き同情の涙を濺ぎ、その再興に十分の援助を惜しまれなかつたのは、かくの如き事情が存したためであつたらう。

百済救援の為に発遣せられた我が軍は、兵船百七十艘といふ、当時としては非常の大軍であつたが、不幸にして百済の主従の間に不和が生じて、中心人物であつた鬼室福信は殺され、また戦略の上に於いて日本軍と百済軍との意見が一致せず、やがて白村江の激戦に我が軍利を失ふや、豊璋は船に乗つて高句麗に逃れ去つたので、我が軍は戦争目的を失ひ、百済の遺民をひきつれて帰還するの止むなきに至つた。

問題が国防といふ点に重きを置かれた事であつたから、進んで唐を討つて効果なきを見た以上、退いて自ら衛る方策をめぐらさなければならぬ。よつて、対馬・壱岐・筑紫等の各地に烽火台を置いて急を告げしめ、兵を配置して防禦の備を立て、太宰府の関門には、六百数十間にわたる大堤を構築し、内に水を貯へて敵の侵入を防ぐに便し、更に太宰府の左右の山に、城を築かしめられた。大野城及び椽《き》城、即ち是れである。今少し内に入つては、長門に築城し、讃岐の屋島に築城し、中央に於いては大和の高安に城を築き、そこに穀物と食塩とを貯へて、万一の場合、籠城の準備をし、更に都を近江の大津に遷されたのであつた。

進んで百済を救はうとされた時の構想も大きい。王子豊璋を国王に封じ、国王としての礼を備へて送り出されるとか、天皇みづから九州まで駕を移されて、軍事を統べられるとか、いふ事は、普通には考へられない事であらう。同様に退いて自ら衛らうとされた時の計画も大きい。対馬・壱岐より始めて、太宰府・長門・讃岐・大和と、要処々々に城を築いて、五段六段の備を立て、更に都を大津に遷されるなどといふ事は、凡慮の及ぶ所ではない。すべては、深く国家の命脈を思ひ、その維持存続の為に計るを已の使命とし、その為には如何なる犠牲を払ふも、毫もいとはれざる天智天皇にして、初めて考へる事も、実行する事もお出来になつたのである。

最後に弁明して置きたい事が一つある。それは外でも無い。天智天皇の御性格に就いて、陰謀多く、残忍に過ぎる御欠点があるとの非難に対してである。平面的に眺め、傍観者として批評する時には、いかにも其のやうに感ぜられる所があるであらう。しかし、仔細に検し来ると、これはそれぞれ意味の存する事に気がつくに違ない。たとへば古人大兄皇子を討たれた事を見るに、皇子は天皇の御兄に当られるのであるが、御母は違つてゐて、蘇我の蝦夷の女であり、さやうの関係から蘇我氏と親しく、入鹿が山背大兄王を攻めた際にも、入鹿に加担し助言せられたのであつたし、天智天皇が身を挺して入鹿を斬られた時にも、之を見ていそぎ其の場を逃れ、人に語つて、「韓人、鞍作の臣を殺す、吾が心痛し」といひ、門をとざして、ねてしまはれたとある。韓人云々とは何の意味であるか、明確を欠き、『書紀』の註に、「韓政に因りて誅するをいふ」とあるは、益々難解であつて、恐らくは『集解』にいふ如く、攙入《ざんにゅう》であらう。萩野由之先生が之を解して、中大兄皇子や藤原鎌足を、支那文明心酔者として罵り、「支那文明心酔者が蘇我氏を亡ぼした」と非難せられたものとされたのは、蓋し正解であらう。さやうの関係から、皇子は大化の新政を喜ばず、やがて蘇我の遺族等と共に謀反して誅せられたのであつた。孝徳天皇は、天智天皇の御母方の叔父に当らせ給うたが、主として鎌足の周旋によつて即位し給うたものの、蘇我氏の誅伐について必ずしも積極的でなく、また神道を軽んじ給ふ点に於いて、天智天皇や鎌足と合ひ給はず、自然御不和とならせ給うたのは、まことに止むを得ざる所であつたらう。而して其の崩御の後に於いて、有間皇子年少にして従来の経緯を詳知し給はず、加ふるに小人反間の計を弄するあつて、遂に世を早くせらた事は、痛ましき限りではあるが、之を以て天智天皇を非難し奉るは、必ずしも当を得たものとは思はれない。何はともあれ、天智天皇は、皇統の危殆に瀕した時に出でて、何人も、如何ともする能はず、手を拱《こまね》いて逆臣の跳梁を傍観するか、又は逆臣に阿諛して一身の安全を期するか、二者その一を択ぶの外無かつた時に、敢然として手づから逆臣を誅戮せられたのであつて、それほどの大事を経験された以上、皇位を窺ひ、之を奪はうとする運動に対しては、頗る神経をつかはせ給ふに至つた事は、当然であつて、多少の行き過ぎもあつたであらうが、それも事情まことによんどころない所であつたらう。

天智天皇は、皇位の継承に就いて、極めて謹慎であらせられた。初め蘇我氏を亡ぼされた時に、御母皇極天皇は、直ちに天智天皇に御位を譲らうとし給うた。しかるに藤原鎌足の意見によつて、御叔父軽皇子即ち孝徳天皇を推挙し給ひ、その孝徳天皇の崩御せらるるや、御母帝の重祚を請ひ給ひ、その斉明天皇崩御の後にも、猶直ちに即位し給はずして、素服称制、六年の長きに及んだ。乃ちその初め皇極天皇より譲位の思召を伝へられた時より、いよいよ即位し給ふまでの間には、二十三年の歳月が流れてゐるのである。内外の危局に遭遇して、皇統をつぎ、皇位に登らせ給ふ事の、いかに責任の重きかを痛感し給ふ為に外ならないであらう。しかるに他方には、逆臣を平げ、国難を除く、鉄の如き意志と、雄渾なる経綸と無くして、ただ単に名誉の為に皇位を希望する方々が尠くない。天智天皇としては、それをどれ程心外に思召されたか分らないのである。そして其の苦き経験が、最後に長子相続の制度を確立しようとの決意を導いたのであらう。元明天皇の詔に、天智天皇の立て給ひし常の典とあるを解して、岩橋小弥太教授が、皇位継承の順序に就いて、直系の皇統に伝へるといふ意味に解せられた事は、分析簡略に過ぎて異論を封じ切らないが、蓋し卓見である。今しばらく宣命を離れて考察するに、皇位継承の問題は、天智天皇がその長き御一生を通じて最も苦心し給うた所である。殷に於いては、兄弟相及ぶ例が多いが、我が国に於いても、履中・反正・允恭の三天皇、安康、雄略の二天皇、安閑・宣化・欽明の三天皇その他、兄弟にして御位をつがれた例が甚だ多い。それが結局紛糾のもととなるのであつて、之を解決するには父子相承の法を確立すべきである事は、聡明なる天皇の必ずや看破された所であるに相違ない。しかも従来の慣例と当時の勢力関係は容易に打破しがたく、やむを得ず大海人皇子を東宮に立てられたが、その辞退せらるゝに及んで、結局大友皇子に御位を譲らうとし給ひ、恐らくは同時に父子相承の法を立てて之を常の典とせよと宣言し給うたのであらう。天智天皇紀には大海人皇子の請として洪業を大后に授けまつり、大友皇子をして諸政を統べしめ給へとあるが、その同じ請を天武天皇紀には、願はくは天下をあげて皇后につけよ、仍つて大友皇子を立てて儲君となし給へといひ、その請は天智天皇の嘉納し給うた所であるとしてゐる。もし壬申の変なくば、皇位継承問題の紛糾は、是に於いて解決せられるべきであつただらう。

見来れば、天智天皇が、皇統護持の為に、かねてまた国家防衛の為に、遠く深き洞察を以て、決然として禍根を除き、病源を医し、以て万古皇国の基礎を固くしようとし給うた事は、明かである。されば古人は天智天皇の聖徳を讃へて、中宗とお呼び申上げた。即ち三善清行の革命勘文に、「遠くは大祖神武の遺蹤をふみ、近くは中宗天智の基業をつぎ」云々とあるもの、その一例である。これは恐らく清行に始まるものでは無く、それ以前既に天智天皇を中宗と申上げる先蹤があつたのであらう。そしてそれは殷の太戊を中宗と呼んだ事が、『尚書』無逸篇及び『史記』殷本紀に見えてゐるに、ならつたものであらう。その殷の中宗を、太田錦城が、中徳ありし天子なりと解したのは誤であつて、『史記』に、「殷また興り、諸侯之に帰す、故に中宗と称す」といひ、また『尚書正義』に、「成湯より已後、政教漸く衰ふ、此の王に至りて之を中興す、王者、祖功あり、宗徳あり、殷家中世、その徳を尊び、その廟毀たず、故に中宗と称す」とあるが如く、中宗の中は、中興の中であるに相違ない。三善清行の勘文にも、前の文につづいて、「此の更始を創めて、彼の中興を期す」とあり、『神皇正統記』にも「此天皇中興の祖に御座す」とある、皆之を証するであらう。

天智天皇の山科の御陵が、東西十四町、南北十四町の雄大な兆域であり、その御忌日が特に重く取扱はれて、幾代を経ても除かれなかつた事は、『延喜式』等に見えてゐるが、それは前記『尚書正義』に中宗の廟は毀たずとあるを連想させるものである。

天智天皇が、わが国中興の英主にましますことは、かくの如く、千古の定説であり、それは研究の進むに従つて、いよいよ確認せられる所である。

（昭和三十五年夏）

（「神道史研究」八－六、昭和三十五年十一月。後に『寒林史筆』昭和三十九年七月、立花書房）

十五、後鳥羽天皇を偲び奉る

今年昭和十四年は、後鳥羽天皇崩御の後、正に七百年に当り、記念の大祭は来る四月四日を以て、官幣大社水無瀬神宮に於いて、厳粛に行はれようとして居るのであります。此の時に当りまして、謹んで天皇の御事蹟を偲び奉り、日本歴史の深き流れの奥底に沈潜して、皇国道義の根本を考へたいと思ひます。

一

後鳥羽天皇はまことに御不運の御一生を御送り遊ばされました。一天万乗の君として、思ひも寄らず逆賊の為に遠く隠岐の小島に遷幸遊ばされ、孤島の御幽居十有九年の長きに亙り、遂に其の儘彼の島に於いて崩御遊ばされました御不運は今更いふまでもなく、その遷幸の原因となりました承久討幕の御企そのものに就きましてさへ、天皇の御動機に対し奉つて驚くべき誤解が、昔より一般に存し、而してその誤解は今日に至りましても、猶十分に解けてゐないのであります。

所謂誤解とは何であるかと申しますに、それは天皇が兵を挙げて幕府を討たうと遊ばされたのは、些々たる一婦人の所領問題より起つた事であるとし、従つてそれは決して国体の根本より御考へ遊ばされた訳ではなく、同時に朝廷の御計画は至つて軽卒であり粗漏であつて、十分慎重に準備される所がなかつたといふ風に解し奉つてゐる事をいふのであります。即ち、従来一般に説かれて居ります所では、承久御挙兵の原因は、亀菊といふ婦人の申請に任せて、摂津国長江・倉橋両庄の地頭職を停止するやう、前後二回に亙つて幕府に御命令が下つたに拘らず、北条義時は之に随ひ奉らなかつたので、天皇いたく御逆鱗あり、遂に幕府を討伐しようと思召立たれたといふのであります。此の説の基づく所は『吾妻鏡』でありますが、其の承久三年（一二二一）五月十九日の条を見ますと、

「武家、天気に背くの起りは、舞女亀菊の申状に依り、摂津国長江・倉橋両庄の地頭職を停止すべきの由、二箇度院宣を下さるゝの処、右京兆諾《うべな》ひ申さず、是れ幕下将軍の時、勲功の賞に募り定補せらるゝの輩は、指したる雑怠無くして改め難きの由之を申す、仍て逆鱗甚だしき故也と云々」

とあります。而して右両庄に就いて幕府に御命令のありましたのが、やはり此の年の春の事であつた事は、同書同年三月九日の条によつて知られるのであります。若し之を其の儘信用するとしますれば、当時討幕の御企は、一婦人の所領問題より事起り、早くとも承久三年三月以後に端を発したものであり、従つて官軍の活動を開始した五月十五日まで、僅に二箇月ばかりの準備期間があつただけとなり、動機よりいへば浅薄、用意よりいへば軽卒の非難を免れないのであります。

しかるに、事実は決してそうではなかつたのであります。そうでなかつたといふ事は、討幕の御計画が、それより遥か以前、実に十数年以前に始まつてゐる事によつて、証明せられるのであります。一体此の承久の役に、官軍の主力となつて活動した人々は、公卿に於いては権大納言藤原忠信、前権中納言藤原光親、

同源有雅、同藤原宗行、参議藤原範茂、同藤原信能等であります。素より是等は平素朝廷に御仕へ申上げて居る人々でありますから、是は直ぐにも糾合し得るのであつて、是は先づ問題になりません。ところが其の外に、僧侶に於いては、二位法印尊長、熊野法印快実、刑部僧正長賢、観厳等、武士に於いては、能登守藤原秀康、その弟河内判官藤原秀澄、左衛門尉後藤基清、筑後守五条有範、右衛門佐藤原朝俊、前民部少輔大江親広、山城守佐々木広綱、その子惟綱、山田重忠、三浦胤義、左衛門尉大江能範、河野通信、菊地能隆、筑後知尚、佐々木経高、大内惟信、宮崎定範、糟屋有久、同久季、仁科盛遠、錦織義継、神地頼経、多田基綱、筑後有長、小野盛綱等の人々が、御召によつて錦旗の下に馳せ参じてゐるのであります。此の顔触を見れば、近畿の住人もありますが、遠く関東や九州の人々もあり、之と連絡をとり、之を糾合するといふ事は非常に困難な事であり、それには十分の歳月が必要であつて、決して二、三ヶ月のよくする所ではないのであります。

殊に是等の人々の中に於いて、中心となつて働いたのは、僧侶では、二位法印尊長、武士では能登守藤原秀康でありましたが、此の二人に就いて調べて参りますと、討幕の御計画が十数年も前から立つて居り、その十数年の間に、極めて秘密の中に、準備が進められてゐた事が分るのであります。今先づ法印尊長より説きますれば、此の人は其の兄弟（参議信能）や甥（少将能氏、左中将能継）が多く承久の変に殺されて居りますので、一家一族を挙げて参画し奮闘した事明かであり、而して事変の終りました後に、幕府は此の人の逮捕に最も力を入れ、その捜索の為に色々乱暴が行はれた程であり、それにも拘らず尊長は七年といふ長い年月を逃廻り、それも只逃廻つただけではなく、其の間に奇謀をめぐらしてあくまで幕府の転覆を討り、北条義時頓死の原因は明瞭ではないが、恐らく此の尊長の計画にかゝつて毒殺せられたのであらうと思はれ、以上の諸点を綜合して考へますと、此の人は討幕の御企に最も重く関係して居つたと察せられ、『吾妻鏡』が此の人の事を、「承久三年合戦の張本」と記してゐるのは、蓋し事実であらうと思はれます。さればこそ承久三年六月、事いよ〳〵危急に瀕した時に、後鳥羽上皇は、土御門順徳両上皇を伴ひ給ひ、此の法印尊長の押小路の宅に御移り遊ばされ、こゝに於いて諸方防戦の御相談があつたのであります。然らば此の尊長が後鳥羽上皇の御信任を得て討幕の計画を立てるのは何時頃の事かと申しますに、何分幕府の目をくらます為に、すべて極秘の中に進められましたので、今日之を跡付ける事は容易でありませんが、幸に其の一つの目標となるものは、白河の最勝四天王院であります。この最勝四天王院といひますのは、上皇の御所の中心に立てられ、道法法親王を以てその検校（総裁）とし、尊長を以てその寺務（事務長官）とせられたのでありますが、元来四天王は護国の神と考へられ、之に祈るは必ず国家の重事についてであり、現にその落成の翌年には守護国界経法結願の行はれました事が記録に見えて居るのでありますから、此の最勝四天王院こそは幕府調伏の祈願であり、それを中心に建てられたる白河の御所が、即ち討幕の参謀本部であつたと察せられます。しかるに其の最勝四天王院の建てられましたのは、承元元年（一二〇七）十一月の事であり、承久の変より数ふれば、実に十四年以前に当るのであります。

次には、能登守藤原秀康に就いて考へませう。秀康が武士の中で中心に立つ人物であつた事は、『尊卑分脈』に「院の御方の惣大将」と記されてゐるによつても明瞭であります。『六代勝事記』にも、

「秀康は官禄涯分に過ぎて富有比類なし、五箇国の竹符を併せて追討の棟梁たりき。」

と見えて居ります。その秀康は早くより上皇の御信任を辱うして居つたので、承元元年三月には上皇の高野御幸に御供申上げ、当時殊に御愛顧を受けてゐた事は、『明月記』にくはしく見えて居ります。承元元年は前に述べました最勝四天王院の建立せられた年であります。されば当時、秀康既に討幕の密議に参与して居つた事と推察せられるのであります。且また諸国の武士を京都へ御集めになります為には、前々からあつた院の北面の武士の外に、更に西面の武士を置かれたのでありますが、『明月記』を見るに、承元元年正月三十日、殿上人及び西面北面の人々を集め、之を左右二組に分つて笠懸の勝負を競はしめ給うた事があります。此の笠懸に出ました殿上人は、忠信、有雅、信能、範茂等、いづれも承久の錚々たる人物でありまして、事敗れて忠信は越後に流され、その他の人々は皆斬られたのでありました。その笠懸に西面の武士が出てゐるのでありますから、院に西面の衆を置かれましたのは、承元元年以前の事である事いふまでもありません。

是によつて之を観れば、討幕の準備の段々とゝのつてゆきますのは、承元元年に既に明瞭にその跡を窺ふ事が出来、其の発端は必ずや更にそれより前に溯らねばならぬ事明かであります。即ち討幕の御計画は、承久三年の御事挙げより遥か前、少くとも十四年前、恐らくは十五年前に立つて居た事を知るべきであります。従つてその原因が、『吾妻鏡』などにいふやうに、承久三年春の長江・倉橋両庄の問題に在るのでない事はいふまでもありません。

二

承久討幕の原因が、長江・倉橋両庄の問題に在るのでない事は、既に明瞭になりました。しからば真の原因は一体どこに在つたのであるかと申しますに、それを推測します為には、承元元年前後既に討幕の御計画が立ちました時より、承久三年に至る十数年の間に於いて、後鳥羽上皇の御関心が那辺におはしましたかを知らなければならないのであります。今、之を当時の日記によつて見ますに、此の間に於いて、文武両道を御奨励遊ばされました事は、極めて顕著であります。先づ文に於いては、公事の論義及び習礼が瀕々と行はれて居ります。是は朝廷に於ける重大なる儀式が、漸次すたれてゆき崩れてゆく傾向のある事を歎かせ給ひ、之をその正しい姿に戻さうとして討論研究せしめ、実演練習せしめ給うたのであります。而して、其の瀕々として記録に現れるのは、建暦元年（一二一一）、二年の間でありますが、その概略は次の通りであります。

建暦元年三月廿二日　節会習礼
　五月　一日　旬習礼
　七月二十日　公事竪義
　九月　二日　大嘗会習礼
　同　廿四日　任大臣大饗習礼
　同　廿五日　大嘗会論義
建暦二年三月　五日　系図論義
　同　十二日　臨時祭習礼

十五、後鳥羽天皇を偲び奉る

同　廿四日　白馬節会《あおうまのせちえ》習礼

而して之と併せ考ふべきものは、『世俗深浅秘抄』であります。此書は上下二巻あり、朝廷の御儀式其の他の作法故実に就いて記された書物でありますが、従来その著者明かでなく、或は菩提院基房の作といひ、或は衣笠内大臣家良の著といひ、又は一条禅閤兼良の記す所として居つたのでありますが、野宮定基、速水房常、藤貞幹等は之を以て後鳥羽天皇の御撰であるとし、而して之を天皇の御撰とする説は、近頃和田英松博士の精密なる研究によつて、疑なき確証を得たのであります。即ち、その内容によつて先づ臣下の筆でない事が考へられ、更に上皇の御撰なる事も窺はれ、而して之を『花園院御記』や、『後伏見院御記』と対照する事によつて、後鳥羽天皇の御撰なる事が分り、また一条兼良の『桃華蘂葉《ずいよう》』によつて、その事いよ〳〵確認せらるのであります。此の『世俗深浅秘抄』と相並ぶものは、天皇の皇子にましまし、承久討幕の御企を共にし給へる順徳天皇の御撰にかゝる『禁秘御抄』であります。これは古くより順徳天皇の御撰と伝へて異説はなく、はやく慶安年中に版行せられ、『群書類従』其の他にも収められて、世にひろく知られてゐる所であります。されば承久討幕の御事挙げに先づ十数年に於いて、朝廷文事を奨励し給ひ、公卿殿上人をして討論研究せしめ給ふのみならず、後鳥羽天皇、順徳天皇御自ら筆を執つて御著作遊ばされた事は、之によつて明かであります。

次に、武道の方面はどうであつたかと申しますに、『六代勝事記』には、後鳥羽天皇文武の二つを学び給ひし中に、比較しては殊に武道を重んじ給ひ、弓馬に長じ給ひ、御譲位の後の御幸には、京都の郊外に於いては行軍の形を取らしめ給うたと見えて居ります。天皇御みづから武芸に秀で給ふた事は、この外にも『古今著聞集』や『承久記』に散見して居る所によつて拝察せられますが、更に之を公卿殿上人に勧め給ひ、まして北面西面の武士に御奨励遊ばされました事は、『増鏡』に見えて、

「あけくれ弓矢兵仗のいとなみより外の事なし、剣などを御覧じ知ることさへ、いかで習はせ給ひたるにか、道のものにも、やゝたちまさりて、かしこくおはしませば、御前にてよきあしきなど定めさせ給ふ」

とあります。刀剣に就いては、こゝには只御鑑識の御事のみを説いて居りますが、実は天下のすぐれたる刀鍛冶を集めて打たしめ給ひ、御みづからも之を好ませ給うたので、その刀を世に御所鍛といひ、それを多く武士に賜はつたといふ事は、『承久記』に見えて居り、御番鍛冶の名は、長く世に伝はつてゐるのであります。

しからば、当時かくの如く文武両道にいそしみ給ひ、又之を御奨励遊ばされたのは何故であつたかと申しますに、先づ『世俗深浅秘抄』を拝見しますと、大抵昔の儀式と今の作法とを比較せられまして、中には「古今の作法異也、時儀に依るべき事也」と今日の作法を承認し給うた所もありますが、多くは「中古以往」の「古儀」「故実」と「近代」「末代」の実情とを対比して、今日古き伝統のすたれて儀式作法の乱れてゐるを慨《なげ》かせ給ひ、現状を「案内を知らざる事也」、「其のいはれなきか」、「其の由なきに似たり」、「甚だ奇怪也」と批判し給うたのであります。次に『禁秘御抄』を拝見しますと、こゝにも同様「上古」と「近代」とを比較せられまして、近代の然るべからざるを歎かせ給ふのであります。されば其の御研究御鍛錬御奨励の目的は、一にかゝつて現代衰頽の世を上古隆盛の時にかへす事、即ち王政復古に存した事明瞭で

あります。是に於いて想出されますは、『増鏡』に見えて有名なる後鳥羽天皇の左の御製であります。

おく山のおどろの下もふみわけて
　道ある世ぞと　人にしらせむ

『増鏡』は此の御製に就いて、「まつりごと大事と思されけるほど、しるく聞えて、いといみじうやむごとなく侍れ」と述べてゐるだけでありますが、此の御製の作られましたのは、何時の御事かといふに、『新古今集』には、之を住吉の歌合によませ給うたと見えて居り『後鳥羽院御集』には明瞭に、承元二年三月住吉御歌合と記されてあります。承元二年といへば、既に討幕の御準備の段々と進められつゝあつた時でありますされば、此の御製は政治の大方針を示し給うたものと拝察せられます。即ち、今や世は北条氏の跳梁跋扈によつて、皇国の正しき道の失はれたる事、たとへていへば奥山に荊棘《けいきょく》生ひ茂つて踏みわける道もなき有様に似てゐるのであるが、之を踏みわけて其の荊棘を切り棄て、皇国日本の道義道徳は斯くの如きものであるぞ、かくの如く儼存するものであるぞといふ事を、国民一般に知らしめようと仰せられたものと拝察せられるのであります。

かくて、従来此の討幕の御企が、瑣々たる一婦人の所領の問題より事起り、僅か二、三ヶ月の準備を以て、軽々しく兵を挙げられたとしたのは非常な誤であつて、実は惑乱の世に道義を再興し、皇国日本を正しい姿に戻さうとする、王政復古の大理想の為に起り、十数年に亙る惨憺たる御苦心御用意の後に、承久三年愈々時至り機熟して、北条氏討伐の大旆《たいはい》を翻されたのである事は、こゝに明瞭になつたのであります。

三

然らば、かくの如く遠大なる御理想の下に、かくの如く慎重なる御用意を以て、敢然実行に移されたる討幕運動は、如何様に進展し、如何様に結局したのであるか、これよりその概略を申述べようと思ひます。

十数年に亙つて秘密のうちに準備せられました討幕の御企が、いよ〳〵機熟して旗を翻へされましたのは、承久三年五月十五日の事でありました。即ち、此の日幕府を代表して京都の守護に任じて居りました伊賀光季を誅戮し、直ちに宣旨を下して諸国勤王の兵を徴集し、北条義時を追討せしめ給うたのでありました。その宣旨には、近頃関東の成敗と称して天下の政務を乱る、名は将軍に託すといへども、将軍頼経は何分幼稚であるから、実はこれ義時の専権に出づる事明かであり、義時の此の行動は偏に己の威を耀かさうとして全く皇憲を忘れて居るものであり、之を政道に論ずれば謀反といふべきものである、されば今勅命を下して之を追討せしめられるのであるといふ趣が、堂々と述べられてあります。

而して此の事挙げに先だつて、前日のうちに西園寺公経父子を幽閉せられました。公経は幕府と親しく、密接に連絡をとつてゐたからであります。是に於いて西園寺家では直ちに之を幕府へ報告をします。伊賀光季も亦誅戮せらるゝに当つて、飛脚を以て鎌倉へ注進します。その双方の飛脚が相前後して鎌倉へ着いたのは、五月十九日の午後でありました。此の報告を得て幕府は一時周章狼狽しますが、頼朝の未亡人にして義時の姉に当る政子は、武士を集めて述懐し、武士が頼朝によつて如何に親切に遇せられたか、また如何に其の生活を安定向上せしめられたかを説いて、「是程御情深く渡らせ給ひし御志を忘れまゐらせて、京方へ参らんとも、又留まつて御方に候ひて奉公仕らんとも、只今確に申切れ」といふや、武士は私の利害と恩義とに動かされて、一人として国体を考へ大義を弁ふるものなく、悉く幕府の為に粉骨砕身する事を誓つたのでありました。

是に於いて其の日晩鐘の頃、義時諸将の主なる者を自宅に集めて軍議を凝らします。時に意見はいろいろに分れましたが、結局足柄・箱根両方の道路を固めて官軍を待受け一戦を試みようといふ案でありました。しかるに、頼朝以来政所の別当として幕府に重用せられて来ました大江広元は、此の消極的防禦策を排斥し、もしかくの如く防禦の態勢をとつて日を送るならば、必ず味方に変心を生ずるであらう、むしろ運を天に任せて京都を攻めるがよいと主張しました。義時は此の攻守両案を以て政子の決断を求めましたところ、政子は直ちに京都に進撃するがよいと、広元の説に賛成しましたので、こゝに幕府の軍勢はいよいよ京都を侵し奉る事となりました。

しかるに、其の準備に二十日を暮らして二十一日となりますと、又もや異論が現れて、関東を手放しにして京都に進撃する事は、頗る危険ではないかといふので躊躇するに至りました。之を聞いて大江広元がいふには、既に京都に攻め上る事決定したに拘らず、かやうに異論が出るのは、準備に日を送つて直ちに進発しない為である。若しかくの如くして遷延するならば必ず変心を生ずるに至るであらうといひ、広元と相並んで頼朝に重用せられ、問註所の執事となつて居りました三善康信も期せずして同意見でありましたので、こゝに義時はその子武蔵守泰時に命じ、其の夜直ちに出発して京都に向はせる事になりました。即ち賊軍の憚る所なく京都を侵し奉るは、曾て朝廷の寵任を辱うしたる大江広元、三善康信此の両人の建議によつたのであります。

かくて泰時は終夜準備をとゝのへ、二十二日の払暁、僅に十八騎を率ゐて出発致しましたが、何分にも帝都を侵し奉り、官軍と戦ふのでありますから、心中まことに安からぬものがあります。『増鏡』によりますと、鎌倉出発の翌日、泰時ひとり帰り来つて、親の義時に面会を求めます。義時胸うちさわぎ、「何事が起つたのか」と尋ねますと、泰時のいふには、「戦略に於いては、仰によつて大体承知しましたが、只一つ思案に余ります事は、官軍もし鳳輦を先立て奉り、錦の御旗をあげて厳重に臨幸遊ばされるといふ事であつたならば、その時には如何致すべきでありませうか、此の一事を尋ね申さん為に、一人馳せ帰つて来ました」と申します。義時暫く考へて居りましたが、やがて之に答へて、

「かしこくも問へるをのこかな。その事なり。まさに君の御輿に向ひて、弓を引くことはいかゞあらむ。さばかりの時は、兜をぬぎ弓のつるをきりて、偏にかしこまりを申して、身をまかせ奉るべし、さはあらで、君は都におはしましながら、軍兵をたまはせば、命をすてゝ、千人が一人になるまでも戦ふべし」

といつたと見えて居ります。『明恵上人伝記』や『梅松論』によりますと、泰時は最初父に向つて降参を勧めたが、義時之を聞き入れなかつたとあり、右の『増鏡』の記事と必ずしも一致いたしませんが、いづれにせよ義時父子といへども流石に戦慄し当惑した有様は、之によつて察せられるのであります。

されば当時若し官軍に智謀と胆略と群を抜く名将あつて、五月十五日伊賀光季を誅戮すると共に、直ちに上皇の親征を奏請し、東海東山の両道並び進み、錦旗いちはやく箱根を越え碓氷を越えるといふ事であ

りましたならば、諸国の武士の靡く者も少くないばかりでなく、鎌倉の内にさへ態度を改める者が出て来たのでありませうし、それどころではなく、北条氏自身も恐れて降を乞ふに至つたかも知れないのであります。惜しいかな、官軍に此の神速果敢の進撃が欠け、僅に濃尾の平野に出で、木曽川を前にあて、賊軍の上京を防がうとするに止まつた事は、遺憾としなければならないのであります。しかし、何分にも幕府は武威を誇つて公然と平日より戦備をととのへて居り、此の時の如きも、十九日に初めて報告を得、其の午後態度を決し、其の夕戦略を議した程でありながら、二十五日までに総勢十九万騎悉く進発したといふ程敏活に動けるのに対し、官軍は幕府の目に触れないやうに、密々に連絡を取り、準備を整へるのであつて、いよ〳〵兵を挙げたとしても、大軍直ちに鎌倉に向ふといふ事は中々容易でなく、出発の遅引したのはまことにやむを得なかつたのでありませう。

さても賊軍は東海、東山、北陸の三軍に分れ、三道並び進んで京都に迫ります。されば戦は諸方に起りましたが、しかし決定的な戦闘は木曽川に於いて行はれました。当時官軍の部署を見るに、大内惟信、筑後有長、糟屋久季等二千余騎は大井戸渡を守り、藤原親頼、神地頼経等一千余騎を以て鵜沼渡を固め、朝日判官代頼清は一千余騎を率ゐて板橋を守り、関左衛門尉、土岐判官代等は同じく一千余騎池瀬を守り、摩免戸《まめど》は大手、大切の所と見えて、大将能登守秀康、山城守佐々木広綱、下総前司小野盛綱、平判官三浦胤義、佐々木判官高重等凡そ一万余騎、官軍の主力を以て之に向ひ、食渡には山田左衛門尉、臼井太郎入道五百余騎を差向け、洲俣《すのまた》は河内判官秀澄、山田次郎重忠等一千余騎を以て之を守り、市脇は伊勢守加藤光員五百余騎にて之に当れば、矢野次郎左衛門五百余騎にて䕨島に向ひ、即ち総勢一万七千五百余騎、九

隊に分れて木曽川の九つの瀬を固めたのでありました。『新撰美濃志』を見るに、

「凡此川は、往古より東国西国通路立分の要害、軍用の固め第一の切所にて、天武天皇の御軍をはじめ、源平養和寿永のたゝかひ、承久暦応等の合戦、その外数度の軍に、かならず此川を以て勝敗を極め、京方墨俣の陣を破らるれば、宇治勢多等の固めはふせぎえず、必負軍となり、又鎌倉方此川を渡りえずして引退くときは、矢矧・天龍等の固めを破られ、必ず敗軍となる事通例なり」

とあつて、此の川の軍事上の意義は、簡単明瞭に説かれてあります。さればこそ官軍は、全力を挙げて此の川を守り、その九つの瀬を固めて、攻め上る賊軍を防ぎ留めようとしたのでありました。しかし、何分にも賊軍は大勢であります。『吾妻鏡』によれば軍士すべて十九万騎、之を東海、東山、北陸の三手に分つたとありますが、『承久記』によれば其の東海道に向つたものは十万余騎、東山道五万余騎、北陸道四万余騎といひ、総計して『吾妻鏡』の記事と一致します。されば今木曽川に向つたものは、その東海東山両道の軍でありますが、此の両道よほど巧みに連絡をとつたものと見え、丁度六月五日といふに、一斉に官軍に向ふ事となつたのであります。即ち、両道を合せて其の勢正に十五万騎、官軍の一万七千にくらべて、十倍の勢であります。


かくて六月五日の夕、戦は賊軍が東山道軍の主力を以て、大井戸を攻めたのに始まり、官軍も随分よく戦ひましたけれども、何分にも衆寡敵せず、大井戸先づ敗れて自余の陣も動揺し、遂に総敗軍となつて退却しました。此の時、洲俣を守つた山田次郎重忠は、味方の落ちゆく中に雄々しくも踏み留まり、苟くも勅命を受けて賊の追討に当れるものが、甲斐々々しきいくさもせずに退いては、君の御尋ねあらんに何と

か答へ申すべきとて、杭瀬川の西に僅か九十余騎にて控へ、泰時の本陣の兵を迎へ討ち、激戦して散々に之を苦しめ、やがて静かに引上げたのでありました。

木曽川の敗報京都に至るや、後鳥羽上皇は土御門順徳両上皇を伴ひ叡山に御幸あらせられ、延暦寺の武力を以て王事に勤めん事を命じ給ひましたが、延暦寺は体よく御辞退申上げましたので、上皇はやがて京都へ還御あり、六月十二日に至り、大納言藤原忠信、前中納言源有雅、参議藤原範茂、右衛門佐藤原朝俊等の公卿殿上人、また藤原秀康、同秀澄、山田重忠、三浦胤義、大江親広、佐々木広綱、河野通信等の武士、加ふるに法印尊長等の僧侶にいたるまで、要するに官軍その数を尽くして、水尾崎、勢多、供御瀬、宇治、真木島、芋洗、淀、広瀬と、宇治川より淀川の一線に出動し、此の要害によつて賊軍を防がうとしたのでありました。その勢『増鏡』には六万とありますが、『承久兵乱記』には三万七千余騎と見え、『吾妻鏡』や『承久記』を参考すれば、三万数千といふ方が事実に近かつたであらうと思はれます。

その日、賊軍は近江の野路まで進んで居り、翌十三日野路を発し、道を分けて進撃して、官軍に対しましたが、その武将足利義氏（これは高氏の先祖で、母は北条時政の女、妻はまた泰時の女であつたと『足利系図』に見えて居ります）三浦泰村等、密に宇治に進出し、官軍と戦つて敗れましたので、賊軍の士気沮喪《そそう》して、

「我等いやしき民として、忝くも十善の帝皇に向ひ進らせ、弓を引き矢を放たんとすればこそ、兼ねて冥加も尽きぬれ」

と歎いて、敢へて進む者がなかつたと『承久記』に見えて居ります。官軍に於いては、後鳥羽上皇多年武道を御奨励遊ばされたる事前に述べた通りであり、皇子雅成親王の如きも、上皇の厳訓と称して偏に弓馬

の事を好ませ給うたと『明月記』に見えてゐるのでありますから、此の時は士気頗る旺盛、例の山田重忠を始め、将士奮戦大につとめ、一時は却つて河を渡つて進撃する勢でありましたが、十四日に至り賊軍勢をもりかへし、官軍は再び総崩れになつて了つたのでありました。しかしながら官軍の善く戦つて、両軍の死傷多数に上つた事は、『吾妻鏡』や『承久記』などに詳しく見えて居り、殊に藤原朝俊、佐々木惟綱、筑後知尚等は、宇治に於いて潔く戦死し、山田重忠、三浦胤義、佐々木経高等は自害して果てたのでありました。

かやうにして、戦は遂に官軍の敗北を以て終局したのでありました。これは然し官軍の罪ではなく、国民の大多数が賊軍に与《くみ》した為でありまして、我等の深く慚愧しなければならないところであります。国民の大多数が賊軍に与した際に於いて、大義の為に奮つて官軍に加はつた人々に対しては、深く当時の事情を察します時、まことに感謝に堪へないのであります。されば清水寺の僧侶敬月法師が、官軍に属して宇治を守つた為に、捕へられて斬られようとした時、従容として一首の歌をよみ

勅なれば身をば捨ててき武士の
　やそ宇治河の瀬には立たねど

と詠ずるや、流石に賊軍も之に感じて、遂に之を斬る能はず、その弟子の僧二人と共に放免したのでありました。

四

戦後の処分は実に苛察《かさつ》冷酷を極めます。武士僧侶は憚る所なく京都に於いて之を斬罪に処します。即ち

判官代錦織義継、蔵人多田基綱、熊野法印快実等も斬られ、また西面の武士検非違使左衛門尉後藤基清、筑後守五条有範、山城守佐々木広綱、検非違使左衛門尉大江能範等は六条河原に於いて斬られました。公卿に対しては流石に遠慮があります。之を京都より引出して、地方に於いて斬るのであります。即ち按察使光親、中納言宗行は共に駿河に於いて、宰相中将範茂は相模に於いて、また宰相中将信能は美濃に於いて斬られました。

しかも、処分はそれに止まりません。幕府は畏れ多くも上を犯し奉るのであります。是に於いて七月九日、仲恭天皇の御譲位、後堀河天皇の御受禅となり、ついで十三日後鳥羽上皇隠岐の御幸、間もなく二十一日順徳上皇佐渡の御幸、やがて閏十月十日土御門上皇土佐の御幸を拝し奉るのであります。御幸と申しましても、幕府の逆威を以て強《し》ひ奉るところである事は、申すまでもありません。

隠岐へ向つて御発輦の前、七月八日といふに後鳥羽上皇は鳥羽殿に於いて御剃髪遊ばされます。その御剃髪に先だつて肖像画の名人として知られたる藤原信実を召して、宸影を写さしめ給ひ、御かたみとして之を御母七条院に贈り給うたのでありました。やがて其の月十二日鳥羽殿を御発輦、水無瀬、明石を御通過、美作、伯耆を経て、二十七日出雲の大浜の湊に着かせ給ひ、これより御船に召され、八月五日隠岐の海士《あま》郡苅田郷に着御遊ばされました。悲しみの御幸に御供申上げた人々は、出羽前司藤原重房（『承久記』による、前田家本に弘房、『武家年代記』に清房とあり）内蔵頭藤原清範、婦人には西御方、伊賀局等、極めて少数でありました。この中清範は途中より呼び返されましたので、之に代つて施薬院使和気長成、北面の武士左衛門尉藤原能茂供奉を許され、後より追つて参上しました。

隠岐の行在所の有様は、『増鏡』に記すところ、要を得て居ります。

「このおはします所は、人はなれ里遠き島の中なり、海づらよりは少しひき入りて、山蔭にかたそへて、大きやかなる巌のそばだてるをたよりにて、松の柱に、葦ふける廊などけしきばかり、ことそぎたり。誠に柴のいほりのたゞしばしと、かりそめに見えたる御やどりなれど、さる方になまめかしく、ゆゑづきてしなさせ給へり。水無瀬殿おぼしいづるも、夢のやうになむ。はる〲と見やらるゝ海の眺望、二千里の外ものこりなき心ちする、今さらめきたり。潮風のいとこちたく吹きくるを聞しめして、

　我こそは新島守よ隠岐の海の

　　荒き浪風　心して吹け

同じ世にまた住の江の月や見む

　今日こそよそにおきの島守」

これ即ち、今日の海士郡海士村大字海士の地、諏訪湾より入る事四五町、うしろに山を負ひ、前に海を望む所でありまして、風は北海の浪を蹴つてこゝに吹き到り、こゝに到れば更に老杉古松之に激して、海といひ、山といひ、一斉に唸りを発し怒号して止まない、その荒涼たる孤島の行在所に、上皇は寂しく永の月日を送らせ給うたのであります。而して右の「同じ世にまた住の江の月や見む」の御製に拝察し奉る如く、再び京都に御還幸遊ばれる日を、御心待ちに待ち給うたのでありましたが、幕府は何としても御迎へ申上げず、そのまゝ幾年も幾年も過ぎていつたのでありました。その間に詠みいで給うた御製『後鳥羽院遠島御百首』として伝はりますもの、中より、幾首かを左に抄出します。

春

墨染の袖の氷に春たちて
　ありしにもあらぬながめをぞする
百千鳥囀る空はかはらねど
　我身の春はあらたまりぬる
詠むれば月やは有りし月ならぬ
　うき身ぞ本の春にかはれる
物思ふにすぐる月日はしらねども
　春や暮れぬる岸の山吹

夏

けふとてや大宮人のかへつらん
　むかしがたりの夏衣かな
今はとてそむきはてぬる世の中に
　何とかたらん山ほとゝぎす
みの憂きはとぶべき人もとはぬ世に

哀に来鳴く　時鳥哉
あはれにもほのかにたゝく水鶏かな
老のねざめの　暁の空

秋

よのつねの草葉の露にしをれつゝ
もの思ふ秋と誰かいふらん
いたづらに秋の日数はうつりきて
いとゞ都はとほざかりつゝ
おもひやれいとゞ涙もふる里の
あれたる庭の萩の白露
よもすがらなくや浅茅のきりぐ〵す
はかなく暮るゝ秋を恨みて

冬

見し世にもあらぬ袂をあはれとや
おのれしをれてとふ時雨かな

十五、後鳥羽天皇を偲び奉る

おのづから問ひがほなりし荻の葉も
　かれ〴〵に吹く風のはげしさ
あをむとて恨みし山の程もなく
　また霜枯の風おろすなり
ふゆごもり淋しさ思ふ朝な〳〵
　つまぎの道をうづむ白雪

雑

なまじひにいければうれし露の命
　あらば逢ふ瀬を待つとなけれど
問はるゝもうれしくもなし此海を
　渡らぬ人の　なけの情は
とにかくに人の心も見えはてぬ
　うきや野守のかゞみなるらん
限あれば萱が軒端の月もみつ
　しらぬは人の行末の空

かくて孤島の御幽居、春風秋雨十九年、延応元年（一二三九）二月二十二日に至つて、遂に崩御遊ばされました。時に宝算六十歳。逆算すれば承久三年には、御年四十二歳におはしましたのであります。北条氏逆威をほしいまゝにし、天下只功利に就いて之に屈服して居りました時に、敢然之を討伐して道義の尊厳を世に示し、皇国日本の正しい姿を顕はさうとの御志も遂に空しく、北海の怒濤に安き御寝もならせられず、御憂愁の月日を送らせ給ふ事十九年にして、後鳥羽上皇は崩御遊ばされたのであります。

五

後鳥羽上皇崩御の後、その御ゆかりの地、摂津水無瀬《みなせ》に御影堂が立てられ、上皇を御祀り申上げる事となりました。水無瀬は今の大阪府三島郡島本村であります。此の地は山城の乙訓郡山崎と隣接して居ります。山崎といへば其の地勢大抵想像されるでありませうが、一方に天王山、一方に男山、山々南北より相迫るところ、淀の大河之を衝いて西に流れて居るのでありますが、山河の此の形勢は、山崎をして自ら京都の咽喉たらしめ、山陽西海南海三道に往返する者、此の路に遵はざるはなしと古記に述べて居りますやうに、昔より交通の要衝となつて居り、而して一旦兵乱に及べば、此の地は必ず敵味方争奪の目標となつたのであります。たとへば羽柴秀吉、明智光秀を討つに当つては、光秀先づ山崎を扼して之が防がんとし、而して秀吉は之を衝いて進まんとし、両軍此の地に於いて火花を散らして戦つたのでありました。かやうに交通の要衝であり、軍事の基地であるばかりでなく、山河相依つて、自然の美を発揮し、山崎は古来景勝を以て謳はれたのであります。されば、古くは河陽の離宮も此の地に設けられたのでありました。従つてそれに隣接せる水無瀬も古くより著れ、寛平の菊合《きくあわせ》には最初に山城皆瀬の菊が歌はれ、（皆瀬は即ち水

無瀬であります）『伊勢物語』には、惟喬親王の御殿水無瀬に在り、在原業平宮の御供してこゝに遊び、有名なる、

世の中に絶えて桜のなかりせば
　春の心はのどけからまし

といふ歌をよんだ事が見えて居ります。後鳥羽天皇は此の地の風景を深く愛し給ひ、こゝに離宮を建て、しばしば行幸遊ばされました。『増鏡』にも、

「猶又、水無瀬といふ所にえもいはずおもしろき院づくりして、しば〲通ひおはしましつゝ、春秋の花紅葉につけても、御心ゆくかぎり、世をひゞかして、あそびをのみぞしたまふ。所がらも、はるばると川にのぞめる眺望、いとおもしろくなむ。元久の頃、詩に歌をあはせられしにも、とりわきてこそは、

見わたせば山もとかすむみなせ川
　ゆふべは秋となに思ひけむ

かやぶきの廊、渡殿など、はる〲と、艶にをかしうせさせ給へり。御前の山より、滝おとされたる石のたゝずまひ、苔深きみ山木に、枝さしかはしたる庭の小松も、げに〲千世をこめたる霞の洞なり」

と見えて居ります。されば隠岐御遷幸の際にも、途中この地を過ぎさせ給ひて、御感慨一層であらせられたのであり、また隠岐へ移らせ給うて後は、水無瀬殿の荒廃を憂へさせ給ひ、

水無瀬山わがふるさとは荒れぬらむ

まがきは野らと人もかよはで

と歌はせ給うたのでありました。

それ故に隠岐御遷幸の後は、此の御殿は水無瀬信成、親成父子が、勅を承つて之を守り奉り、御還幸の日を御待ち申上げて居つたのでありました。水無瀬家は藤原氏北家、道隆の流であつて、後鳥羽天皇の御生母七条院の御里方に当ります。その七条院の兄内大臣信清の子、権大納言忠信は、承久討幕の御企に参画して、事敗れたる後越後に流されましたが、其の子が即ち参議信成であります。尤も実際は一族親兼の子でありましたが、後鳥羽天皇の勅によつて、忠信の養嗣子となり、水無瀬一流の嫡家となつたのでありました。

さて延応元年二月九日、後鳥羽上皇崩御の前十四日に当り、特に御手印の御置文を信成、親成父子に賜ひ、御所労の次第に重りて、いよ〳〵御最期の近づきしを告げ給ひ、多年の忠節を嘉賞し給はんとして、しかも万事叡慮のまゝならず、やむなくたゞ水無瀬井内両所を賜はる間、長く此の地を領して天皇を祀り奉るべしと仰せ下されたのでありました。而してやがて崩御遊ばされるや、御遺骨は能茂之を首に懸け奉り、京都へ御供申上げ、大原に葬り奉つたのでありました。能茂は即ち前の北面の武士左衛門尉能茂、今は入道して西蓮法師、十九年の隠岐の御幽居に、終始御側近く御仕へ申上げた人であります。

是に於いて信成、親成父子は、水無瀬の御所のうちに御影堂を設け、ここに天皇の御影を掲げ奉つて、御祭り申上げました。御影は先きに承久の役の直後、藤原信実を召して描かしめ給ひ、御母七条院に贈り給うた一幅の外に、隠岐御在島の砌、御みづから鏡をとつて写さしめ給うた法体の御像一幅、併せて二幅あり、それに前に述べました御手印の御置文を御一緒に神殿に納めて祭り奉つたのであります。その御祭の儀式を見ますに、殆んど御在世の君に仕へ奉るが如き感じであります。たとへば其の御供物の如き、三月三日には赤飯の外に桃の花と菱餅とを捧げ、五月五日には黄白の強飯の外に菖蒲と粽とを奉り、秋には瓜に茄子、また栗を供へ奉るといふ風でありました。水無瀬家がかくの如き真情至誠を以て謹んで奉斎し、親より子に伝へ、孫より曾孫に至り、時移り代替るといへども、一意専心後鳥羽天皇に御仕へ申上げ、代々奉仕して七百年の長きに亙り、以て今日に至つたといふ事は、まことに尊く有難い事と申さねばなりません。

然るに天皇崩御の後約百年、その御精神を受け伝へ給うて、後醍醐天皇は遂に北条氏を討ち亡ぼし、幕府を覆して王政を古に復し給うたのであります。後鳥羽天皇が天がけりて之を御満悦遊ばされました事、拝察に余りある所であります。されば軈《やが》て正平年中、後村上天皇は宸筆の御願文を水無瀬の御影堂に納め、御影堂を造替して荘厳なる神宮とし、慇懃の報賽を致し奉らんとの叡慮を述べ給うたのでありました。然しながら南風競はず、天下再び逆賊の跳梁する所となつて、此の御願は遂に之を果し給ふ事が出来なかつたのであります。

やがて明応三年（一四九四）に至り、後土御門天皇は、天下の擾乱静謐の御願の為に、水無瀬神と申す神号を贈らせ給ひました。明応といへば丁度応仁文明の大乱の直後でありまして、万民私利を競ひ、四海の動乱いつ果つべしとも見えなかつた時でありまして、その為に宸襟を安んじ給はず、かやうに御祈願のありました御事は、まことに恐懼に堪へない所であります。

さても後鳥羽天皇の御志は、一旦後醍醐天皇の建武の中興によつて成し遂げられたやうに見えながら、しかも惜しいかな足利の出現によつて再び敗れましたが、六百年の後明治天皇の維新の大業によつて見事果されました。明治維新の原動力が建武の中興に在る事は、天下の周《あまね》く知る所であります。しかるに建武の中興は、承久の御企をその先蹤とするのであります。従つて明治維新の原動力としては、承久の御企が強く働いて居る事を知らなければならないのであります。さればこそ愈々維新の大業が成就いたしまするや、明治天皇は勅を下し給ひ、水無瀬宮を以て官幣社に列し給ひ、後鳥羽天皇の外に、土御門順徳両天皇を合せ祀り給うたのであります。時に明治六年（一八七三）でありました。

其の後御神徳愈々輝き、今年丁度その七百年の大祭を前にして、去る三月一日特に神宮の嘉号を贈り給ひ、官幣大社に列せらるゝ旨仰出されました事は、まことに畏《かしこ》き極みであります。

（『後鳥羽天皇を偲び奉る』昭和十四年三月、水無瀬神宮社務所）

十六、順徳天皇を仰ぎ奉る

一

順徳天皇は御諱は守成と仰せられ、後鳥羽天皇の第二皇子であらせられました。御母は修明門院、贈左大臣藤原範季卿の御女であります。建久八年（一一九七）九月十日の御誕生であります。建久八年といひますと、丁度源頼朝征夷大将軍として、非常の権勢をもつて居りました時分であります。やがて正治元年（一一九九）十二月、御年三歳にして親王宣下あり、翌年四月御兄帝土御門天皇の皇太弟に立てられ、承元二年（一二〇八）十二月御元服、同四年十一月二十五日御受禅、十二月八日御即位の式を挙げさせ給うたのであります。時に御年十四歳であらせられました。あくれば承元五年、建暦と改元し給ひ、それが二年つゞきまして、その三年が建保と改元、六年つゞきまして七年が承久と改元、三年つゞきましたが、承久三年（一二二一）四月二十日、二十五歳にして御位を皇太子（即ち仲恭天皇）に御譲り遊ばされました。

天皇は『増鏡』に「少しかどめいて、あざやかにぞおはしましける、御ざえも、やまともろこしかねて、いとやむごとなくものし給ふ」とありますやうに、御学問は和漢に通じて、才気に富ませ給うたのであります。されば万機をしろしめす間にも、親しく宸筆を染めさせ給ひ、数々の御著書をのこし給うたのでありました。

其の数多き勅撰の書物の中で、最も重要なものは、『禁秘御抄』であります。これは本によりまして、或は二巻とし、或は三巻となつて居ります。群書類従本は二巻になつて居りますが、曾て和田英松博士もいはれましたやうに、篇目の順序から考へます時は、二巻の方が正しいと思はれます。即ち其の上巻には、

賢所　大刀契　宝剣神璽　玄上　鈴鹿　竈神　中殿　南殿　草木　毎日恒例　毎月事　御膳　御服

神事　仏事　可遠凡賤事　諸芸能事　御書事　御使事

より、やがて、

近習　御持僧　侍読　殿上人　蔵人　雑色　所衆　滝口

等の事を、また其の下巻には、

詔書　同覆奏　勅書　宣命　論奏　表　勅答　改元　廃朝　天文　密奏　焼亡奏　薨奏　配流　召返

流人　解官　除籍　勅勘　召人　怠状

等の事を収めさせ給うたのであります。かやうに内容の項目を列挙すれば、自然明瞭でありますやうに、本書は宮中の作法を記し、故実を述べさせ給うたものであります。其の諸芸能の事の条に、

「第一御学問也。学ばざれば則ち古道を明かにせず、而して政を能くし、太平を致す者は、未だこれあらざるなり」(原漢文)

云々と天皇の必ず学問を究め、古道を明かにし給うべきを説かせ給ひ、曾て後三条天皇、白河天皇の、す

ぐれたる有識におはしました事を述べて「必ず必ず之を学ぶべきなり」と誡め給うたのでありますが、かやうに御誡めになりますだけあつて、天皇の御学問は頗る深く、古今の典籍に通暁ましましたのでありまして、本書に御引用遊ばされて居る書物だけでも、

『寛平御記』『延喜御記』『天暦御記』『応和御記』『康保御記』『寛平遺誡』『寛平小式』『延喜式』『宗忠公記』『匡房記』『清少納言記』『宇治左大臣記』『貞観政要』

等、十数種に上つて居ります。而して、それは単に御学問広博に亙らせ給うたといふのみでなく、子細に古来の沿革を辿つて其の本義を明かにすると共に、当時の作法を御批判遊ばされたものでありまして、極めて厳密なる御研究の上に立たせ給ふものであり、高邁なる御識見が随所に拝察せられるのであります。

『禁秘御抄』御撰述の年代に就きましては、同書に序跋の御明記なく、従来学者の推定する所、区々に分れて居りましたが、和田英松博士は、綿密なる考証の結果、建保六年（一二一八）稿を起し給ひ、承久三年四、五月頃に完成し給うたものと推定せられました。此の説は信用してよろしいと思ひますが、果してさうであるとしますならば、天皇御年二十二にして筆を執らせ給ひ、二十五の御時に、御完成になりましたものでありまして、かやうに御年若くあらせられながら、これ程までに広博にして深遠なる御学問を拝するといふ事は、只々感激の外はないのであります。

次に有名なものは、『八雲御抄』であります。これは天皇の御歌論を述べさせ給うたものであります。前の『禁秘御抄』にも、

「和歌は光孝天皇より未だ絶えず。綺語たりといへども、我が国の習俗なり。（中略）棄置く可からざ

る事か」

と仰せられましたやうに、天皇は頗る和歌を重んじ給ひ、歌道を正しく興隆せんが為に、此の『八雲御抄』を著し給うたのであります。而してそれは、第一巻正義部、第二巻作法部、第三巻枝葉部、第四巻言語部、第五巻名所部、第六巻用意部の六巻に分れ、従前の歌学を集めて大成し、之を組織的に説明して穏健にして順正なる和歌を鼓吹し給うたのであります。その御序文を拝見しますと、

「夫れ和歌は、八雲の古風より起りて、文武聖武の皇朝に広まれり、言の泉流れ遠く、詞の林道鮮なり、其れよりこのかた、貴賤之を翫び、道俗之に携はる、然れども素雪丹鳥の窓を学ばず、恣に三十一字の句を詠ず、玉淵を窺ふなくんば、争《いかで》か驪龍の勢を知らん、上邦を視ずんば、誰か英雄の詞を詠ぜん、このゆゑに代々の記文に依り、家々の髄脳に付き、聊か一篇を抄す、先達の口伝、故人の教誡、顧問に足るべしと雖も、部類広からざるに依りて、遺漏誠に多し、（中略）六義の披錦に非ずと雖も、只一身の鑒鏡の為なり、録して六巻と為し、名づけて八雲抄といふ、常に綺席の側に置き、廃亡に備ふべきのみ」（原漢文）

と仰せられ、更に本文に於いて稽古の要を説いて、

「凡歌の子細をふかくしらむには、万葉集にすぎたる物あるべからず、歌の様をひろく心えむためには、古今第一也、詞につきて不審をもひらくかたには、源氏物語にすぎたるはなし、其道をふかくして、むなしき事なし」

「心を先とすといふは、余りに詞をやさしからむとする程に、つやつや心なき歌ども、近代多くよむ也、

この頃の歌の難これなり、中ごろの歌のわろしといふは、心をさきとして、詞をかざらざる故也、上古の歌のいみじきといふは、両方をかねたるゆゑなり」

「けいことといふは、天竺震旦のことを見るにもあらず、たゞ古き歌の心をよくよく見るべし、才学といふに、万葉集古今よりほか出づる事なし、歌の体をしらむ事、代々集中にあり、ただ心をしづかにして、よくよく詠吟せよ」

などと誡められてあります。天竺震旦は即ち印度支那でありますが、稽古といふは、かゝる外国の研究に耽る事でなくして、実に皇国の古道を明かにするにありとし、くりかへしくりかへし学問を御奨励遊ばされましたのは、まことに有難い事であります。その御撰述の年代に就きましては、和田博士は承久の変以前に御起稿遊ばされ、変後に御加筆御完成遊ばされたものと推定せられました。『増鏡』には「朝夕の御いとなみは、和歌の道にてぞ侍りける、末の世に、八雲などいふもの作らせたまへるも、この御門の事なり」といひ、『尺素往来』にも、歌を学ばんとする者は、方々の能書を相語らひ、八雲御抄等を書写せしむべき事を説いて居りますが、それによりましても、本書が古来如何に重んぜられて来たかを察する事が出来ませう。

次には『順徳院御集』、これは御製を集められたものでありまして、一名を『紫禁和歌草』といひます。寛文六年（一六六六）の刊本は、上中下の三冊に分れて居ります。其の内容は、御詠出の年次を追うて集録せられたものでありまして、建暦元年（一二一一）より承久二年に及び、丁度御在位の約十年間の御製が収めてあります。下巻の末に近く、禁中といふ題で、

かぞふれば　十年の秋は　なれにけり
　さやかに　照らせ　雲の上の月

とありますのは、丁度御在位十年に及ばせ給うた頃の御感懐を詠じさせ給うたのであります。今、其の中より数首を抜いて左に掲げませう。

夏

この比は淀のわたりのあやめ草
　末こす浪に　かる人もなし

春夕

都人かへる山路は　迷ふらん
　霞ふきとけ岑の　松風

秋

月みても秋の哀はある物を
　しつ心なく　うつ衣かな

朝落葉

吹しをる四方の紅葉の散はて丶
　おのれもよわる今朝の凩《こがらし》

深山春

十六、順徳天皇を仰ぎ奉る

おく山の岩根の桜いたづらに
　人もをしまぬ花や散るらん
　　　帝王
大かたにひかりある人の朝夕に
　つかふる道は　猶もつきせじ
此の外にも猶数篇の御著述がありますが、こゝには最も主要なるものとして、以上の三部を挙げました。

二

さても順徳天皇の御生誕は、建久八年の九月十日でありましたが、其の頃は我が国の歴史に於いて、極めて重大なる転回期でありました。それは文治元年（一一八五）十一月に、源頼朝奏請して諸国に守護地頭を置き、建久元年十一月には、頼朝右大将に任ぜられ、やがて建久三年七月には征夷大将軍に補せられ、こゝに鎌倉幕府はほしいまゝに政権を掌握するに至つたからであります。それは鎌倉方より云へば、所謂「天下草創の時」であり「もとより意にかけ」たる本望の成就であつて、非常な喜でありましたが、幕府の隆盛は同時に朝廷の御衰微に外ならなかつたのであります。それ故に『神皇正統記』は「王家の権はいよいよ衰へて」、「其より天下の事、東方のまゝに成りにき」といひ、『増鏡』も「この日本国の衰ふるはじめは、これよりなるべし」と歎いたのでありました。

かやうに政治の実権は既に鎌倉に帰したとはいへ、頼朝は猶頗る朝廷を重んじ、その部下に対して厳に驕傲不遜を戒めるところがありました。曾て尾張の国の住人玉井四郎助重なるもの、違勅の科を犯した時に、頼朝之を叱責して「綸命に違背するの上は、日域に住すべからず」といひました如きは、以て其の精神を察すべきであります。しかるに其の頼朝は、征夷大将軍に任ぜられて後七年、正治元年（一一九九）正月十三日、五十三歳にして薨じ、あとは長子頼家、次子実朝、相ついで家を継ぎましたが、其の家を継ぎました時、頼家は十八歳、実朝に至つては僅に十二歳の少年でありました為に、実権を外戚の北条氏に奪はれて了ひましたのは、まことにやむを得ざる勢でありました。北条は陰険にして悪辣、眼中只自家権勢の伸張あるのみであつて、もとより国体を弁《わきま》へず、少しも名分を知らざるもの、是に至つて建久以来の朝廷の御衰微は、今や更に歩を進めて、皇国の道義全く地に墜ちんとするに至りました。

かねてより、此の情勢を深く御憂慮あらせられました後鳥羽上皇は、到底之を座視し給ふ能はず、こゝに王政復古の大計をめぐらし給ふに至りました。其の御計画の何時に始まりましたかは、もとより秘中の秘でありまして、容易に之を審にする事は出来ませんけれども、承元元年の頃には、着々として其の御準備の進んで居つた事が察知せられます。それは幕府調伏を目的とする白河の最勝四天王院が承元元年に建てられました事、また後に官軍の惣大将として討幕の大事に当つた能登守藤原秀康が、承元元年上皇の高野御幸に御供申上げて、常人に異なる御信頼を辱うしてゐる事、さては又北面の武士の外に西面の武士が、承元元年には既に置かれてあつた事等によつて、之を推察し得るのであります。

かやうに後鳥羽上皇が、慨然として王政復古の大計画を立て給ひ、おそくとも承元元年には、其の御準備が既に着々として進められてゐたのであつて見ますれば、其の御子にして殊に御父上皇を深く御尊敬遊ばされ、且才学に秀で気力に富ませ給ふ順徳天皇にして、此の大事と無関係にましまし、之を傍観し給ふといふ事は、考へられざる所であります。天皇が御父上皇を深く御尊敬遊ばされました事は、『禁秘御抄』のうち御書事の条に、

「天子の御書には、惣じて御名を書きたまはず、父王と雖も、恐々の字を書きたまはず、但し予仙院をかしこむこと、先代に超えたり、仍つて間々恐々謹言と書す、或は又只謹言なり、普通は只候也など書き給ふ也」

とあるによつて拝察せられます。此の文の意味は、天皇は御宸筆の御書翰に御名を書き給はざるを普通の例とし、御父上皇に対しても、恐々等の文字を用ゐさせ給はぬのが通例であるが、順徳天皇は御父後鳥羽上皇を尊び給ふ事尋常でない故に、普通の例を破つて恐々謹言又は謹言と書き給ふ事も間々あつたと仰せられるのであります。して見れば、かやうに深く尊敬し給ふ御父上皇の、心血を濺《そそ》がせ給ふ皇国の大事に対して、無関心に傍観あらせられる筈はないのであります。

しからば順徳天皇が、御父上皇と御一緒に、王政復古皇国中興の為に御宸念を凝らし給うた証拠はどこにあるかと申しますに、第一は御製に、第二は『禁秘御抄』に、之を拝察し奉る事が出来るのであります。

先づ御製と申しますのは、『順徳院御集』に載せてあります御述懐の数首であります。即ち建保元年に、

つま木とる杣山人の栞して
　道ある程の　行末もがな

建保二年に、

おく山の柴のした草おのづから
　道ある世にもあはんとすらん
百千鳥鳴くなる春はいにしへに
　あらたまるとも猶やふりなん
日を経ても猶やたのまん月読の
　かはらぬ影にすまん限りは
いかならん明日に心を慰めて
　きのふも今日も過すころかな
さのみやはあるにまかせる世なりとも
　思ひさためぬ身の行衛かな

是等の御製は、之を素直に解し奉る時は、皇国中興の大事に御苦心遊ばされました御宸念の御現れと拝察せられるのであります。殊に第一、第二の両首に於きましては、後鳥羽上皇の彼の有名なる御製、

おく山のおどろの下もふみわけて
　道ある世ぞと　人にしらせむ

を連想せずには、居られないのであります。歌詞を較べ、歌意を推します時、この間には必ず一脈相通ずるもの丶ある事を、拝察し奉るのであります。後鳥羽上皇の此の「奥山の」の御製は、『後鳥羽院御集』によります時は、承元二年三月住吉の御歌合によませ給うたものであり、それは今や北条の跳梁によつて、

皇国の正しき道は失はれ、人の心は荒廃して、たとへば奥山にいばら生ひ茂つて、踏むべき道さへ分らぬ乱雑さに似てゐるが、こゝに大改革を断行して、いばらを切り棄てゝ道を明かにし、ひろく国民に道義の尊厳を知らしめ、日本の国体を明かにしようとの御叡慮と拝察せられますが、その承元二年には、まだ十二歳にましまし、漸くその年の暮に御元服遊ばされました順徳天皇は、当時未だ唱和し給ふに至らず、それより五、六年の後、建保元年二年の頃に及び、御父上皇の御計画を御承知あつて御感に堪へ給はず、その深き御感慨を、是等御述懐の御製に託し給うたものと拝察せられるのであります。建保元年二年と申しますと天皇は宝算十七、八歳であらせられました。

第二に『禁秘御抄』によつて拝察し得ると申しましたのは、同書がいたるところに於いて古今を比較し、近代の乱雑をなげかれまして、古代の純正にかへるべき事を強調して居られる点であります。たとへて申しますならば、

（一）　清涼殿の日記御厨子に就いて、

「近代は二代の御記を納れず、（中略）不可説の次第なり」

（二）　朝餉の間の障子に就いて、

「近代は馬を引く絵なり、是れ僻事なり」

（三）　同じく御調度に就いて、

「凡そ御調度等、近代蛮絵白を蒔き、又は白薄を以て蛮絵に押す、是れ其の謂《いわれ》なし」

（四）　毎月の事の条に、七瀬の御祓の人形に就いて、

「近代は台盤の上に於いて之を着す、尤も謂なし」

（五）殿上人の事の条に、

「花族を好むの輩、弓場殿より参るか、渡殿下侍に居らず、是れ近日の事なり、中古も比類ありといへども、近代の様上古に似ず、台盤に着かず、着けば又人之を咲《わら》ふ、不可説の様なり」

（六）小舎人の条に、

「近代は花族を好み、動《やや》もすれば無礼を存す、尤も然るべからず」

（七）采女の条に、

「陪膳の采女、尤も然るべき事なり、近代漸く零落極りなし、尤も沙汰あるべき事なり」

（八）女孺の条に、

「近代は衣を着けず、只小袖に唐衣なり、（中略）是れ蔵人等の如在不当の故なり、御所中の掃除指油等の役は、女孺の知る所なり、近代の様、不可説にして、動もすれば禁中の礼を失ふ、（中略）尤も止むべし」

とある如き、それであります。もとより之は便宜その数条を例示したに過ぎないのでありまして、同様の御趣旨は、『禁秘御抄』のいたる所にうかゞふ事が出来るのであります。即ちその点より申しますならば、『禁秘御抄』こそは、近代の乱雑を粛正して、古代の純正に復帰せしめむ為の指針として、御撰述遊ばされたものと申してよろしいのであります。しからばその近代とはいつよりの事かと申しますに、同書に之を明示せられました所が、幾個所かあります。即ち、

（一）　御装束の事の条に、

「常着の御練《おねり》、白き二つ衣、赤き生の袴なり、しかるに近代は小袖に赤き大口を用ふ、建久以後の事なり、又同じ頃より直衣《のうし》を引上げて只人の如くして大口を着す、例と為す可からざるか、小袖は又無文なり、綾を用ふること憚なしと雖も、建久以後、時々此の如し、止むべき事なり」

（二）　凡賤を遠ざくべき事の条に、

「建久以後、弘席を敷いて、蹴鞠の興あり、是れ後悔の其の一なり」

また

「近代は建久以後　御小袖に赤の大口、常の御貌なり、誠に長き袴に二つ衣も相応せざるか」

（三）　焼亡の奏の条に、

「近代絶え畢んぬ、建久已後、此の奏なし」

とあるもの、是でありまして、之によります時は、『禁秘御抄』に近代と仰せられて居りますのは、大体に於いて建久以後を御指し遊ばされたものと解し奉つて差支ないと思ひます。建久は前に述べましたやうに、政権幕府に移り、朝廷漸く衰へられました時、『増鏡』の所謂「日本国の衰ふるはじめ」の時であつたのであります。しからば今、順徳天皇が、近代即ち建久以後の乱雑を粛正せんとせらるゝは、ひとり朝廷の御儀式御作法の上のみの事でなく、やがて幕府政治への御批判、それを倒して政権を回復し、皇国日本をその正しき姿にかへさうと欲し給ふ所の大理想のあるあつて、その一端を『禁秘御抄』に洩らし給うたものと拝察すべきではありませんか。

是に於いて想起せられますのは、天皇が内々に伊勢大神宮へ献じ給うた御製の事であります。『禁秘御抄』の開巻劈頭には、先づ賢所の事を揚げられまして、

「凡そ禁中の作法は、神事を先きにし、他事を後にす、旦暮敬神の叡慮、懈怠《けたい》なし、あからさまにも、神宮並内侍所の方を以て、御跡としたまはず、万の物、出で来るに随つて、必ず先づ台盤所の棚に置き、女官を召して奉らる、或は内侍の如き、参りて之を奉る」

と御説き遊ばされてありますが、かやうに敬神の御叡慮深き天皇が、建保六年の四月に、極秘の御製を神宮へ奉納遊ばされました事は、『順徳院御集』の下巻に見えて居ります。

「同（建保六年）四月一日、内々参議定高朝臣を以て、伊勢へ物を進むるのついでに、十五首の和歌を詠じて、之を進め、宝前に於いて焼くの由、仰せ了んぬ、仍つて之を注さず」

大神宮の神前に於いて焼かれたる御製が、いかなるものであつたかは、知る由もないのでありますが、前に述べました所より推しまして、王政復古の御祈、皇国再興の御願であつた事は、之を拝察し奉つて大過ないかと思はれます。

三

従来普通に承久討幕の御企を以て、承久元年三月、後鳥羽上皇より一婦人の所領摂津国長江倉橋両庄の地頭職を停止すべき旨、幕府に対して院宣を下されたに拘らず、幕府之に随ひ奉らなかつた為に、こゝに逆鱗ましまして急に兵を徴されるに至つたと伝へて居りますのは、此の聖戦の意義を没却して、自家の立

場を有利にせんとする北条氏の宣伝であつて、実際は決してさやうな簡単なものでなく、皇国の道義再興の大理想の下に、十数年以前より、即ちおそくとも承元元年より、周密に計画をめぐらされたものであります事は、先年来種々の機会に明かにして参つたところであります。

之に就きまして、昭和十四年の春、謹述しました『後鳥羽天皇を偲び奉る』の中に、長江倉橋両庄の為に幕府に対して院宣を下された年月を、承久三年三月と記しましたのは、承久元年三月の誤でございました。当時深き感激の余りに筆を馳せまして、図らずも粗忽の誤を生じ気づかずに過ぎました事、まことに恐縮に堪へません。遅引且つ所を得ませんが、こゝに謹んで訂正いたします。

承久三年より十四年前の承元元年には、殿上人及び北面西面の武士を集めて、笠懸の勝負を競はしめ給ひ、また承久三年より九年前の建暦二年には、年来学問を好ませ給ひ、文才の御誉高くおはしました皇子雅成親王に対して、専ら武道を励むべき事を厳訓し給ひ、よつて親王は弓馬水練等に専念し給ひ、(『明月記』)かゝる武道の御奨励はやがて『増鏡』の記者をして「あけくれ弓矢兵仗のいとなみより外の事なし」とさへ歎ぜしめられましたのは、すべて時を得て雷霆の威を発し、北条氏に対して痛撃を加へんとの叡慮より出でました事は、今更申すまでもありません。而して待ちに待たれたる其の機会は、承久三年五月中旬、遂に到来したのであります。

承久三年五月十四日、かねて幕府に通謀して皇謨《こうぼ》を妨ぐる西園寺公経及び其の子実氏を拘禁し、翌十五日官軍をして義時の縁者にして京都の守護なる伊賀光季を誅戮せしめ、直ちに宣旨を下して諸国勤王の兵を徴し、北条義時を追討せしめられました。その宣旨には「近ごろ関東の成敗と称して、天下の政務を乱る、わづかに将軍の名を帯ぶと雖も、猶以て幼稚の齢に在り、然る間、彼の義時朝臣、偏に言詞を教命に仮り、恣に裁断を都鄙に致す、あまつさへ己の威をかゞやかして、皇憲を忘れたるが如し、之を政道に論ずれば謀反といふべし、早く五畿七道諸国に下知して、彼の朝臣を追討せしむ」云々とありました。

これが鎌倉へ知れましたのは、四日の後でありました。即ち五月十九日の午後、西園寺家及び伊賀光季の発遣しました飛脚、相前後して鎌倉に到着します。鎌倉につめて居りました武士は、一時周章狼狽して大混乱を来しましたが、是の時、頼朝の未亡人にして義時の姉に当る政子は、之を集めて述懐し、頼朝の恩義を強調しましたところ、学問浅く思慮薄く、国体の本義をわきまへざる悲しさは、政子の雄弁に籠絡せられて、集まるところの武士いづれも幕府の為に粉骨砕身する事を誓ふに至りました。しかしながら幕府の軍議は、猶退守に存し、足柄箱根を切りふさいで、官軍の進攻を防がうといふ態度でありましたが、大江広元は之に反対し、直ちに進んで京都を侵し奉るべしと主張しましたので、こゝに賊軍は積極的に京に攻め上るに至りました。

さても賊軍は東海、東山、北陸の三手に分れ、三道相並んで惣勢十九万、雲霞の如くに野を蓋ひ、洪水に似て道に溢れ、競うて西上を急ぎます。官軍と賊軍との手合の最初は、越後の加地庄願文山の戦でありましたが、不幸にして官軍の敗戦となりました。

加地庄といひますのは、『和名抄』の沼垂郡、賀地郷、今の北蒲原郡の加治村に当ります。願文山の名は後世に伝はりませんが、金山村の宝塔山の事であらうといはれてゐます。然らば新発田の近くであつて、新潟よりも北に当り、賊軍京を侵す通路といふわけではありませんが、是は官軍水無瀬信成の家人深匂八郎家賢、六十余人の兵を以て此の山に立籠りましたのを、佐々木兵衛太郎信実、加地に住して加地入道と呼ばれてゐたのが、賊軍に応じて上洛しようとして、先づ此の願文山の官軍を討つたのであり、主力の合戦ではありません。只之によつて知られます事は、かやうの所にまで官軍の手の延びて居ります事、即ち官軍の計画が極めて周密であつて、決して突発でないといふ事であります。

願文山の戦は問題ではありませんが、重大なるは尾張川の戦であります。尾張川は即ち木曽川であります。官軍はこゝを防禦の第一線として、藤原秀康、大内惟信、筑後有長、佐々木広綱、三浦胤義、山田重忠等の諸将を、大井戸、鵜沼、板橋、池瀬、摩免戸、食、稗島、洲俣、市脇等に配置して、その勢凡そ一万七千五百余騎「勅命のかたじけなき、弓矢の名を重くして、思切りて」賊を待受けました。しかるに賊軍は六月五日といふに、東海、東山両道の軍、日を同じうして此の川に迫りました。東海道は十万、東山道は五万、合せて十五万の大軍であります。官軍心は逸《はや》れども、十分の一の小勢であつて見れば、之を防ぐ事容易ならず、遂に此の地を放棄して、第二線に退くに至りました。官軍の中に於いて名を惜しむ武士、山田次郎重忠及び鏡右衛門尉久綱の、壮烈なる合戦は、此の時の事でありました。

第二線は勢多より宇治、芋洗、淀と陣を張り官軍すべて三万には上りませう、死を決して之を守り、諸士よく戦ひましたが、六月十四日の夜に及んで官軍敗れて京都にかへり、十五日賊軍なだれをうつて入京するに及び、事は遂に定まつたのであります。それよりは賊軍の大将北条泰時、戦勝の余威を以て、忠義の人々の捜索捕縛につとめ、成敗苛察を極めました。

四

勝ち誇る賊軍は、ほしいまゝに官軍忠義の将士を成敗すると共に、更に進んで後鳥羽上皇を隠岐に、順徳上皇を佐渡に御遷し申上げ、六条宮雅成親王は但馬へ、冷泉宮頼仁親王は備前へ御遷し申上げました。土御門上皇は之を御覧じて御みづから安んじ給はず、先づ土佐へ御遷りになり、ついで阿波へ御わたりになりました。

順徳上皇の京都御発輦は、承久三年七月二十一日でありました。前日に岡崎亭へ渡御あらせられ、二十一日を以ていよ〳〵遠く北海を指して御遷幸遊ばされたのであります。時に上皇御年二十五歳であらせられました。

さても此の悲しき御旅に御供申上げた人々は誰々でありましたらうか。最初予定せられましたのは、

冷泉中将為家朝臣
花山院少将能氏
甲斐左兵衛佐範経
藤左衛門大夫康光
女房二三人

等でありました。このうち冷泉中将為家といひますのは、有名な歌人定家の子でありまして、家学を受けて歌道に名を得、後に勅命によつて『続後撰集』及び『続古今集』を撰んだ人でありますが、承久三年に

は二十四歳でありました。年齢に於いて上皇と僅一年しか隔たらず、和歌の道に堪能でありました所から、平素、上皇の御寵遇を辱うし、近習として親しく御側に御仕へ申し上げてゐた事は、『禁秘御抄』に見えて居ります。従つて今、上皇の佐渡御遷幸に御供申上げるのは、当然の事と思はれましたのに、さていよいよ御発輦の時にはどうであつたかと申しますと、『承久記』には、

「一まどの御送りをも申されず」

と見え、『承久兵乱記』には、

「一あゆみの御をくりをもしたまはず」

とあります。ひとまどのといひますのは、一応のといふ意味であります。して見れば、此の人は多年近習として御仕へ申上げた上皇の悲しき御旅立ちに、御供はおろか、御見送りさへし奉らなかつたのであります。

次に花山院少将能氏、この人は官軍の参謀長ともいふべき尊長法印及び官軍の錚々たる人物として美濃国に於いて斬られました頭中将信能の甥に当る人でありますが、しばらく上皇の御供申上げた後に、病の為にやむを得ず途中より引きかへしたといふ事であります。

甲斐左兵衛佐範経といひますは、官軍の中心人物の一人として、相模の早河に於いて殺されました参議三位中将藤原範茂の養子であります。範茂の女は順徳上皇の皇子忠成王の妃でありましたから、この一家はよほど上皇の御信頼を辱うした家でありますが、範経も上皇の近習としてお仕へ申上げた事が、『禁秘御抄』に見えて居ります。又『順徳院御集』を拝見しますと、「兵衛佐範経が、いまだ六位に侍けるがも

とへ」つかはされた御製が見えて居ります。この人は越後まで御供申上げましたが、病んで船に乗る能はず、療養に手をつくしましたが、その甲斐もなく、遂に寺泊で歿しました。

藤左衛門大夫康光、これは上北面の士でありました。『順徳院御集』に、建保二年三月、雅経朝臣八重桜の枝にまりをつけて一首の歌を蔵人康光がもとに送つた時に、康光に代つて御製を御返し遊ばされた事が見えて居ります。この人ばかりは佐渡まで御供申上げ、彼の島に於いて御奉公申上げました。

尤もこの外にも幾人か御供申上げたと見えて、和気有貞が院の御供として佐渡へ下向した事は、『諸家系図纂』所収「和気系図」其他に見え、又比企能員の子能本、及び遠藤盛遠即ち文覚の曾孫為盛が佐渡へ御供申上げた事は、並に『本化別頭仏祖統記』に見えて居ります。就中有貞は和気清麿の流れを汲んだ人でありますが、その和気氏から二人も忠臣を出して、長成は後鳥羽上皇の御供申上げて隠岐へ参り、有貞は順徳上皇の御供申上げて佐渡へ参つたといふ事は、流石忠義の家として先祖の名を辱しめない、立派な態度と、感歎の外はないのであります。

ともかくも上皇は康光、有貞等、僅か数人の者を御供に従へさせられ、遠く北海の浪をわけて、佐渡へおうつり遊ばされたのであります。折しも秋、触目すべて荒涼として、御感懐いかに深くおはしましたでありませうか。

五

『延喜式』によりますと、佐渡は京より離るゝ事、一千三百二十五里、遠流の地と定められて、最も重き罪人をこゝへ流す事になつて居りました。一千三百二十五里といひますのは、六町一里の計算でありますから、今の里数にしてはその六分の一、即ち二百二十里となりませう。今は道もまつすぐにつけられた上に、汽車の便もあれば汽船の便もあり、第一その佐渡自体がすつかり開けて居りますので、佐渡の旅は必ずしも暗く寂しいものではなく、むしろ情趣の豊かな興味の多いものでありますけれども、七百年の昔となれば事情はすつかり違ひます。承久より五十年後の文永八年（一二七一）に佐渡へ流された日蓮は、僅かに足かけ四年をこの島に居つただけでありますが、島のわびしさを説いて次のやうに述べて居ります。

「本間の六郎左衛門尉が後見の家より北に塚原と申して、洛陽の蓮台野の様に死人を送る三昧原ののべにかきもなき艸堂に落着きぬ、夜は雪ふり風はげし、きれたる蓑を著て夜を明かす、北国の習なれば、北山の巓の山をろしのゆき風身にしむ事思ひやらせ給へ」

「北国の習なれば、冬は殊に風はげしく雪深し、衣薄く食乏し、根を移されし橘の、自然《じねん》に枳《からたち》となりけるも、身の上につみ知られたり、栖《すみか》には尾花苅萱生しげれる野中の五三昧原に、朽破れたる艸堂の、上は雨漏り壁は風もたまらぬ傍《あたり》なり、昼夜耳に聞くものは、枕にさゆる風の音、朝暮眼に遮るものは、遠近《おちこち》の道を埋むる雪雹《ゆきあられ》なり、現身に餓鬼道を経て寒地獄に落ちぬ、彼の蘇武が十九年の間、胡国に留められて雪を食とし、李陵が巌窟に入つて六年、蓑を著て過しけんも、我が身の上なりき」

日蓮は安房の漁村の生れ、恐らくは貧しい家に生れたのでありませうが、それでゐてさへ佐渡の苦みをかやうにかこつのであります。まして九重の雲の上より、一朝にして此の孤島に遷らせ給うた上皇の御感懐は、どんなでありましたらうか。当時藤原光経は、上皇の御供申上げた左衛門大夫康光の許へ書状を送つ

て、その奥に、

思ひやるそなたの雲のはてもなし
　みやこの山も見えずや有るらん
思ふだに悲しき物をみやこ人
　いかなる浦の　月を見るらん

と書きつけ、暁の時雨にも佐渡を想つて、

都だに夜半の時雨はかなしきに
　ならはぬさとのねさめをぞおもふ

と歌ひ、上皇はかしこくも歌道を御奨励遊ばされ、中殿の御会といつて清涼殿の御歌の会も御再興遊ばされたのであつたが、それも今はまた絶えて了つた事を歎いて、

和歌の浦とふ人もなしもしほ草
　かきをく跡もさてや朽ちなん

とよんだのでありました。

京都に於いて佐渡を想つてさへ、殆んど断腸の思がしたでありませうに、まして御供して佐渡に在る人々の感懐は、どんなでありましたらう。まして上皇の御心中は如何におはしましたでありませう。佐渡へ着かせ給うて後、前摂政九条道家に与へられました御消息には、

天の原　　空ゆく月日　　曇らねば　　清き心は

さりともと　たのむの雁の　なくなくも　花の都を
たち放れ　秋風吹かばと　ちぎるだに　越路におふる
くずの花　帰らん程は　さだめなし　ましてあだなる
露の身の　道の草葉に　はるばると　何にか丶りて
今日までは　なをありそ海の　まさこちに　おひたる松の
音をよはみ　かはくまもなき　袖の上に　ぬるもねられず
夜半の月　仰ぎて空を　詠むれば　雲の上にて
見し秋の　過ぎにしかたも　忘られず　まどろむひまは
無けれども　さながら夢の　心地して　もゆる思の
夕煙　むなしき空に　みちぬらん

云々とありまして、その奥に、

ながらへてたとへば末にかへるとも
　うきはこの世の都なりけり

と御書きつけ遊ばれた事が、『承久記』に見えて居ります。
やがて佐渡にてよませ給うて、都に在る藤原定家に示し給うた百首の御歌を拝しますと、いづれも感じのまことに深い中に、殊に胸ふさがる心地がしますのは、左の数首であります。

人ならぬ岩木も更にかなしきは

みつのこじまの秋の夕暮
つま木こる遠山人はかへるなり
　里までおくれ秋の三日月
かこつべき野原の露の虫の音も
　我れよりよわき秋の夕ぐれ
秋風のうらふきかへすさよ衣
　見はてぬ夢は見るかひもなし
かげろふは命かけたる夕露に
　玉の緒ながきくものいとすぢ
聞くたびに哀とばかりいひすてゝ
　幾世の人の夢をみるらむ
くるゝまもたのむ物とはなけれども
　しらぬぞ人の命なりける

就中、

むすびあへぬ春の夢路のほどなきに
　いくたび花の咲きて散るらむ

をあるを拝見しましては、定家も感に堪へずして、左の如くにかきつけました。

「須臾《しゅゆ》夢中の開落花の色、一生八旬之夢、紅栄黄落之悲、おもひよそへられて、潯陽之青衫墨染にあらたまり候」

まことに春風秋雨二十余年、花いくたびか咲いていくたびか散るといへども、上皇に於かせられては只悲みの一つの夢と感じさせ給うた御事でありましたらう。

『真野山皇陵記』といふは、文明十四年（一四八二）に書かれたものでありまして、上皇の御時より二百四十年も後に下りますけれども、流石は御遺跡を御守り申上げてゐた人の筆に成つたものだけあつて、その地を想ひ、その昔を偲ぶよすがとなるものでありますから、今その一節をかゝげませう。

「古へ金殿楼閣にして、玉の御台、錦の御しとね杯、伝へ承はりしに、今は何時しか引換へさせ給ひて、松の木柱、藁の窓、夫さへあるに、此辺りは、海岸に濤々たる煙の浪、峯を洗ひ、山谷に蕭颯たる劇風、梢を渡り、実に旅人の御夢も見はてさせ給はず、春の山、友ましまさずして、麓に下らせ給へば、伐木丁々として御心を痛め参らせ、秋の夜、燈《ともしび》尽きて、枕をそばだてさせ給へば、啼蟋唧々として御胸をこがしおはしますことのみ多からん、此里の入江、恋が浦の水上に、今は堂の平と云ふ所に、皇居を占めさせ給ひきと見え参らせて、其御跡の物悲しく古りたるに、何時も秋の頃、御友となし給ひしか、都忘れとなんいへる白菊の、草叢に稀に咲けるこそ、後の世迄の御標《しるし》と語り伝へ侍れ」

かくて在島二十二年、仁治三年（一二四二）の秋九月十二日に至つて、寂しく崩御遊ばされました。こゝに、遷り給うたのは御年二十五の秋の事であり、今御かくれの時には、宝算四十六歳にましましたので、普通で申しますならば、一生の最も大切な時を、遠島の御蟄居のうちに送らせ給うたのであります。

しかも其の御病状に就きましては、注意すべき記事が、民部卿平経高の日記に見えて居ります。経高は後鳥羽上皇の御見出しにあづかり、順徳天皇の御代に蔵人頭として枢機に参与した人物であり、従つて、幕府に通じて承久の御企を妨げ奉つた西園寺公経を憎んでは「朝の蠹害、世の奸臣なり」と痛罵し、順徳上皇崩御の報を聞いては「龍棲の昔より、鳳闕の時に至るまで、朝夕咫尺しまゐらせて、旦暮忘れたてまつらず、偏に再覲をたのむの処、忽ち此の事を聞き、心肝舂《うすづ》くが如し、悲哉悲哉」と歎き、宸筆の裏をかへして経を写し、涙ながらに供養し奉つたのでありましたが、この人の日記を見ますと、順徳上皇の御病気は大した事でなく、只京都御還幸の御希望が、幕府の絶対に遮り奉る所であるを明察あらせられて後、御存命遂に無益なりとして絶食して崩御あらせられたと伝へてあります。

上皇の御臨終に御前に在り、厚く御仕へ申上げた人として、右の経高の日記に挙げてありますのは、左衛門大夫康光、同盛実、また右衛門督別当局以下の人々であります。

六

『真野山皇陵記』には、上皇最後の御製として、

おもひきや雲の上をばよそに見て
真野の入江に朽果てんとは

の一首を伝へてありますが、まことに雲煙数百里を隔てゝ、かゝる辺境に崩御あるべしとは、誰か予想し奉る者がありましたらう。康光は泣く泣く御火葬に附し奉り、翌年御骨を首にかけ奉つて上京し、大原に

葬り奉りましたが、佐渡の御火葬所のあとにも、松を植ゑ、石を積んで御廟所のしるしとしました。島の人々は深く上皇の御徳を御慕ひ申上げまして、大切にこの御廟所を御護り申上げましたが、江戸時代に入つて延宝七年（一六七九）（今より二百六十年ばかり前）佐渡奉行曽根五郎兵衛吉正は、御廟所を守る真輪寺賢照、その本寺なる国分寺賢教の申請にもとづき、幕府に達して方五十間二千五百坪の地を御廟所の境内として寄付し、その租税は之を真輪寺へ納付すべき事を命じました。

さて此の御火葬所のしるしの松は、数百年を経て長く残りましたが、その南へさしたる枝殊に長く、恰も南方京都への御還幸を希望し給うた御叡慮をうつし奉つた感があつて、仰ぎ見る者断腸の思がしたとは、諸書の記すところでありますが、安永四年（一七七五）（今より百六十余年前）に越後の俳人旦水等が佐渡に遊びました時の日記にも、

「仙骨を真野の岡の辺に葬り、松桜標《しるし》ばかりに植ゑ、桜は朽ちてひこばえ、松は五百年を変へず、枝葉悉く都辺へ懐《なつ》き古《ふ》りたり、烏蛇衣を掛け、白鷺かつらを落し、土俗牛を繋《つな》ぎ馬を放ちて周囲《めぐり》を穢し、弥《いよい》よ仙骨を恐れざるに至る、今を痛くや聞し召しけん、大樹諭命ありて、厳《いか》しく荒垣結《ゆ》ひ及び、方五十間、松桜移し植ゑられ、非礼を禁《いま》しめられしより、あやしの奴《やっこ》まで、御廟の松とて敬し奉《まつ》る、凡は言《いい》も伝ふれば漏らしつ、掛まくも畏こければ唯口を噤《つぐ》むなりけり、

啼く蟬も腸あらばたえぬべし」

と見えて居ります。しかるに、其の松もそれより七十年ばかりたつて遂に倒れたと見え、嘉永五年（一八五二）の二月、宮部鼎蔵と共に参拝した吉田松陰の日記には、陵上の老松、数年前大風の為に吹き折られ、

今は穉松を植ゑて之に代へたと記されてあります。この時に松陰が泣いてよみました詩は次の通りでありました。

異端邪説《ノ》誣《フル》㆓斯民《ヲ》㆒
非《ズ》㆓復《タ》洪水猛獣《ノ》倫《タグヒニ》㆒
苟《クモ》非《ズンバ》㆓名教維持《ノ》力《ニ》㆒
人心将㆑滅《セント》義《ト》与㆑仁
憶《フ》昔姦賊秉《リ》㆓国均《ヲ》㆒
至尊蒙塵《シテ》幸《シタマフ》㆓海浜《ニ》㆒
六十六州悉《ク》豺虎
敵愾勤王無《シ》㆓一人《モ》㆒
六百年後壬子《ノ》春
古陵《ニ》来《リ》拝《ス》遠方《ノ》臣
猶喜人心竟《ニ》不㆑滅《ビ》
口碑於㆑今《ニ》伝《ヘテ》㆑事《ヲ》新《ナリ》

此の詩の末に、佐渡の人々が、昔を忘れぬを喜んでありますが、それについて連想するものは、蒲生君平の『山陵志』であります。君平は寛政十二年（一八〇〇）その三十三歳の時に佐渡に渡り、帰つて直ちに『山陵志』の稿を起しましたが、その『山陵志』には、佐渡の真野山、今に至るまで御陵として祀り、敢て弛廃しない事を記して、辺鄙惇朴の風、大に愛すべしと説いてあります。

然り、辺鄙惇朴の風は大に愛すべきでありましたが、しかし承久の大変を思へば、上皇か丶る寂しき、北海の孤島に遷され給ふに、敢然として勤王の旗を翻す者なく、御供申上ぐべき近臣さへ、二の足を踏んだ者の多かつた有様は、六十六州悉く豺虎といはれても、一言もない所であります。「苟くも名教維持の力に非ずんば、人心将に滅せんとす義と仁と」。教学を興して大義を明かにし、礼節をみがいて名分を正す必要は、こ丶に痛感せられるのであります。此の必要の故にこそ、承久の討幕は企てられたのでありま す。惜しいかな事成らずして北海に遷らせ給うたのでありましたが、しかも皇国の道義は、この悲劇を機縁として、後世志士の心に、強く蘇つて来まして、遂に明治維新の大業を翼賛し奉るに至つたのでありま す。前にも述べましたが、順徳天皇の御製に、

つま木とる杣山人のしをりして

道ある程の行末もがな

とありますが、まことに皇国の道は、承久の悲劇を栞として、初めて辿る事が出来るのであります。

七

承久の雄々しき御企と、百敗屈し給はざる崇高なる御理想、且又之を翼賛し奉る人々の死して悔なき忠義の至誠は、皇国の道義再興に有力なる栞となつて、一たびは建武の中興を導き、再びは明治維新を鼓舞したのでありましたが、維新の大業成就するや、明治六年（一八七三）十月七日、後鳥羽天皇、土御門天皇、

順徳天皇の三天皇を摂津の水無瀬宮に御合祀あるべき旨仰出され、隠岐及び阿波へは、その年の内に奉迎使を立てられましたが、佐渡のみは風波荒きによつて翌七年の春を待つ事となり七年五月六日奉迎使渡海し、十日に式を挙げて御発輦、六月十三日水無瀬宮に合祀の祭典が行はれました。

あゝ順徳上皇が御在島二十二年の間、夢にも忘れ給はなかつた御還幸の御希望は、崩御の後六百三十余年にして、初めて之を叶へさせ給うたのであります。まことに恐れ多い御事と申上げねばなりませぬ。

（『順徳天皇を仰ぎ奉る』昭和十七年九月、水無瀬神宮社務所）

十七、後醍醐天皇の聖徳を仰ぎ奉る

今や、私共は後醍醐天皇崩御の後、満六百年に相当致しまする秋を迎へたのでありますが、この秋に於きまして、後醍醐天皇の最も頼みに思召されました大忠臣の楠公の拠つて立たれました所の大阪府の地に於きまして、茲に大阪府文教の重責に当つて居られます各位と共に謹んで、後醍醐天皇の六百年紀念のお祭を奉祀し、而して茲に皆さまと共に深く後醍醐天皇の聖徳を仰ぎ奉る機会を得ましたことは、私の誠に感激に堪へない所であります。

願はくは、これより暫くの間御一緒に後醍醐天皇の昔を回想し、天皇の聖徳を仰ぎ奉りたいと思ひます。偖《さて》、本年昭和十四年は如何なる年であるか、私共は今年の春四月に於きまして、後鳥羽天皇七百年の御祭を迎へ奉つたのであります。而してその同じ年に於きまして、唯今の後醍醐天皇の六百年の御祭をお迎へ申上げたのであります。こゝに図らずも、後鳥羽天皇の崩御と後醍醐天皇の崩御との間に百年の歳月が流れて居ることが明瞭に我々に考へられて来たのであります。後鳥羽天皇の崩御と後醍醐天皇の崩御との間には百年の歳月が流れて居る。併しながら、後鳥羽天皇のおかくれになりましてより後醍醐天皇の御生誕に至ります迄の間は極めて短かいのであります。即ち、後鳥羽天皇のおかくれになりましたのは延応元年（一二三九）のことであります。後醍醐天皇の御降誕になりましたのは正応元年（一二八八）、その延応元年より正応元年に至ります迄を計算致しますれば、僅かに四十九年に過ぎないのであります。即ち、後醍醐天皇御幼少の時に於かせられまして振返つて後鳥羽天皇の昔を回想されますことは、将に今日に於て我々が明治の中頃を回想するに等しいのであります。年月は何程も経つて居りませぬ、当時の想ひ出は尚まざ〲と残つて居る時代である。昔支那に於きまして、孟子は孔子の昔を回想致しまして、「君子之沢《ハ》。五世而《ニシテ》斬《タユ》。小人之沢《モ》。五世而《ニシテ》斬《タユ》。」云々と言つて深い感慨を洩らした処があります。大抵人の流風余音といふものは五代百五十年も経てば消えるものである。然るに、今自分は孔子の亡くなつてより後百年に満たざる時に生れて来たお蔭を以て、幸に孔子の流風余音に接し、その精神を窺ひ知り、その遺徳を学ぶことが出来たのである。斯様に孟子は非常な感慨を以て自分より百年以前に亡くなりました孔子を回想してゐるのであります。これは私共支那に於ける道学の淵源を考へ、由来を考へまする時に於て誠に感慨の深い所でありますが、偖、後醍醐天皇の御降誕になりましたのは、後鳥羽天皇の崩御の後僅かに四十九年に過ぎないのであります。従つて、後鳥羽天皇の昔の想ひ出は尚まざ〲と人々の胸に遺つて居る。こゝに後醍醐天皇が深く後鳥羽天皇の昔を御考へ遊ばされまして、その御精神をお尋ね遊ばされましたことを拝察する事が出来るのであります。

段々研究致しまするに、後醍醐天皇が後鳥羽天皇の叡慮を継いでお立ちになりましたことは色々の証拠が現れて参りまして、今日これを疑ふことは出来ないのであります。長らくの間それらの歴史が曖昧になつて居りまして、後醍醐天皇が如何なる所より建武中興の大業を思ひ立たせられたのであるか、その事の眼目が分りませぬ為に色々の説が行はれて居つたのでありますが、今日に於きましては後鳥羽天皇の叡慮を継がせ給うたことは明瞭で疑を容れないのであります。その証拠となりまするものは既に現れて居ります。例へば、承久の昔後鳥羽天皇の忠臣でありました家に於きましては、軈て建武に至りまして後醍醐天皇の忠臣として奮起した人々が沢山ある。例へば、肥後の菊池氏の如きそれであります。肥後の菊池氏は後醍醐天皇の建武中興の際に至りまして、殊に鮮かに現れて来るのでありますが、併しながらその先祖を辿つて参りますれば、承久の昔に於て後鳥羽天皇の勅命を仰ぎ、義旗を翻へして賊軍を討つてゐる家であります。而も斯様な例は菊池一家に止まらず、各地にその例を幾つも見ることが出来るのであります。又、真近く大阪府に於きまして殊に関係の深い所の楠公を考へてみますのに、楠公が桜井の駅に於きまして、その子正行公に対し最後の教訓を与へて郷里へ帰される際のことでございますが、楠公は特に主上より賜つた所の恩賜の刀、菊造りの刀でありますが、その恩賜の菊造りの刀を正行公に与へられて居るのであります。菊造りの刀と申しますのは、後鳥羽天皇が諸国の秀れたる刀鍛冶を召されまして、宮中に於て鍛へしめられました刀の事を申上げるのであり、その刀には菊の銘が刻まれまして、これを菊造りの刀と申上げるのでありますが、その菊造りの刀を小楠公に与へられて居るのであります。若し、この伝へにして誤りなしとするならば、後醍醐天皇は後鳥羽天皇の造らしめ給うた刀をお伝へになりまして、これを第一の忠臣最も頼みに思召されました所の大楠公に賜はるのであります。大楠公が将に一命を湊川に捨てようとするに当つてその意義極めて深き恩賜の刀を以てその子正行公に与へられまして、これより後更に無窮の忠義を命ぜられるのであります。且又、後醍醐天皇御自身が崩御遊ばされまする時に於きまして、正に今より六百年の昔でありますが、六百年昔の延元四年（一三三九）八月十六日、太陽暦に換算致しまして九月二十七日、その日に後醍醐天皇は吉野に於て崩御遊ばされるのでありますが、その時に特に御遺勅がございまして後鳥羽天皇よりお伝へになりました所の宝刀を御身に添へて陵に葬らしめ給うたのでありま す。この点にして真相を伝へて居ると致しますならば、これは誠に意味の深いことゝ拝察せられるのであります。尚、その他にも後醍醐天皇の御諱の一字が後鳥羽天皇の御諱の一字をお伝へなさいましたものであること、これも考へますれば、誠に深い意味のあることゝ拝察せられるのであります。又、建武中興の後に於て後醍醐天皇の御精神をお伝へになりました後村上天皇は、天下再び朝廷の御稜威《みいつ》に服し、天下の政治陛下の思召しのまゝになりました時に於ては、必ず水無瀬に後鳥羽天皇をお祀り申上げる神社を建立遊ばされたい、斯様に思召されまして御願を水無瀬の御影堂に納めさせ給うたのであります。もしこの御願にして果されましたならば、水無瀬の御影堂は今日を待たずに、明治の時代を待たずして、水無瀬宮となり、昭和の御代を待たずして、水無瀬神宮となつたに相違ない。それが不幸にして南風競はず後村上天皇の御思召はこれを実現し奉る機会がなかつたのでありますが、併しながら御叡慮に於かせられましては天下再び御稜威に服するの時に於ては、必ず後鳥羽天皇の御為に荘厳なる神社を御建立遊ばされたい、斯様に思召されたのであります。これらの点を考へまする時に於ては、後醍醐天皇が後鳥羽天皇の御志を受継がれましてお起ち遊ばされたのであるといふことは十分これを拝察し奉ることが出来るのであります。

殊に皆さま御承知の『増鏡』でありますが、『増鏡』を見まして後醍醐天皇が隠岐にお流されになりました所を見ますと、こゝに極めて重大なる記事を見出すのであります。後醍醐天皇が隠岐の小島にお遷り遊ばされまして、誠に淋しい島の有様をお眺めになり、此処に曾て十九年の長い年月を寂しくお送り遊ばされましたところの後鳥羽天皇の昔を回想せられまして、色々と感慨にお耽りになるのでありますが、その事を記しまして最後に、今日又、天皇が斯の如く苦しい立場に立たせ給ふといふのは何故であるかと言へば、夫々後鳥羽天皇の御叡慮をお果し遊ばされたい、果さずしておかくれ遊ばされましたところの後鳥羽天皇の御叡慮を果されたい、斯様な思召から出たことである。斯様にお考へになりまして、御感慨一段と深く在しましたと、かういふことが『増鏡』の中に明かに記されて居るのであります。

これらの点を考へまするならば、後醍醐天皇が未だ五十年ならざる時にお生れになりまして、五十年以前におかくれになりました後鳥羽天皇の御精神を御承継ぎになり、それを未だ果さずしておかくれになりました御願を果し給はんとなされたことは明瞭であります。

処で、この事は我々に深き感銘を与へずにはおかないのであります。何故かと申しますならば、後鳥羽天皇の御企といふものは極めて重大なる御企である、日本国を中興遊ばされようといふ重大なる御企であります。尋常一様の企ではありませぬ。日本の国の政治におきましても、又その経済におきましても、又学問思想におきましても、総ての点に於て著しく紊乱し、頽廃し、紛糾混濁してをります時に於てこれを再び純粋なる日本の姿、正しき日本の姿に還さうと遊ばされたところの御企であります。容易ならざる御企であります。而も、この御企の実現の為には何よりも先づ幕府を倒すことを必要とするのであります。鎌倉幕府、其処に拠つて暴威を逞しくする所の北条氏、これを倒すことなくして真の日本国の正しき姿を実現するといふことは思ひも寄らざる所であります。従つて、日本の正しい姿を実現しようと遊ばされることは、鎌倉幕府の倒滅を前提として考へられる所である。而も、その鎌倉幕府は非常に強いのでありま す。この極めて強力なる幕府を倒さなければならぬ。後鳥羽天皇がこれを倒さうと遊ばされました時には随分長い間極めて周到なる御謀を廻らされたのでありますが、而も、事遂に失敗に終りましたことは御承知の通りであります。一度び京都に於て事を挙げられますと、鎌倉幕府に於きましては一時非常に周章狼狽をしたのでありますが、併しながら日ならずしてその態度を決定しまして、一週間ならざる内に十九万の大軍を東海、東山、北陸の三道に分つて京都を侵し奉るのであります。十九万の大軍が一週間の内に俄かに用意を整へて全部進発をしてしまふといふことは容易なことではありませぬが、鎌倉幕府はそれを敢てして居るのであります。非常な勢と言はねばなりませぬ。その三道を相並んで十九万の大軍が京都を侵し奉るに及んで官軍はこれを木曽川に防ぎ宇治川に防ぐのでありますが、衆寡敵せずして賊軍遂になだれをうつて京都に侵入するのであります。

斯の如くにして、後鳥羽天皇は隠岐に遷幸遊ばされ、又順徳上皇、土御門上皇は或は佐渡に、或は四国にお遷り遊ばされまして、朝廷におかせられましては実に惨憺たる失敗を経験されたのであります。この惨憺たる苦しみは尚眼前にある。五十年前の事でありますから、先代の御精神はこの時にはつきりと残つてをつたに違ひないといふことが考へられるのであります。先代の御精神がはつきり残つてをりますると同時に、その時の御苦しいその惨憺たる失敗の後といふものは、ありくと眼の前に遺つて居る筈でありま す。当時に於ける京都の苦しみといふものは、人々の決して忘れることの出来ない所であります。承久の変後十九年の永きに亙つて隠岐に晩年をお送り遊ばされた後鳥羽上皇、又佐渡に於きましては二十二年の永きに亙つて北海の荒き浪風と共に世の変転をお歎き遊ばされた所の順徳上皇、その記憶といふものは京都の人々に於きましてまざ〳〵と存して居つた筈であります。その苦き経験が眼の前にあり、それにも拘らず敢然として後鳥羽天皇の御志を引継がれまして起たれようとする、これは非常なる勇気であります。成功の後を見てこれを摸倣し、その同じ道を行かうとする場合とは全然違つて居ります。苦き失敗の後に於きまして、惨憺たる苦難の後を敢然と又同じ道を同じやうにお進み遊ばされようとする、驚くべき大勇気と言はねばならないのであります。

書物に依りましては、当時鎌倉幕府は既に衰へて居り、北条高時は信望を失うて居りまして、幕府は既に京都に敵し難き情勢にあつたと斯様に書いてある書物もあります。併しながら、精しく実情を見て参りますと、私共は左様に考へることは出来ないのであります。今僅かな時間を以ちまして詳しく申上げますことは出来ないのでありますが、一例を六波羅軍勢の最期に取つて考へまするならば、茲に私共は鎌倉武士が如何に強いものであつたかといふことを明瞭に知り得るのであります。御承知のやうに後醍醐天皇は名和長年に迎へられて船上山にお遷り遊ばされ、諸国の官軍次第に奮起して参ります。足利高氏の如きも遂に官軍の勢力に屈しまして、寝返を打つて官軍となり、それらの勢力聽て京都に於ける六波羅の軍勢を追払ふのであります。六波羅の幕府の軍勢は遂に破れまして、鎌倉指して落延びようとする、段々と進みまして近江の番馬に至るのであります。番馬は今日におきましては、殆ど名も知られない僻地になつてしまつたのでありますが、昔は非常に有名な宿場であつたのであります。この番馬の宿へ参りました時に、此処は『太平記』にも東山道第一の関所であると書いてありますが、只今行つて御覧になりますと、周囲に山又山を繞らし、その山又山の中に一条の道路が紆余曲折して進んでゐる。これは誠に容易ならざる難所であると考へられますが、官軍はこの山々に拠りまして、此処へ這入つて来ました所の六波羅の軍勢を四方より包囲したのであります。謂はゞ袋の中に鼠を追込んだやうな態勢になりました。軍勢の数を以て言ふならば官軍は数千の大軍であります。賊軍は僅かに五百騎、而して地の利より言ふならば、官軍は山々に拠り関所を塞いで居る。賊軍はその状況を知らずに番馬の宿へ這入つて来たのであります。又賊軍におきましては京都の合戦で散々に戦ひまして疲労困憊をして居る。負傷してゐる者も多いのであります。官軍は新手であつて元気潑溂として待受けて居る。この時に於て賊軍の執るべき態度はどうであるか普通考へまして、斯くの如き場合の態度は先づ二つ考へられるのであります。

一つは、この時の大将のやり方に依りましては賊軍はちり〳〵ばら〳〵になつてしまつたであらう、潰乱状態に陥つたであらう。又一つには、その大将の器量如何に依りましてはこれは全部降参したに違ひない。降参をするか潰乱状態に陥るか普通の場合に於きましては、この二つが考へられるのであります。処が六波羅の軍勢の態度を見ますと、大将は越後守仲時年僅かに二十八歳であります。僅かに二十八歳の大将にして、この難局に当りまして実に見事なる態度をとつてをります。即ち仲時は部下五百の軍勢に向ひまして、従容として最後の挨拶を述べるのであります。皆さんが今日迄自分に附き随つてくれたといふことは誠に感謝に堪へない所である。北条氏の運命が既に傾いて居ることを御承知であり乍ら、而も尚敗軍の将である自分のやうな者に附き従つて呉れられたことは何とも感謝に堪へない。この皆さまの御懇情に対しては自分は出来ることならば如何やうにも御恩返しをしたいと思ふのであるが、北条氏の運命既に傾いた今日としては何とも致し方がない。就いては自分は此処で潔よく腹を切らうと思ふ。どうか皆さんは自分の首を取つて官軍に降参をして貰ひたい。北条越後守の首を取つて参りました。かう言つて降参をして、これ迄の罪をお赦し願ひ、若し許されるなればさうして生き長らへて貰ひたい。斯様に申しまして腹を切るのであります。これは越後守仲時の態度は実に見事と言はざるを得ない。而もこの一言を聞きまして、部下の将士悉く腹を切るのであります。一人として遁げる者もない。一人として降参をする者もない。全部その場に於て腹を切るのであります。幸ひにその時に一同が切腹をしました寺は蓮華寺といふ寺でありますが、その蓮華寺の住職、これは又偉い坊さんであつたと思ひますが、それ程の混乱におきましても逃出しも致しませんで、踏み止まつてをりまして、今腹を切る将士の前へ参りまして一々その名前を訊き、年齢を尋ねてこれを過去帳に記し、更に小さなお墓を作りましてその菩提を弔つたのであります。お墓は今可なり混乱致してをりますけれども、何百といふお墓が蓮華寺の裏山に遺つてをります。その過去帳に至つては原本は今日迄遺つて居りまして、今現に国宝として珍重されて居るのであります。これは天王寺の大阪市美術館に今日委託してございますので、御覧になる機会があらうと思ひますが、私も先達てその原本を見ることを得まして、誠に一段と感銘を深くしたのであります。その切腹して居りまする人々を見ますと、或は十四歳の少年であるとか、十四歳と言へば未だ元服して居らない所の少年、それが二人ございます。それより十六歳、十七歳、十八歳の少年が数多くあります。年の上の者を見ますと、五十歳六十歳、斯くの如く老少を問はずして壮烈なる最期を遂げて居るのであります。斯様に数百人の武士が一人として遁げる者もなく、一人として降参をする者もなく皆壮烈なる最期を遂げて居るといふことを見ますならば、鎌倉武士はまだ〳〵強いといふことを思はなければならない。これを弱いといふのは非常なる誤りであります。鎌倉武士は斯くの如く強いのであります。高時が鎌倉に於て自害を致しまする時には、八百数十名がこれに殉死して居る。仲時が番馬に於て自害をしますれば、四百数十人こゝに自害をして居る。その強さを考へなければならないのであります。斯くの如く幕府を強い、而も後醍醐天皇はその強いことを御承知の上で敢然としてその幕府を討たうとされるのであります。これは又楠公を考へるべき時に我々の忘れてはならない所であります。楠公が後醍醐天皇の勅命を奉じて千早に拠つて奮起されました時に於きましては、斯くの如く強き鎌倉武士、而もその勢力全国を覆ふ所の鎌倉武士を相手として、僅かに河内の一角に拠つてこれと決戦を試みようとせられたのであります。尋常一様のことではないのであります。

茲に私共は後醍醐天皇の御勇気に対しましても何とも言ふべからざる感動を覚ゆるのであります。一つ間違へば承久の昔の如く、或は隠岐に流され、或は佐渡に流されるといふことは覚悟しなければならない。而も、天皇はその御覚悟を以て御進み遊ばされたのであります。眼前に見る所の鎌倉武士は斯くの如く強き義烈なる精神を有つて居る。それを承知の上で、尚且つこれを討ち払はうと遊ばされたのであります。

果して御計画が容易に実現しない。御承知の如くに正中年間に於て先づ破れて居ります。正中年間に破れました時に於きましては、日野資朝は捕へられて佐渡に流され、日野俊基又捕へられて幕府に送られ、又主だつた武士数人は殺されてしまふのであります。而も後醍醐天皇はこれに少しも屈し給はず、間もなく再挙を図られまして、それより七年後の元弘元年（一三三一）再び幕府を討たうとなされます。而も事は容易に成らない。御承知の如くに笠置は陥りまして、後醍醐天皇は遂に賊の手に陥り給ふのであります。

而も後醍醐天皇は少しも屈せられませず、元弘二年の形勢こそは最も惨憺たる有様であります。後醍醐天皇は隠岐に御遷り遊ばされまして、後鳥羽天皇と御運命を同じうし給ふかの如く見える。而して、陛下がその頼みと思召された所の人々は殆ど皆殺されたのであります。或は日野資朝或は日野俊基、或は平成輔、或は北畠具行等、皆この時に殺されてゐる。多年帷幄に参じてこの御謀を翼賛し奉りました人々は殆ど皆この時に殺されてしまつてをります。実に惨憺たる有様であります。而も後醍醐天皇は少しもこれに屈し給はない。更に驚きますことは吉野に於ける御態度であります。吉野へ御遷りになりましてより後に於ては、これは形勢は一段と深刻である。楠公は既に湊川に於て討死されたのであります。間もなく名和長年公は京都に於て討死されて居る。延元元年に於ては朝廷はこの忠烈の武将二人を失つてしまはれた。翌くれば延元二年に於きましては金ヶ崎の城が陥りまして尊良親王がおかくれ遊ばされ、新田越後守義顕、新田義貞公の長男でありますが、この方も又戦死をしてしまはれるのであります。

更に延元三年に至りましては、御承知の如くに北畠顕家公が阿倍野に於て戦死せられるのであります。相次いで新田義貞公は、越前藤島に於て戦死せられるのであります。又天皇のお傍近くお仕へ申上げました人々としましては、吉田定房或は坊門清忠それらの人々も延元三年に於て亡くなるのであります。これは後醍醐天皇にとりましては誠に非常なるお淋しさであつたに相違ない。而も、後醍醐天皇はその惨憺たる失敗の跡を敢然と見給ひながら少しもこれを恐れ給はぬのであります。足利高氏が如何にその勢力を増大致しましても、何としてもこれをお赦しならない。逆賊を許容し給ひ、これと妥協し給ふことは断じてなかつたのであります。

御承知の如くに、そのおかくれ遊ばされる時の詔、御遺詔を拝見致しますれば私共は実に言語に絶する所の感動を覚えるのであります。おかくれの時の御遺詔は『太平記』に見えて居りますが、「唯生々世々の妄念ともなりぬべきは、朝敵を悉く亡して四海を泰平ならしめんと思ふ計り也、朕即ち早世の後は、第七の宮を天子の位に即《つけ》奉りて、賢士忠臣事を図り義貞義助が忠功を賞《もたら》して、子孫不義の行ひなくば股肱の臣として天下を鎮むべし。之を思ふ故に玉骨は縦ひ南山の苔に埋るとも、魂魄は常に北闕の天を望まんと思ふ。若し命を背き義を軽んぜば、君も継体の君に非ず、臣も忠烈の臣に非じ」との最後のお言葉に至りましては、実に強い御精神であります。永久に亙つて逆賊はこれを許容し給はない。楠公と言ひ、新田公と言ひ、これらの忠烈なる人々に於ては何処迄もその子孫を立てゝ行かなければならぬ。逆賊に於ては永久にこれを倒さなければならぬ。如何なることがあつてもこれらの逆賊を許容し、これと妥協することがあつてはならない。「若し命を背き義を軽んぜば、君も継体の君に非ず、臣も忠烈の臣に非じ」と斯様に仰せられたのであります。斯様に段々拝察して参りまするに、後醍醐天皇の御勇気は実に驚歎し奉るの外はないのであります。

然らば、その御勇気は何処より出て来る所の御勇気であるか。この御勇気はどこから出て来る所の御勇気であるかと申しまするに、言ふ迄もなくこれは道義より発して居る所の真の勇気であります。勇気には世間普通の場合に勇気といふことを考へまするに色々ございませう。或は血気に逸る勇気もある。併しながら血気に逸る勇気でありまするならば、十年二十年の間を一貫する所の力は到底ないのであります。又百難に遭遇して決して屈する所がないといふことは考へられないのであります。真の勇気にして始めて百難に屈せず、十年、二十年、三十年を一貫することが出来るのでありますが、後醍醐天皇の御勇気は実にその道を思ひ給ふ所より発し来たつた御勇気である。こゝに私共は道といふこと、道義といふことを考へざるを得ないのであります。後醍醐天皇の建武中興の大業に於きましては、事頗る多端に亙つて居るのでありますが、後醍醐天皇が改革遊ばされようとし給うた事、実現遊ばされようとし給うた事は事頗る多端に亙つて居るのでありまして、今一々これを申上げることは出来ませぬし、又御叡慮を必ずしも何ヶ条と数へ上げるべきものでもあるまいと思ひます。併しながら今暫くこれを二つに分けて考へまするならば、一つは大義名分を明かにし給ふといふことであります。又一つは国民生活の安定を計り給ふといふことであります。而も、それは二つであつて同時に一つになるものと拝察するのでありますが、暫くこれを二つに分けて考へまするならば、先づこの二つと思ひます。即ち大義名分を明かにするといふこと及び国民生活の安定を図るといふ、この二つであると思ひます。

大義名分を明かにされると言ひますことは、幕府を倒されるが如きはその一つ、天皇の御任命によつて征夷大将軍の官職にある者が己の本分を超えまして天下の政権を恣にする、独り天下の政権を恣にするばかりでなく、天皇の御位に迄容喙し奉るといふことであれば、大義名分の上に於て斯くの如き専横はこれを許すことは出来ない。征夷大将軍は宜しく征夷大将軍の本分に還らなければならぬ。こゝに後醍醐天皇が大義名分の上よりして敢然と幕府を討ち、北条氏をお討ち遊ばされたのであります。併しながら、大義名分を明かにするといふことはこればかりではございませぬ、尚外にも段々あります。一つ二つを挙げて申しますならば、院政を廃止せられたことであります。院政と申しますのは御承知の如くに、天皇が御政をお執り遊ばされませんで上皇が政をお執り遊ばされる。即ち天皇の大権を既に天皇の御位をお去りになりました上皇がお執り遊ばされる。これは大義名分の上に於きまして正しいことではないのであります。大義名分を紊ると言はなければなりませぬ。それで後醍醐天皇は院政を廃止せられるのであります。即ち、院政を廃止せられまして天皇親政の御代とされたのであります。そればかりではない、摂政関白も亦同様であります。摂政関白といひますのは御承知の如くに、藤原氏が勢力を恣にしましてより後に於て藤原氏が天皇の大権を自ら行つて居る。こゝに摂政関白が大権を侵犯し奉つた悲しむべき時代が永く続いたのを見るのでありますが、後醍醐天皇の御代に至りましては、遂に摂政関白を廃せられまして、天下の政治を天皇自ら御綜覧し給ひ、大臣に命じてこれを施行せしめられたのであります。こゝに天皇親政の実は挙がつて来るのであります。これ皆大義名分を正されたことゝ言はねばならない。或は幕府を倒し、或は院政を廃止せられ、或は摂政関白を廃止せられ、天皇親政の実を挙げられまして、日本の正しい政治の姿を現さうとされましたことは皆大義名分に関はることであります。而して、これより直ちに国民生活の安定といふことも出て来るのでありますが、暫く項を分つて申しますならば、後醍醐天皇が国民生活の安定を図り給うたことは、只今の崩御の際の御遺勅の中に明瞭に現はれて居ります。「生々世々の妄念ともなりぬべきは、朝敵を悉く亡して四海を泰平ならしめんと思ふ計り也」と、かやうに仰せられまして、最後まで世界を太平ならしめようと遊ばされて居る所の御叡慮に於きましては、国民生活の安定を御宸念遊ばされてゐることは言ふ迄もないことであります。天皇の御代に於てこの御叡慮が如何やうに実現をして居つたか、これは或る年大饑饉がございまして、この大饑饉の時に於て米の値段は無闇に騰貴する。貧しい人は米を手に入れることが出来ない、京都に於きまして貧民の餓死する者相次いで起る。左様な状態になりました時に後醍醐天皇は朝廷の役人に命じ、京都にバラックの小屋を建てしめられまして、こゝに於て米を集め、国家の機関として米の販売価格を一定されました。極く廉《やす》くしてこれを人々に頒ち与へしめ給うたのであります。まだそればかりではございませぬ、三度の食物を一度にお止めになりまして、陛下の召上物を三度を二度に遊ばされまして、これを貧民に施されました。このことは伊予に歯長寺といふ寺がございますが、この寺の縁起に明記してございます。従つて人々は殆ど慈母の如く、慈しみ深き母の如く、後醍醐天皇を慕ひ奉つた。後醍醐天皇がその後隠岐へお流されになりました後に於て、京都の町で遊んで居りました八つの子供が鎌倉武士の為に馬の蹄にかけられまして倒れたその時に、八つの子供が泣きわめきながら、「あゝわれ先帝恋しきかな」と、かう言つたと書物に書いてあります。あゝ先帝、即ち後醍醐天皇がお在でになつたならば、かういふひどい目に遭ふことはなかつたに違ひない。後醍醐天皇さまがお在でにならなかつたために世の中は再び闇になつたのである。かう言つて子供が歎いたのであります。八つの子供にして尚後醍醐天皇の御恩徳を斯の如く身に泌みて考へてをつたのであります。これも亦歯長寺の縁起に明瞭に記されてゐる所であります。その他申上げますれば段々ございませうが省略致します。

要するに、後醍醐天皇の建武中興の大業と言ひますのは、その御勇気は実に驚歎の他はないのでありますが、その御勇気といひますものは実に道義より発し来つたのであります。その道義を目指してお進みになるといふことを今暫く二つの項目に分けて申上げますと、大義名分を明かにするといふこと、又国民生活を安定せしめ給ふといふこと、この二つを目指してお進みになつたのであります。斯様な見事なる御理想の下に斯くの如き御勇気を以てお進み遊ばされたのでありますから、ここに全国に散在して居りまする所の忠烈の人々はこの御叡慮に感激しまして、みな一命を陛下に捧げ奉らうとするのであります。

　昔支那の戦国の代に於て秦の予譲といふ人は、己れの性質を理解し、己れの才能を理解して呉れました所の主人の為に喜んで一命をさし上げると言ひました。その主人が殺されました後に於ては如何なる艱難困難にも耐へて、その仇を討たうとしたのであります。その予譲の言葉が永く後世に伝はりまして、『史記』を読む者の胸を打つのでありますが、曰く「士は己れを知る者の為に死し、女は己れを説《よろこ》ぶ者の為に容《かたち》づくる」大丈夫は真に自分を知つて呉れる者の為に生命を棄てる、婦人は真に自分を愛して呉れる者の為に容《かたち》づくる。この言葉は『史記』を読みます時に於て人々の胸を打つ所であります。その当時に於きましても、建武の昔に於きましても、全国の正しき人々は全部後醍醐天皇に依つて見出されたのであります。天皇が日本国を真の日本の正しい姿にお還し遊ばされようとした、即ち日本の国を道ある国、道義の国にし給はうとせられたのであります。この御叡慮より致しまして、道を以て進まうとする誠を有する人々、道義に依つて起たうとする人々は悉く後醍醐天皇に依つて見出されたのであります。これは実に古今の歴史を通じて目覚しい盛んなことゝ言はなければならぬのであります。どの国のいつの世に於ても、凡そ一国の有する凡ゆる正しい人物、道義に依つて起たうとする所の正しい人物、それが悉く見出され、悉くその最高、最大の力を発揮し得たること、後醍醐天皇の御代の如きは古今東西の歴史に於て曾て見ざる所であります。これは歴史上の一大壮観と言はなければなりませぬ。

　今詳しく申上げる時間はないのでありまするが、例へば日野俊基の如きは至つて身分の低い人であります。朝廷に於て日野俊基といふ人が存して居ることを知つて居る人もなかつた。一人も問題にする人もない。それを後醍醐天皇が抜擢して蔵人に任命せられたのであります。蔵人は即ち朝廷の枢機に参与する所の極めて重大なる官職であります。それに任命し給うたのであります。人々は非常に非難を致しました。併しながら、花園上皇はこれをお聞き遊ばされまして、これは恐らくその人物を洞察されまして抜擢せられたに相違ない。世間の人が非難をすることは当らないであらう。斯様に御日記の中に仰せられたのであります が、果して日野俊基は非常なる人物でありまして、よく後醍醐天皇の大業をお助けし奉つたことは御承知の通りであります。正中の変と言ひ、元弘の際と言ひ、この人の参画に依る所が頗る多いのであります。現に楠公の如きはこの人に依つて見出され、この人に依つて後醍醐天皇に上奏せられたのであらうと斯様に迄言はれて居るのであります。

又北畠顕家、この人の如きも左様であります。殊に元弘三年後醍醐天皇は北畠顕家を陸奥守に任じ給ひ、鎮守府将軍に補せられたのであります。それだけ考へれば何でもないことでありますが、北畠顕家の年齢は幾つであつたか、十六歳の少年であります。僅かに十六歳の少年、中学校でありますれば三年生前後、その僅かに中学三年生前後の年齢に於きまして、而もこれ迄学問の家に育ちまして、実際の政治に携はつたこともなければ、況や馬に跨がり、三軍を叱咤した経験もないその少年を俄かに抜擢して陸奥守として鎮守府将軍に任命せられたのであります。陸奥守と言へば、名は陸奥守でありますけれども、実際は陸奥、出羽両国を治めしめ給うた。陸奥、出羽両国と言ひますれば今日の福島、宮城、岩手、青森、秋田、山形、所謂東北六県に当るのであります。十六歳の少年を東北六県の長官とし、のみならずこの地方一帯の兵馬の権を統べる所の総督とし給うた。これは非常な御英断であります。而もこれは妄りに御寵愛の余りに選任を誤り給うたのではない。その証拠は北畠顕家の其後の行動によつて明瞭に知られるのであります。十六歳の少年ではありますが、この極めて困難な任務を見事に遂行致しまして、東北六県を完全に統べ治め、御稜威の下にこの地方を服せしめると同時に、その兵を提げて足利高氏を討ち、次いで足利高氏を京都より九州にまで追落したのはこの人の力であります。後醍醐天皇が如何に人物を見給ふ明があつたかといふこと、明かであります。而して又、その人物を見給ふ御聡明によつてよく人物を抜擢し給ふ御英断は実に斯くの如くであつたのであります。士は己れを知る者の為に死す、こゝに日野俊基は後醍醐天皇の御為に一命を捧げるのであります。又北畠顕家は阿倍野に於て一命を捧げ奉るのであります。

楠公の如きも正にさうであります。楠公は後に於てこそ日本国の忠臣の代表的なものとなつて居ります。併しながら、当時に於きましては名も無き地方の豪族である。河内の一隅を占拠せる所の名も無き地方の豪族である。而も、後醍醐天皇はその名も無き楠正成をお召しになりまして、それに対して実に優渥なる詔を賜はるのであります。笠置の城に召されました時に陛下より宣はせ給うたことは斯様であります。

「東夷征罰の事、正成を憑《たの》み思召さるゝ仔細有て勅使を立てらるゝ処に、時刻を移さず馳参る条、叡感浅からざる処也、抑天下草創の事、如何なる謀を廻してか、勝つ事を一時に決して、太平を四海に致さるべき、所存を残さず申すべし」

と、これが楠公が初めて後醍醐天皇に拝謁致しました時の詔であります。その詔の中に、どうして天下を太平にすることが出来るか、斯様に仰せられましたことは、天皇崩御の際の詔勅に、「四海を太平ならしめむと思ふばかりなり」、斯様に仰せられました詔勅と共に、如何に国民生活の安定を御宸念あらせられたかといふことを拝察しまして、誠に恐懼に堪へない所でありますが、正成に対しましては、従来知る者もなき地方の豪族たるに過ぎない正成に対しましては、逆賊征伐のこと汝に頼むに依つて召されたのである。然るに、時刻を移さずお召しがあれば直ちに馳せ参じたといふことは誠に叡感浅からざる所である。嬉しく思召す所である。就いては如何にして逆賊を亡ぼすか、如何にして天下を太平成らしむべきか。何か良き考へがあれば全部述べて貰ひたい。斯様に仰せられたのであります。名も無き楠正成に対してこの詔勅があるといふことは実に優渥至極のことであります。茲に於て楠公たる者感激して一命を陛下に捧げ奉ることを誓ふのであります。即ち有名なるお答でありますが、正成一人未だ生きてありと聞こし召さば天下は必ず陛下の御代になりますといふことを御承知戴きたうございます。私一人生きて居ります限りは如何なる艱難をも克服致しまして、必ず朝敵を亡ぼして叡慮を安んじ奉らうと思ひます。斯様に上奏致して居るのであります。

新田義貞公に付きましても同様であります。これは今日詳しく申上げることの余裕のないことを遺憾には思ひますが、新田義貞公は或は種々非難をする人もあります。必ずしも大将の器ではない。又義貞公を重くお用ゐになるといふことは寧ろ不可解なことである、斯様な意見を持てる者も一部にはあるのであります。併しながら、義貞公の戦に破れました時の態度を見るに、合戦そのものに於て破れるといふことは致し方がない。勝敗は兵家の常でありまして、これは勝てば勝つに越したことはないが、衆寡敵せずして破れるといふことは致し方がない。併し義貞公が智略に秀で勇気に満ちて居る大将でありましたことは、あの強い鎌倉幕府、その鎌倉幕府の根拠を陥れたことに依つて明瞭であります。非常な優れた武将でありまます。併しながら、それより後に於きましては、戦へば戦ふ度毎に不利でありまして、味方の軍勢が次第に足利の為に籠絡されて逆賊に降参をする。こゝに計画常に齟齬を致しまして破れるのであります。それはそれで致し方がない、が、私共の驚歎を致しますのは、その際の義貞公の態度であります。戦に破れました時に義貞公は常に殿《しんがり》を勤められたのであります。自分が最後に残りまして、攻寄せる足利の大軍は自分が何としてもこれを食止める。お前達はすぐに帰つて陛下を護り奉れ。この状況になつて、斯の如き官軍が混乱状態になつて来ては陛下の御身が心配である。早く帰つて陛下を護り奉れ。後より追掛ける所の賊軍は自分の力に於てこれを食止める、かやうに言はれまして、どの場合に於ても常に殿を勤めて賊軍を防がれたのであります。箱根の戦、利あらずして京都に帰られた時もさうであります。湊川の戦、利あらずして京都に帰られた時もさうであります。どの場合に於きましてもこの態度であります。驚くべき見事なる態度と言はねばならぬ。而して、色々非難があるに拘らず後醍醐天皇が新田義貞、その弟義助、これらの人々を御信頼遊ばされました所は少しも変らないのであります。世間の人が何と批評しようが、幾ら足利高氏が讒言しようとも、後醍醐天皇は新田兄弟の忠義の真心を十分に御承知遊ばされまして、決してこれをお疑ひ遊ばされないのであります。吉野に於て崩御の際の詔勅に「義貞義助が忠功を賞して子孫不義の行ひなくば、股肱の臣として天下を鎮むべし」斯様に仰せられて居りますることは、何と申上げて良いか、当時義貞公は既に戦死をされた後でありますが、その綸言を承りましたならば、必ず地下に於て感泣されたに相違ないのであります。義貞といふ人は色々批評のある人である。而も色々批評あるにも拘らず、後醍醐天皇はその忠烈をお疑ひ遊ばされずして、どこまでもその子孫を、彼等において不義の行ひなき限りはその子孫を朝廷股肱の臣として重く用ゐるがよいと、かやうに仰せられたのであります。

名和長年公の如きも同様であります。名和公は賊の勢ひ盛なる時に於て後醍醐天皇を奉じて船上山に拠られましたことは非常なる事と言はなければならない。当時名和公は自分の屋敷を焼いて居られるのでありまず。自分の家を焼き倉を焼き、又先祖のお墓がありますが、そのお墓を土中に埋没して船上山に登られるのであります。これは名和一家は今日に於て滅亡するといふことを覚悟せられたのであります。この度の戦に後醍醐天皇を奉じて船上山に登る以上は、万に一つも生きて山を降りるといふことはない。天下悉く賊軍となつて居る時に於て自分一人が陛下を奉じて船上山に拠り、万に一つも勝つ見込がない。自分の屋敷は賊軍の為に蹂躙せられるであらう。それならば、それに先立つて家を焼かう。自分の先祖の墓は賊軍の為に辱かしめられるであらう、それならば、それに先立つて墓を土中に埋めよう。斯様にして墓を土中に埋め、家に火をかけて山に登られたのであります。非常なる忠烈と言はねばなりませぬ。それに対して後醍醐天皇はその時の事を一巻の書物に詳しく書記されまして、名和長年といふ人は斯くの如き忠烈の人である、当時天下の形勢は斯様であつた、その時に於て名和長年は斯く〳〵の事をしたのである、このことを詳しくお書取りになりまして、その巻物に一首の歌をお記し遊ばされたのであります。

忘れめやよるべも波のあら磯を
　御船の上にとめしこゝろは

当時後醍醐天皇は寄る辺もない御身の上であらせられる。その寄る辺もない御身の上であらせられる時に於て、進んで陛下を奉じて船上山に拠つて居る所のその忠義の誠をどうして忘れることが出来ようか。

忘れめやよるべも波のあら磯を
御船の上にとめしこゝろは

斯くお記し遊ばされたのであります。士は己れを知る者の為に死す。名和長年は茲に於て一命を陛下に捧げ奉るのであります。延元元年の正月、足利高氏が大軍を率ゐて京都に攻め寄せました。名和公二千騎を率ゐてこれを瀬田に防ぐのであります。併しながら賊軍南より京都を陥れ、遂に京都は賊軍の蹂躙する所となり、後醍醐天皇は叡山の坂本に行幸遊ばされたのであります。その時のことでありますが、名和長年は何と心配したのであるか。これは我々自分の身の上に振当てゝ考へてみます時に殊に切実に考へられるのであります。自分は賊軍を防がん為に瀬田に来て居る。然るに、賊軍は大迂回をしまして後方山崎より京都に入り、京都は既に賊軍の蹂躙する所となつた。聞く所に依れば、天皇は叡山に行幸遊ばされたといふ。普通の人でありますならば直ぐ叡山に参る所である。瀬田より坂本に出るといふことは極めて容易である。この道にはまだ賊軍が這入つて居らない。楽に行ける。併しながら名和公はこの道を行かれない。自分は勅命を承はつて瀬田に向つたのであるが、京都の御護りとして瀬田で防いだのである。然るに京都に賊軍が充満したといふ知らせは受けたけれども、果して事実であるかどうか、陛下が坂本に行幸遊ばされたといふ噂さは聞いたが、果して事実であるかどうか。若し、この噂が嘘報であつて陛下が京都に在はし、陛下が賊軍の重囲に陥つて在はしますといふことであつたならば何としたら好いか。何としてもこれは事実を確かめずして他へ向ふことは出来ない。斯様に考へられまして真直ぐ京都に帰られるのであります。

率ゐる所の兵僅かに五百騎、その僅かな五百騎の兵を率ゐて真直ぐに京都に帰つた。賊軍は十数回に亙つてこれを包囲するのでありますが、この度毎にこれを蹴散らして通り、直ぐ御所に駈けつけまして、御所の御門の前において馬を下り跪いて御所の中を窺ひますと、既に陛下は在はさない。さうして賊軍宮中に乱れ入つて既に混乱状態である。こゝにおいて長年は哭く〳〵御所を出まして、再び馬に鞭つて坂本に向ふのであります。斯の如き忠烈、凡そ歴史の中に逸話とし美談として称へられる所のもの多き中に於て、この名和公が真直ぐ京都の御所に駈け帰つたその心ほど我々の胸を打つものは少いのであります。誠に士は己れを知る者の為に死すと言ひますが、この名和長年の忠義の精神を十分に御承知になつて居つて下さる所の後醍醐天皇、その後醍醐天皇の御為にこれらの忠烈の人々は誠を尽して御奉公申上げましたことは我が国の歴史に於きまして、最も光彩を放つて居る所であります。日本国が産んだ所の凡ゆる忠義の人々は、この時に於て悉く後醍醐天皇に見出されて居るのであります。後醍醐天皇の御製の中に、

今はよも枝にこもれる花もあらじ
　木のめ春雨時を知る比《ころ》

斯様な御製があります。只今のやうに、もう春雨が降つて春であることが明瞭となつて来ればもう咲かないで蕾のまゝで残つて居るものもあるまい。全部花は開いたであらう。斯様な意味の御製でありますが、後醍醐天皇の御代に於きましては、日本国の凡ゆる忠烈の精神といふものは悉く時を得て花を開いたのであります。大和魂が繚乱として咲き乱れたのは正に建武の御代であります。艱難の多き時ではあつた。辛

苦の多き年ではありましたけれども、美はしき大和魂が謂はゞ春の花園に乱れ咲く花の如くに繚乱として咲き乱れたのであります。

然るに、これほどの事があつたに拘らず、当時の大多数の者は尚陛下の御叡慮を理解し奉らず、建武中興の大業が真に道義より起つて来たものであり、即ち大義名分を正し、国民生活の安定を図り給うた御事であること、而して後醍醐天皇が如何に深く国民を愛撫し給うたものであるか。この事を存じ上げないで、足利高氏が謀叛を致しまして人々を利益を以て誘惑しました時には、大多数足利に附いてしまつたのであります。後醍醐天皇の御製に、

身にかへて思ふとだにも知らせばや
　民の心のをさめ難きを

有名な御製であります。建武二年（一三三五）の御製であります。建武二年とは如何なる時であるか。足利高氏が謀叛を起した年であります。足利高氏が鎌倉に拠つて謀叛を起したその時に於て、後醍醐天皇はこの御製を詠ませ給ふたのであります。足利高氏が謀叛を起し、国民の大多数がこれに加担をしたといふ報せをお聞きになりまして、何たることであるか。陛下は国民を赤子と思召され、その生活を安定ならしめむが為に深く御宸念遊ばされてゐるのであります。その事が漸く成つた今、建武中興の事成つて陛下の御精神がこれより政治の隅々に迄行渡らうとして居る。それを知らないで、人々が足利高氏に誑《たぶら》かされて陛下に謀叛し奉るといふことは何といふことであるか。「身にかへて思ふとだにも知らせばや」汝等の生命にも代つてやらうと思ふほど汝等を愛してゐるのである。この御叡慮を国民一般に知らせてやりたい、

かう言つてお歎き遊ばされたのであります。

而もこのお歎にも拘らず、遂に天下大多数の者は足利の味方となりまして、建武中興の大業は崩壊し、翌《あく》れば延元元年、楠正成、名和長年の戦死となり、延元三年には北畠顕家、新田義貞の戦死となる。斯様にして延元四年八月十六日、後醍醐天皇は吉野の山に於て崩御遊ばされたのであります。この時北畠親房は山河百里を隔てゝ遠く常陸の小田城にをりまして、小田の城において群り寄する賊軍と戦ひながらこの悲しき報せを受取つたのであります。こゝに涙ながらに筆を執りましたのが、有名な『神皇正統記』であります。大日本は神国なり、これから筆を起しまして、日本の国体を明かにし、日本の歴史の根底を流れて居る所の精神を明かにされたのであります。

而も尚、国民の大多数はこれを理解することなく、南風競はず、忠臣義士皆悲しい最期を遂げたのであります。後醍醐天皇が詠ませ給うた御製の中に、

埋もるゝ身をば歎かずなべて世の
　曇るぞつらき今朝の初霜

自分が沈淪して行くといふこと、自分が不幸に陥つて行くといふことは必ずしも歎かない。唯歎き思召すのは世の中全体が曇るといふことである、御自身の辛苦、艱難は必ずしも御心に介し給はない。日本国全体が曇つてしまつて、その清き姿を失ふといふことは誠に堪へざる所である。斯様に御歎き遊ばされたのであります。この御製を拝し奉る時に於て我々は何とお応へ申上げて宜いのであるか。後醍醐天皇の御祭に仕へ奉るに当つてこの御叡慮を拝し奉り、この聖徳を仰ぎ奉る時に於て誠に申上ぐべき言葉も知らない

のであります。後鳥羽天皇が隠岐に於ておかくれ遊ばされましたあの御辛苦の御一生を回想しまする時、我々の眼の前に強く浮び出る御製は、

おくやまのおどろの下をふみわけて
　　みちある世ぞとひとにしらせん

日本国中は謂はゞ雑草の生ひ茂つた所の醜い世の中になつた、その茨を掻き分けて道ある世ぞと人に知らせん、日本は道のある国である、道義に依つて立つ国である、この事を国民に知らせてやりたい、斯様に仰せられた所の御製が我々の眼の前に強く浮び出て来るのであります。而して今、後醍醐天皇が吉野に於て淋しくおかくれ遊ばされましたあの惨憺たる御辛苦の御一生を回想し奉る時に、再び我々の眼前に強く浮び出ますものは只今の御製であります。

埋もるゝ身をば歎かずなべて世の
　　曇るぞつらき今朝の初霜

両陛下は陛下御自身の御苦しみを御意に介し給はずして、日本国を道ある世とし光ある世とせんが為に肝胆をお砕き給うたのであります。この事を考へます時に於ては、我々は茲に二つのことを思ふのであります。

その第一は、日本は過去を顧りみて誠に見事なる歴史を有つて居る。さうして現代に於きましては国運隆昌、国威赫々として揚がつて居る。この過去に於ける見事なる歴史と言ひ、現代に於ける赫々たる国威と言ひ、これはその基く所はどこにあるか、言ふ迄もなくその基く所は日本の道義である。その力に依つ

て日本はこの歴史を誇り、今日のこの隆昌を喜び得るのである。領土の大を以てすれば日本は支那、アメリカに及ばず、又ロシヤにも及ばない。人口の多きを以てすれば、これ又支那に及ばずアメリカに及ばず、ロシヤにも及ばないのであります。何に依つて日本はこの力をもつて来たのであるか。日本のこの力といふものはどこから出て来る所の力であるか。言ふ迄もなく、それは日本の道義の力である。日本の最大の強み、最大の誇り、それは実に日本の持つ所の道義に依るのである。その道義といふことは如何にして教へられ、如何にして鍛へられて来たのであるか。これ実に後鳥羽天皇に依つて教へられ後醍醐天皇に依て鍛へられて来たものではないか。我々はもし日本歴史の上に於て楠公現れず、名和公現れず、新田公現れず、菊池公現れず、これらの忠臣義士が全部出て来ない日本歴史といふものを考へてみますならば、如何に落莫たるものであるか。而して、これらの忠臣現れて我々は如何に感激を覚えることであるか。我々は日本歴史の中に於て強き感激をもち、その感激の中に自らの魂を養ひ得る所のものは、実に楠公あるに依り、新田公あるに依り、名和公あるに依り、菊池公あるに依るのであります。而も、それらの人々は如何にして現れたのであるか。後醍醐天皇に依つて見出されたのであります。後醍醐天皇に依つてこれらの人々は初めてその光を発するに至つたのであります。例へば、これは太陽の光に依つて月に光がある如く、後醍醐天皇に依つて楠公も光を発するのであります。斯様にして日本国の道義といふものは、実に後醍醐天皇に依つて教へ示され、磨き説かれて来たのであります。このことを思ひまする時に於て、我々は後醍醐天皇に対し奉り、最も深く御礼を申上げなければならないのであります。

それと同時に今一つ思ひますことは、こゝに私共は後醍醐天皇の深き御恩を感佩致しますると同時に、その後醍醐天皇によつて説き示された所の道といふものが、今日に於て果してどうなつてゐるのであるか。今日の日本は果してその儘に後醍醐天皇の御宸襟を安んじ奉るやうな状態であるのであるか。人々は私利私欲を思はずして、又少しも間違つた思想に誤まられずして、偏に日本の国体を信じ、日本国の道義によつて進まんとしてゐるのであるか。真にこゝに曇りなき日本の道といふものが現れて居り、名月の如く輝いて居るのであるかどうか。否、これは現代日本の姿としてこれをみるのではないのであります。我々の心自身の問題であります。

我々自身が今、後醍醐天皇の御陵の前に跪いて、真に天皇のみたみとして陛下の御叡慮にお応へ申上げるに足る心を有つて居るのであるか。我々の心は斯くの如く清く、斯くの如く明かであるか。こゝに私共は深く自ら顧みなければならぬのであります。斯くの如くに自ら顧み深き反省をもつてその道を求め、その道を明かにしてゆく時に於て、初めて私共は後醍醐天皇の高き聖徳を仰ぎ奉ることが出来るのであります。尚申上げますれば申上げたいことは多いのでございますが、段々時間も取りましたから私のお話はこれを以て終らうと思ひます。

多年後醍醐天皇の聖徳を仰ぎ奉り、建武の忠臣の事蹟に感銘致しまして、自分と致しましては日夜肝胆を砕いて、この御事蹟の闡明の為に尽して参つたのでありますが、而して幸に水戸義公のお蔭により、山崎闇斎先生のお蔭により、その他幾多の先哲のお蔭によりまして、この御聖徳を称へ奉り、この忠烈の精神を仰ぎ見ることの出来ましたことは、自分と致しまして誠に感謝に堪へない所であります。而して今記念すべき六百年の大祭に当りまして、茲に楠公と関係の最も深き大阪府の、その文教の重責に当られる皆様と共に六百年の昔を偲び奉ることの出来ましたことは私の最も光栄とする所でございます。唯不徳にして妄りに後醍醐天皇の御聖徳を称へ奉りまして、或は却てその御徳を穢しはしなかつたか。これ私の最も恐懼に堪へぬ所であります。皆さまに於かれましては長時間に亙りまして御清聴を戴きましたことを厚くお礼申上げます。これを以て失礼致します。

（『後醍醐天皇ノ聖徳ヲ仰キ奉ル』（思想叢書一二三）昭和十五年三月、大阪府思想対策研究会）

十八、孝明天皇の聖徳

孝明天皇は、天保二年（一八三一）六月十四日、仁孝天皇の皇子として御降誕遊ばされ、弘化三年（一八四六）二月六日父帝崩御の後をうけて、その月十三日御践祚、翌年九月二十三日御即位式をあげさせられ、そして慶応二年（一八六六）十二月二十五日崩御遊ばされた。御践祚の時、御年十六歳であつて、崩御の際、三十六歳であらせられた。従つて其の御治世は、足掛けにして二十一年、満にして云へば二十年に過ぎない。しかるにその二十年乃至二十一年は、我が国の歴史に於いて、最も憂患の多く、且つ深刻なる時であつた。即ち此の間に於いて、アメリカも迫れば、ロシヤも来り、イギリス・フランス等もそれに続き、開国通商を要求して止まなかつた。寛永鎖国以来二百有余年、目をとぢて貪れる泰平の夢は破れた。目をあけて見れば、欧米列強の勢力は、怒濤の如く我が国の周囲に押寄せてゐる。措置にして一歩を誤れば、いかなる事態を招くかも知れない。殷鑑遠からず、目の前に清国の不幸が横たはつてゐる。即ち清国は、従来広東の一港を限つて外国と貿易してゐたが、イギリスとの貿易によつて銀の流出と阿片の輸入の多きに苦しみ、きびしく阿片の輸入と吸飲とを取締した所から、西暦一八四〇年遂に戦争となり、忽ち清国の敗北となつて、一八四二年には南京条約が結ばれ、清国はイギリスの要求するがままに、広東・厦門・福州・

寧波及び上海の五市を開き、香港島を割譲し、且つ莫大なる賠償金（金額にして二千百万メキシコドルといふ）を支払はねばならなかつた。此の阿片戦争に於けるイギリスの成功は、他の列強のアジア侵略を誘導するに至り、ロシヤ・フランス・ポルトガル等、いづれも活発に動いて来た。

阿片戦争の始まつた一八四〇年は、我が天保十一年であり、南京条約の結ばれた一八四二年は、我が天保十三年である。具眼の士は国の四周に既に高浪のうねり狂ふを見た。

孝明天皇が践祚遊ばされた時は、実に此の阿片戦争の終り、南京条約の結ばれてより、四年後であつた。十六歳の天皇は、その年八月、即ち践祚後半歳にして、深く此の情勢を憂慮し給ひ、特に勅諭を幕府に下し給うた。それには、近年異国船時々来航するとの風説あるに就いては、十分に警備をととのへ、殊に海辺の防禦を堅くして、小敵を侮らず、大敵を恐れず、十分に対策を立てて、「神州の瑕瑾これなきやう」心掛けるやう、諭《さと》し給うたのであつた。

やがて嘉永三年（一八五〇）十一月、再度海防をきびしくするやう、幕府に対して、勅諭を下し給うたが、それには、

猶々、天下泰平、神州の瑕瑾これなく、庶民安堵の儀、

を御希望、御期待遊ばされる旨を伝へさせ給うた。

ついで嘉永六年に入るや、六月にはアメリカのペルリ、七月にはロシヤのプーチャチンが来て、強く要求する所あり、朝野俄に騒然となる。たまたま其の十月、徳川家定、内大臣征夷大将軍に任ぜられるに際し、坊城俊明・三条実万を勅使として江戸に下し給ひ、アメリカとの交渉重大なるを指摘して、

誠に神州の一大事に候へば、いよいよ衆心堅固に、国辱後禍これなき様にと思召さるる旨を諭さしめ給うた。

安政元年（一八五四）正月、ペルリ再び来り、三月幕府は神奈川条約を結んで、下田・箱館の二港を開くや、閏七月、特に武備を厳重にして警戒すべき旨を幕府に諭し給うたが、その勅書の中には、軍備不足の為、一時の耐忍はやむを得ずとしても、そのまま年月推移しては、国体をけがすおそれありとして、深く御慎遊ばされ、専ら御祈念を凝らされ、国の為、民の為、御誠精をつくされ候間、幕府に於いても、此の御精神をうけて警戒をゆるめず、「神州の瑕瑾これなきやう」専念せよと命じ給ひ、更に安政四年十二月には、アメリカの要求漸次加はるを憂慮あらせられ、

呉々も国体に拘はらず、四民を損せざるやうにとの叡慮を、幕府へ伝へしめ給うたのであつた。

政権の朝廷を去る事は、すでに久しい。幕府は、朝廷に対して、只学問と儀式とに専念せらるべきを要請し、而して凡そ政治に関するかぎりは、幕府に於いて独裁専決し、京都には報告もしなければ、申請もせず、全く無関係に処理し来つた。しかるに今、孝明天皇は、わづか十六歳の少年にましましながら、最重最大の政治問題である所の、対外国策の大本を、幕府に対して御指示御指導あらせられたのである。ペルリの来航は、二百年鎖国の夢を破つた。驚くべき大変である。しかも殆んど同時に行はれた所の、天朝よりの政治指導は、日本国の政治形態を、その本来固有の姿に戻し、幕府を独裁の地位よりおろして、奉行の機関たらしめるもの、ペルリの来航に劣らざる大変であつた。

而して孝明天皇は、此の大変革である所の政治指導を、只二つの点、即ち、

神州の国体に瑕瑾なく、
国民を損せざるやう、

といふ二つの眼目に於いて、行はせられたのである。ここに我々は、孝明天皇の無私無欲、純粋清明、真に神の如き大御心を仰ぎ奉るのである。

そして幕府が、天皇再三の御指導御諭示にも拘らず、思召の通りに動かないのを見給ふや、天皇は一時御譲位をさへ御考へ遊ばされたのであつた。即ち幕府が、勝手に米国と和親の条約に調印するや、安政五年六月二十八日、宸筆の勅書を朝廷の重臣に下し給うて、

天神地祇皇祖に対し奉り、申訳なく、且所詮存念申立候共、右の次第、実以身体ここに極まり、手足置く所を知らざるの至、何とぞ是非、帝位を他人に譲りたく決心候、

と仰下されたのであつた。即ち天皇は、国体の護持と、国民の幸福との為には、御身を棄ててかへりみ給はなかつたのである。曾て亀山上皇は、

世のためも　風をさまれと　思ふかな
花のみやこの　春のあけぼの
すべらぎの　神のみことを　うけきつつ
いやつぎつぎに　世を思ふ哉
命にも　かへばやとおもふ　心をば

知らでや花の　やすく散るらむ

と、よませ給うたが、其の同じ御精神は、孝明天皇の勅書に、之を拝するのである。

細部末端の事は、之を幕府の機関に委任してよいが、国体の根本に関する国策の大本は、天皇の御指導によらねばならぬとするは、道理に於いて当然の事でありながら、嘉永安政の当時にあつては、驚くべき革新と思はれた。それを早く弘化三年より始めて、嘉永・安政とひきつづき決行あらせられたのが、孝明天皇であり、而して下々に於いて、同じ精神を以てめざましき運動を展開したのが、橋本景岳であつた。

抑も孝明天皇の御代は、英傑の士数多く輩出して、国史の中に於いても、特に光輝ある時代であつたが、その中にあつても異彩を放つ者は、橋本景岳と吉田松陰とであり、此の両士の亡くなつた後に於いては、真木和泉守であらう。以上の三傑は、いづれも孝明天皇の御代に活躍して、孝明天皇の御代に一生を終つたのであり、しかも其の死は尋常一様の最期ではなく、実に一命を孝明天皇に献じ奉つたのであつたが、就中景岳は天保五年に生れて、孝明天皇御践祚の年、十三歳であり、松陰は天保元年に生れて、孝明天皇御践祚の年、十七歳であつたから、此の二人の一生は、その幼少の時代を除却すれば、孝明天皇の御代に終始したものと云つてよい。

さて其の景岳は、世界の大勢を洞察達観して、開国進取の国策を立て、而して強豪の列国に対抗して国家を護持せんが為には、国体の本義によつて天朝を尊崇し、勅命を仰いで政治の基本を確定し、天下有為の人材をあげて要路に立たしめようとした。そして其の秘策実現のために、安政五年上京奔走したが、その報告を読めば、当時二十五歳の景岳が、いかに慎重に行動し、いかに適切に人物を鑑定し、いかに巧妙に人々に入説していつたかが分つて、只々感歎の外は無いのであるが、その中に恐れ多い事ではあるが、孝明天皇を評し奉つた所がある。

主上御義は、御壮年にもあらせられ、御英明の御沙汰は伺ひ居り候へども、内実は如何と、恐多くも疑ひ居り候ところ、実に驚伏し奉り候事ども、数件御坐候、此の節、世上取沙汰の事ども、一々御耳に入り居り候よし、此の節は夜分御忍びにて（侍従も知らざる位）内侍所へ御日参遊ばされ候よし、過日は東坊城（伝奏）太閤（鷹司政通）に恐れ、賄賂を取り、あまつさへ恐れながらも今度関東（幕府）の申す如く成されざる時は、承久の後鳥羽帝の事恐るべしなど申し候ところ、大に御笑叱、其は間違なり、彼は武家に帰したる権を御所へ御取返しの御趣向、今度は皇国の御一大事故、皇国人心の帰する所にて処置致し候つもり、（当時正論家の眼目、此の一語に尽き居り申し候、列侯の存御尋も此の辺の見込に御坐候）依つて相考へ候へば、彼は内地にて公武の争、此の度は皇夷の争に候、必ず承久度の事これなき間、安心申すべし、それにても強ひて其の事を行ひ候はば、其の時は畏《おそ》るるに足らずと、御垂諭遊ばされ候よし、此の御一語の御徳音、実に鳳鳴龍吟、我が神州の為め、光を増し候事万々、吾儕一命位は実に惜しむに足らずと存じ奉り候、

景岳の報告は此の後、天皇が九条関白（尚忠）を鞭撻して、鷹司太閤を恐れず正路を進ましめ給ふ事、伝奏はとかく賄賂に流れる弊風あるについて毎々直接に御叱り遊ばされる事、此の節は深夜まで旧記を御研究遊ばされる事、御酒も御減しか又は御止めの由承る事、鷹司右大臣（輔熙）より海外貿易を御許しになれば、時計などは沢山輸入されますから自由に手に入るやうになりますと申上げたところ、時計の為に国

策を決定する事は出来ぬと仰せられた事など、いろいろ記してあるが、孝明天皇英明の御徳は、景岳の一語、一命惜しむに足らずとの感嘆に、現れて明瞭であつて、一々の実例を細叙するには及ばないであらう。

橋本景岳は、眼識透徹、人物の鑑定に於いては、幕府の有司についても、朝廷の公卿についても、正鵠にして剴切、ほとんど骨体に迫るの感がある。その景岳が仰ぎ見て驚嘆し、此の御為には一命を捧げて惜しむに足らずと云つた事は、以て、孝明天皇の聖徳を拝察するに十分であらう。

次に吉田松陰を見る。松陰は、嘉永六年十月朔日京都に入り、翌二日朝、御所を拝した。そして感激を詩に托して曰く、

山河襟帯《きんたい》自然の城、
東来日として帝京を憶はざるなし、
今朝盥嗽《かんそう》して鳳闕《ほうけつ》を拝し、
野人悲泣して行くこと能はず、
鳳闕寂寥にして今、古にあらず、
空しく山河ありて変更なし、
聞くならく今上聖明の徳、
天を敬ひ民を憐みたまふ事、至誠に発す、
鶏鳴乃ち起きてみづから斎戒し、
妖氛《ようふん》を掃つて太平を致さん事を祈り給ふ、

従来英皇不世出《ふせいしゅつ》、
悠々機を失す今の公卿、
人生萍《へい》の如く定在なし、
いつの日か重ねて天日の明を拝せむ、

松陰は、公卿の門に出入して、朝廷の内情に精通する点に於いては、景岳に遠く及ばなかつた。しかも哲人の達識と、忠臣の至情とによつて、孝明天皇不世出の高徳を感得し、かくの如き聖明の天子をいただきながら、今の公卿のだらしなさ、皇国興隆の理想をいだかず、あたら千載一遇の好機を、為すなくして漫然と看過してゐる事を歎いたのは、流石に松陰と驚歎せられる。

次に真木和泉守は、文化十年（一八一三）の生れであつて、景岳・松陰より遥か先輩であるが、その殉国が両人よりは五年おくれて、元治元年（一八六四）であつたから、今三人を序列するに、殉国の前後によつたのであるが、和泉守は、弘化四年九月、孝明天皇御即位の大典を拝せむがために、はるばる九州より上京し、野宮定功の殊遇を得て拝観すると共に、三条実万にも謁する事が出来た。この時の感激が、後年の建白の中に現れてゐるが、ここに其の一例を示せば、安政五年六月、野宮定功に宛てた上書に、

かねて至尊御英偉にあらせられ、御列位の御方々御卓識の程、僻壌に於いても嘖々相唱へ、感喜罷りあり候、さて幕府にては、外夷の恐嚇に相怖れ、姑息の計のみに打過ぎ、人気沮喪仕り候処、天朝に於いては、夷情御洞察遊ばさせられ、堂々正義を押立てさせられ候につき、天下の人気稍以て振起仕り候様、相見え候段、誠に以て有難き仕合に存じ奉り候、

とある。かくて和泉守は、此の聖明の天皇を奉じて皇国中興の大事を成さうとするのである。その幽囚中の詩に曰く、

一朝忽ち奸人に忌まれ、
天下すでに足を容るるの地無し、
数畝の山園猶求む可し、
如何せむ聖主中興の事、

和泉守は、その水田幽囚十年の間に、聖主を奉じて皇国を中興すべく、万般にわたつて思索考究し、大計成つて水田を脱出し、やがて兵をひきゐて上京し、会津桑名の諸藩と戦ひ、戦やぶれて天王山に自決し、

大山の　峰の岩根に　埋めにけり
　我が年月の　やまと魂

の辞世の一首に、無限の感慨を托したが、しかも其の立案大計は、間もなく明治維新を招来し、そして明治の大政を指導したのであつて、その意味よりいへば明治の指導者として首座を占めるべき人物である。その和泉守の考は、すべて天朝の聖意を奉じて動かうとするものであつて、蓋し孝明天皇の聖徳を仰ぎまつつての感激が、その根本の力となつてゐるのである。

真木和泉守と同じく、元治元年の秋、国事に殉じた人に、平野国臣がある。殺されたのは七月二十日、和泉守に先だつ事、一日であり、殺された事情もちがふが、その志は全く同一であつた。そのよんだ歌

大内の　さまを思へば　これやこの

身のいましめの　うきは物かは
我が胸の　もゆる思に　くらぶれば
煙はうすし　桜島山
かかる世に　生れあはずば　大丈夫の
心をつくす　かひなからまし
君が代の　安けかりせば　かねてより
身は花守と　なりけんものを
これやこの　おのがさまざま　楽しむも
みな大君の　めぐみならずや

等、いづれも其の志を見るべきであるが、殊に孝明天皇の御製、

すみの江の　水に我が身は　沈むとも
濁しはせじな　四方の国民

といふ一首を謹んで書写し奉つて、その奥に書き添へた、

かくばかり　悩める君の　御心を
休めまつれや　四方の国民

に至つては、孝明天皇の聖徳が、いかに正しく強く国臣に反射反映してゐたかを、明示してゐるのである。

その平野国臣を、いはば立会人として、安政五年十一月十六日、西郷隆盛と相抱いて薩摩の海に身を投

じたる月照に、

大君の　為には何か　惜しからむ
　さつまの瀬戸に　身は沈むとも

といふ歌があれば、不思議にその時、息を吹きかへして、島に流された西郷隆盛には、

朝に恩遇を蒙りて夕に焚坑せらる、
人生の浮沈、晦明に似たり、
たとひ光をめぐらさざるも葵は日に向ひ、
もし運を開くなきも意は誠を推す、
洛陽の知己、皆鬼となり、
南嶼の俘囚、ひとり生をぬすむ、
生死何ぞ疑はむ、天の附与なるを、
願はくは魂魄を留めて皇城を護らむ、

といふ詩がある。月照にしても、隆盛にしても、その境遇は絶体絶命の悲境であり、期する所は只一死あるのみである。しかるに彼等は、その死が孝明天皇に奉仕する所以である事に、限りなき満足をいだき、そして死後も魂魄を留めて天朝の護衛に当りたいと願ふのである。

曾て韓退之は、『拘幽操』を作つて文王の心を解明し、臣道の極致を宣揚した。それは正に臣道の極致であつて、その場合、君徳は問題の外に在る。いはばそれは、一方的であり、片務的である。臣道として

は、それを極致とし、規準とするのであるが、然しそれは痛ましき人生の悲劇たるをまぬがれない。しかるに今、孝明天皇の御代に於いては、天下英傑大才《たいさい》、ことこどく天皇の聖徳を仰ぎ見、一身一家を棄てて天朝に奉仕しようとしたのである。ここには国体の護持と国民の安寧幸福との為には、敢へて御身をかへりみ給はざる孝明天皇の聖徳と、その聖徳を仰ぎ、聖徳に感激して、すべてを捧げて奉仕しようとする臣民の至誠との、世にも美はしき諧調を見るのである。

　孝明天皇の御代に起る幾多の事件、安政の大獄といひ、桜田門の変といひ、坂下門の変といひ、やがて禁門の変といひ、つづいて長州征伐といひ、悉く此の君徳臣道より発し来り、而して一途に維新回天の大事を目指して進むのである。君臣の関係、水魚の如しといひ、天地覆載の如しといはれるが、その最も美しき発露を、孝明天皇の御代に見る事が出来るのは、まことに国史の壮観であり、国史をかへりみる者の、大いなる喜である。

（「神道史研究」一四－五・六合併号、昭和四十一年十一月）

十九、明治の大御代

明治天皇の知ろしめしたる明治時代は、わが国の歴史に於いて、内治外交ともに、最も光彩陸離たる、いはば黄金時代であつた。古くは延喜・天暦の御代が、聖代としてたたへられて、その聖代に復す事が、政治の理想とせられたが、明治の大御代は、その深刻なる改革の徹底といひ、その雄大なる発展の規模といひ、もとより他に例類の無いものであつた。

しかも明治の大御代は、直ぐその前の、文久・元治・慶応までが、対外的には萎縮姑息であり、而して内は分裂抗争がつづいてゐたのであるから、その分裂から全国を打つて一丸とする大同団結が生れ、その萎縮から奮起して世界的雄飛となつたのは、殆んど一夜の変異の観があり、之を謎とし、之を奇蹟としても、決して無理では無いであらう。

慶応三年（一八六七）正月九日、明治天皇践祚の礼を行ひ給うた。嘉永五年（一八五二）の御降誕であるから、今慶応三年には、御年十六歳であらせられた。その十月十四日、徳川慶喜上表して、政権の奉還を請うた。その文に、保元平治の乱以来、政権武門に移り、徳川氏に至つて二百余年相承して今に至るといへども、政刑、当を失ふこと少なからず、況や当今外国の交際、日に盛なるにより、愈朝権一途に出で申さず候ては、綱紀立ちがたく候間、従来の旧習を改め、政権を朝廷に帰し奉り、広く天下の公議を尽くし、聖断を仰ぎ、同心協力、共に皇国を保護仕候へば、必ず海外万国と並立すべく候、

云々とある。政権の武門に移つたのは、正に保元平治の乱からの事ではあるが、しかし平家の時代には、平家は朝廷の内にあり、朝廷の重臣として政権をとつてゐたのであるから、外形よりいへば政権はまだ朝廷の内に存した。それが朝廷の外に、別に政府を立て、朝廷を凌ぐ権威をほしいままにするに至つたのは、源頼朝からであつて、時をいへば、文治元年（一一八五）の冬であつた。それは頼朝みづから十分に意識して、「今度は天下の草創なり、尤も淵源を究め行はるべく候」といつて居るによつて明かである。されば今、慶応三年十月の上表は、文治元年以来六百八十二年の幕府政治を否定し、保元元年（一一五六）以来七百十一年に及ぶ武家の専横を改めようとするものであつて、正に破天荒の改革といはなければならぬ。

しかも朝廷は、この上表を許されると共に、猶之を以て足れりとせず、十二月九日、王政復古の大号令を発して、神武創業の始にもとづき、従来驕惰の汚習を一洗すべく、摂関幕府等を廃絶し、仮りに総裁・議定・参与の三職を置かれ、実質的に徳川宗家の政議参与を否定せられた。これ即ち小御所会議の論争起る所以であるが、その会議に於いて、徳川宗家の締出しは、決定的なものとなつた。

事の行はれた後より之を見る時は、当然の事が順当に運んだやうに思はれやすいが、将軍みづから大政の奉還を請ひ、朝廷之を許されると共に、徳川宗家、幕府の主脳は、一切今後の政治に参与せしめず、完全に之を締出されるに就いては、幕府に於いても、親藩一門のうちにも、諸藩のうちにも、之を喜ばず、

むしろ之を憤つて、武力を以ても之を阻止したいと考へる者がすくなくなかつた。即ち彼等は、

御連枝、御譜代、臣子の面々より論じ奉り候へば、九重（明治天皇）御幼冲、輦下御動揺の折柄、御祖宗奕世の御大業、卒然一朝御辞解に相成候段、いかでか坐視傍観奉るべき、悲憤痛惋、此事に候。

となげき、

嗚呼歳寒うして松柏の後凋を知る。誰か幕府と君臣の大義を明にし、むしろ忘恩の王臣ならんより、全義の陪臣となり、益砥節奮武の目的相立候へば、即ち依然たる徳川氏を失はせられず、世運挽回の期もこれあるべきやと存ぜられ候。

と云つた。「忘恩の王臣」は、「徳川家の恩を忘れて朝廷に仕へるよりは」の意味であり、「全義の陪臣」は、徳川家に仕へて朝臣より陪臣といはれようとも、それによつて義を全くしたいといふのである。

親藩の一つが、かやうに云へば、外様大名も亦云ふ、

私に於いても、二百余年の御恩沢、いかでか遺失仕るべきや。憚りながら領知差上候とも、一分の忠勤相励み候志に御座候。

かやうにして当時二条城に会集する所の諸隊は皆武装し、慶喜の号令一たび下れば、奮進血戦して、二百余年の徳川家の大恩に報ぜん事を期するものの如くであつたといふ。かくの如き状態の下に、将軍の大政奉還が行はれ、更に王政復古の名の下に、摂関と共に幕府を否定し、そして実質的に徳川宗家を追放し畢つた事は、殆んど不思議といふの外は無い。

不思議といへば、鳥羽伏見の戦も亦不思議である。古来京都の攻防戦、攻める者に勝利あつて、守る者

に不利なるを通例とする。木曽の入る時、平家之を防ぎ得ず、義経の入る時、木曽之を防ぎ得ず、承久に関東の軍勢乱入すれば、官軍之を防いで利あらず、元弘に官軍攻入る時は、六波羅やぶれて東走し、延元に足利攻入れば、官軍は防禦の法を失つた。京を守つて勝つた例は極めてすくなく、わづかに元治の禁門の変をその著例とするであらうが、それは長州一藩の攻撃を多数の雄藩連合して撃退したに過ぎない。しかるに慶応三年十二月十二日、一たん二条城を出て大阪に去つた徳川慶喜が、翌明治元年（一八六八）正月三日、再び兵をひきゐて入京しようとして、鳥羽伏見の戦となるや、幕府の軍勢は一万五千、之を防ぐ薩長の兵数は四千未満であつたのに、幕府脆くもやぶれて、慶喜は海路東帰するの外無かつた。是れも亦不思議の戦である。

更に驚くべきは、明治四年の廃藩置県である。戊辰の役、慶喜の恭順によつて江戸は鎮定し、ついで奥羽の諸藩も降り、それぞれ削封の処分があつて、県を置かれた所も多いが、しかも藩の多くは依然として存した。今、明治三年の列藩一覧を見るに、当時の諸藩は左の通りであつた。

大藩（百万石より四十万石まで）

加賀の前田（百二万五千石）、薩摩の島津（七十七万八百石）、静岡の徳川（七十万石）、尾張の徳川（五十六万四千五百石）、紀伊の徳川（五十五万五千石）、肥後の細川（五十四万石）、筑前の黒田（五十二万三千百石）、安芸の浅野（四十二万六千五百石）、以上八藩

中藩（三十九万石より十万石まで）

長州の毛利（三十六万九千石）、肥前の鍋島（三十五万七千三十六石）、水戸の徳川（三十五万石）、伊

勢の藤堂（三十二万二千九百五十石）、鳥取の池田（三十二万石）、越前の松平（三十二万石）、岡山の池田（三十一万五千二百石）、仙台の伊達（二十八万石）、阿波の蜂須賀（二十五万七千九百石）、土佐の山内（二十四万二千石）、久留米の有馬（二十一万石）、秋田の佐竹（二十万五千八百石）、彦根の井伊（二十万石）、松江の松平（十八万六千石）、前橋の松平（十七万石）、郡山の柳沢（十五万千二百八十八石）、松山の久松（十五万石）、高田の榊原（十五万石）、姫路の酒井（十五万石）、豊前の小笠原（十五万石）、米沢の上杉（十四万七千二百石）、盛岡の南部（十三万石）、高松の松平（十二万石）、羽前の酒井（十二万石）、柳川の立花（十一万九千六百石）、佐倉の堀田（十一万石）、福山の阿部（十一万石）、小浜の酒井（十万三千五百五十八石）、淀の稲葉（十万二千石）、津山の松平（十万石）、弘前の津軽（十万石）、忍の松平（十万石）、宇和島の伊達（十万石）、大聖寺の前田（十万石）、富山の前田（十万石）、松代の真田（十万石）、大垣の戸田（十万石）、中津の奥平（十万石）、新発田の溝口（十万石）、対馬の宗（十万石）、以上四十藩

小藩（九万九千石より一万石まで、ここには一々の石数を省略した）

土浦の土屋、豊橋の松平、高崎の大河内、河越の松平、明石の松平、古河の土井、笠間の牧野、小田原の大久保、小城の鍋島、宇都宮の戸田、岡の中川、延岡の内藤、宮津の本庄、新庄の戸沢、島原の松平、平戸の松浦、鶴田の松平、岩国の吉川、鶴舞の井上、松本の戸田、膳所の本多、笹山の青山、西尾の松平、中村の相馬、唐津の小笠原、館林の秋元、大洲の加藤、亀山の石川、棚倉の阿部、桑名の松平、柴山の太田、上田の松平、岸和田の岡部、久居の藤堂、蓮池の鍋島、丸亀の京極、竜野の脇坂、飫肥の伊

東、村上の内藤、臼杵の稲葉、丸岡の有馬、亀岡の松平、山形の水野、菊間の水野、豊浦の毛利、秋月の黒田、岡崎の本多、三春の秋田、二本松の丹羽、郡上の青山、津和野の亀井、関宿の久世、徳山の毛利、大野の土井、長尾の本多、尼崎の桜井、鯖江の間部、田辺の安藤、三田の九鬼、高槻の永井、新宮の水野、花房の西尾、今治の久松、沼田の土岐、犬山の成瀬、高瀬の細川、舞鶴の牧野、高遠の内藤、加納の永井、福知山の朽木、杵築の松平、西条の松平、出石の仙台、岩村の松平、安中の板倉、壬生の鳥居、平の安藤、烏山の大久保、久留里の黒田、高島の諏訪、広瀬の松平、鳥羽の稲垣、館の松前、高須の松平、宇土の細川、陸奥の松平、鹿奴の池田、吉田の伊達、村松の堀、重原の板倉、大村の大村、大田喜の大河内、佐土原の島津、高鍋の秋月、一の関の田村、上の山の松平、園部の小出、水口の加藤、日出の木下、松岡の中山、高取の植村、足守の木下、鴨方の池田、長岡の牧野、刈谷の土井、真島の三浦、岩槻の大岡、勝山の小笠原、松嶺の酒井、人吉の相良、府内の大給、半原の安部、本庄の六郷、大溝の分部、石岡の松平、八戸の南部、守山の松平、下館の石川、挙母の内藤、赤穂の森、佐伯の毛利、小幡の松平、与板の井伊、今尾の竹腰、長島の増山、飯山の本多、高梁の板倉、飯野の保科、鹿島の鍋島、庭瀬の板倉、柏原の織田、伊勢崎の酒井、岩崎の佐竹、綾部の九鬼、泉の本多、亀田の岩城、新見の関、黒羽の大関、天童の織田、西大路の市橋、飯田の堀、結城の水野、谷田部の細川、竜岡の大給、佐貫の阿部、佐野の堀田、福江の五島、矢島の生駒、須坂の堀、神戸の本多、小諸の牧野、鶴牧の水野、岩村田の内藤、豊岡の京極、三日月の森、生坂の池田、若桜の池田、湯長谷の内藤、伯太の渡辺、山上の稲垣、荻野山中の大久保、宮川の堀田、一の宮の加納、土佐の支藩山内、成羽の山崎、森の久留島、田原の三宅、三上の遠藤、六浦の米倉、加知山の酒井、多古の久松、大田原の大田原、小久保の田沼、峰山の京極、小泉の片桐、菰野の土方、足利の戸田、三根山の牧野、大網の米津、村岡の山名、福本の池田、西端の本多、岡田の伊東、志筑の本堂、山家の谷、苗木の遠山、牛久の山口、七日市の前田、堀江の大沢、田原本の平野、麻田の青木、鞠山の酒井、柳本の織田、新谷の加藤、平戸新田の松浦、小野の一柳、米沢新田の上杉、宍戸の松平、丹南の高木、三池の立花、黒石の津軽、芝村の織田、三草の丹羽、野村の戸田、三日市の柳沢、千束の小笠原、母里の松平、西大平の大岡、高富の本庄、清崎の松平、多度津の京極、安志の小笠原、柳生の柳生、吹上の有馬、生実の森川、椎谷の堀、林田の建部、小松の一柳、浅尾の蒔田、桜井の滝脇、小見川の内田、館山の稲葉、櫛羅の永井、高徳の戸田、下妻の井上、高岡の井上、麻生の新庄、清末の毛利、山崎の本多、黒川の柳沢、七戸の南部、喜連川の足利、以上二百三十二藩

今その石数を計るに、大藩五百十万四千九百石、中藩七百二万五百三十二石、小藩六百五十五万四千百二十三石、以上全部を合計すれば千八百六十七万九千五百五十五石となる。是等の諸藩、版籍奉還と称し、大名の名を改めて藩知事といふにしても、多年土地人民を私有し、世襲の勢、牢固たるものがあつたのに、明治四年七月十四日、突如として之を召集し、只一片の辞令を以て、一切之を免職せられたのは、真に空前の大改革、未曾有の重大事といはねばならぬ。而して当時の詔書にその目的を述べて、「内以て億兆を保安し、外以て万国と対峙せん」が為である事を明かにして居られるのは、期する所、雄大豪快、明治四十五年間の大飛躍、大発展を約束せられたものといつてよい。

廃藩置県の大事を、いはば写真を見るが如くに、ありありと我等に情景を示すもの、グリフィスの『ザ・ミカドス・エムパイヤ（Griffis; The Mikado's Empire）』に若くは無い。彼れは明治四年十月一日、越前福井に於いて、藩主が藩の廃止を告げ、藩士に訣別する式に参列する事を許された。彼れは記していふ、是の日早朝より、侍は裃を着用して、城内の大広間に集合し、訣別の用意をしてゐた。私が入つていつたのは、九時であつた。私は此の印象的な光景を決して忘れないであらう。部屋部屋を仕切る襖《ふすま》はすべて取払はれて、一つの大座敷となつてゐた。それぞれの地位階級によつて並び、儀式用のこばつた装束をつけ、月代《さかやき》を剃り、髻《まげ》を結ひ、正座して前に一刀を立て、その柄《つか》に手をかけてゐる福井一藩の侍は、総数三千と注せられた。彼等は頭を垂れてゐるが、事の重大さを感じて胸中には万感往来してゐる。それは彼等の封建主君との訣別以上のものであつた。それは過去七百年間、父祖代々生きて来た制度の厳粛なる葬式であつた。彼等は或は過去を回想し、或は未来を模索するかの如く、瞑想的であつた。

私は彼等の心が読めたやうに思つた。刀は侍の魂である。しかるに今やそれは、商人のインク壺と元帳とに座を譲つて、名誉を奪はれ、無用の道具として棄去られるべきであるか。武士は今や商人にも劣るものとなつたのであるか。名誉は金銭に若《し》かないのであるか。日本の魂は、日本の富を吸取りつつあるむさくるしき外国人と同列にまで低下せらるべきであるか。我々の子供は将来どうなるのであるか。彼等はあくせくと働いて、おのれのパンを得なければならないのであるか。我等の世襲の禄高が廃止せられるか、又は乞食へのめぐみ程に減額せられる時、我等は何とすべきであらうか。名誉ある武士の子孫として、その血と魂とを継承せる我等は、希望も無く一般民衆の中に混入しなければならないのであるか。商家に娘を嫁せしめるよりは、むしろ名誉ある貧困の中に餓死するを欲した我等も、今やその生命を救ひ胃袋を満たさんがために家族の縁をけがさなければならないのであるか。我等の将来は一体どうなるのであるか。

主君の出座を待つ家臣の顔は、かやうな思案で曇つてゐるやうに見えた。やがてその主君の来られた事が告げられると、その後は、一本の針を落しても聞えるだらうと思はれる静粛さであつた。

福井藩主越前侯松平茂昭公（明日よりは単に一人の貴族となるべき）は、広い廊下を通つて大広間へ入つて来られた。公は恐らく三十五歳、厳格な容貌であつた。その袴は紫の襦子、着物は白の襦子、羽織は濃い鼠色の絹で、背にも胸にも徳川一門の葵の紋が縫取られてゐた。その腰に帯びたる脇差の柄は、純金で飾られてゐた。白足袋をはいたその足は、畳の上を音も無く進んだ。その通るや、人々は頭を下げ、刀を伏せて右側に置いた。公は外には現はさないが、深い感動で、家来の列の中を進んで、大広間の中央へ来た。家老が簡潔にして荘重なる告示を読上げて、藩の歴史、主従の関係、明治元年の御一新によつて、王政の復古するに至り、藩の廃せられた事を、簡単に、しかし雄弁に述べた。その結論に於いて、公はその家来がすべて、今後は天皇と皇室とに忠節をつくすやう厳命した。そして各人の成功と幸福とを祈りつつ、上品にして適切なる言葉で、厳粛なるお別れの挨拶があつた。

侍の側では、一人が代表として答辞を述べ、元の主君に対して懇切なる感謝を捧ぐるとともに、今後は天皇と皇室とに忠節をつくす事を誓つた。儀式はここに終つた。前藩主と家老とは城を去つた。

その翌日、前藩主は、多年住み馴れた福井を引上げて、東京に向ふ。人々は名残りを惜しんで群集し、その熱心なる者は、あとについて武生《たけふ》までも随行する。封建制度の最後の日の姿の、如実の描写として、グリフィスの記述は、千金の価をもつ。

まことに雄大にして深刻なる大改革であつた。されば当時英国公使パークスは、之を聞いて驚歎し、ヨーロッパに於いてかくの如き大事を成さうとすれば、幾年かの兵力を用ゐなければなるまいに、日本に在つては、天皇の詔書一たび下れば、忽ち二百余藩の実権を収め得るといふは、世界未曾有の盛事であつて、天皇は真に神の如し、人間の企て及ぶ所ではない、と云つたといふ。正にその通りである。七百年にわたる因襲であり、現に今、明治四年に於いて、藩をかぞへて二百八十、石数をつもれば千八百万石、一国の大部分を占拠してゐる封建諸侯を、只一片の辞令を以て免官し、藩を全廃して県とし、朝廷の直轄として、土地にして王土にあらざるは無く、人にして臣民にあらざるは無き大理想を、一瞬にして実現し給うたのであるから、明治天皇御一代の盛事、之を以て頂点とし、これ以前の改革は、ここに到る道程であり、これ以後の壮挙、日清・日露の二大戦役にしても、憲法の発布、教育勅語の下賜にしても、すべて此の点より出発して内は以て億兆を保安し、外は以て万国と対峙しようとせられたもの、つまり是れよりの発展に外ならぬであらう。

米人グリフィスは、外人なるが故に、特に鋭敏にして新鮮なる感覚を以て、廃藩置県の重大にして深刻なる改革の一瞬を、さながら今も目に見、耳に聞くが如くに、写取つた。そして彼は、その表面に現れたる変化を叙述したに止まらずして、その根本の動力が、そもそも如何なるものであるかを看破した。そして其の結果、彼は其の日本見聞記に題するに、The Mikado's Empire を以てし、特に漢字を併記して、『皇国』とした。これこそ明治維新の本質を、最も簡潔に、最も的確に表現したものであり、同時に明治の大御代の、あの花々しい雄飛、かがやかしい発展を、最も雄弁に説明するものと云はなければならぬ。

皇国といふ言葉は、尊王家勤王家の間には、はやくより用ゐられて来たが、注意すべきは、慶応三年十月十四日、将軍慶喜が「大政奉還の上表文」に、

臣慶喜謹で皇国時運の沿革を考候に

云々とある事であつて、大政の奉還も、鳥羽伏見の敗退も、江戸城の開渡も、静岡への転封も、すべて幕府の主脳部に、皇国の自覚があつた為である事が考へられるであらう。

即ち明治維新の大業は、その積極面にも、消極面にも、皇国の自覚が滲透した結果、一時に発露して来たものであるが、之を統率し、之に決断を下し給うたのは、いふまでも無く明治天皇であらせられる。明治天皇おはしまさずしては、維新の大事、明治の鴻業は、あり得ないのである。功臣あり、名将ありとしても、之を採択し、之を用捨し、之に決断を下さるるは、一に天皇の御徳にある。

明治天皇の御降誕は、嘉永五年九月二十二日であつたが、その時、御安産の御祈禱を捧げたのは、大阪座摩《いかすり》神社の祝部《はふりべ》、佐久良東雄であつた。そしていよいよ御降誕遊ばれたと承つて、中山忠能卿までささげまつつた歌は、左の二首であつた。

名に高き　その中山の　姫松に
天津日の影　とよさかのぼる

天照らす　日つぎのみこの　みことぞと
　深く思へば　なみだし流る

佐久良東雄は、深く幕府の専横を憎み、国民一般の無自覚をなげき、何とかして王政の古にかへしたいと念願し、此の熱烈なる念願に一生を終始した人であつた。

まつろはぬ　やつこことごと　束の間に
　やきほろぼさむ　天の火もがも

は、幕府の専横を憤るのである。

大皇《おおきみ》に　まつろふ心　なき人は
　何を楽しと　生きてあるらむ

は、同胞の無自覚をなげくのである。

死にかはり　生きかへりつつ　もろともに
　橿原の御代に　かへさざらめや

おきふしも　ねてもさめても　思ひなば
　立てし心の　とほらざらめや

は、王政復古を念願するのである。

ひとり佐久良東雄のみでは無い。明治天皇の御降誕、明治の大御代の出現は、安政万延より文久を経て元治慶応に至る間、数多くの志士の祈りに答へられての事であつた。否、ひとり安政以来と云はぬ。その御英明、「後鳥羽院このかた」と人々の歎称し奉つた桃園天皇以来、君臣の間の祈願、また当時古を援《ひ》いて今を論じ、正気を公卿の間に扶植した竹内式部の熱禱に答へられての事であつた。

豈ひとり宝暦以来と云はうや。明治元年はやくも湊川神社の創建を仰せいだされ、翌年には鎌倉に護良親王を祀り、井伊谷に宗良親王を祀らせ給うた事は、明治維新の大業が直ちに建武の御精神を承けさせ給うた事を示すものである。

更に驚くべきは、承久の昔との深い関係である。今その一例を、順徳天皇の神霊奉迎に見よう。明治六年、明治天皇の思召により順徳天皇の神霊を佐渡より迎へ奉つて、後鳥羽天皇土御門天皇と共に、水無瀬宮にお祀り申上げる事となり、翌七年三月、奉迎使弁に随員の発令があつた。奉迎使を仰付けられたのは、式部権助兼大掌典橋本実梁であつた。一行は四月二十日に東京を出発し、五月六日佐渡に渡り、同十日奉迎の式をあげた。御生前御還幸の御希望をとげさせ給はず、

むすびあへぬ　春の夢路の　程なきに
　幾たび花の　咲きて散るらむ
人ならぬ　岩木も更に　悲しきは
　みつの小島の　秋の夕暮
爪木《つまき》こる　遠山人は　帰るなり
　里まで送れ　秋の三日月
かこつべき　野原の露も　虫の音も

我より弱き　秋の夕暮

など、数々の悲しき御歌を残して、御在島足かけ二十二年、仁治三年（一二四二）に四十六歳を以て崩御遊ばされたる順徳天皇は、承久以来六百五十余年にして、再び海を渡らせ給うたのである。鳳輦の水無瀬宮に着御、御鎮座あらせられたのは、六月十三日であつた。

かくの如く承久に遠島に移らせ給うた上皇方の奉迎が、明治維新の直後、百事猶混乱のうちに行はれた事は、明治の大御代の源泉が、遠く六百数十年の昔に存するを明示するものである。

之を要するに、明治の大御代の奇蹟とまでに思はれる輝かしき出現は、わが国の歴史を一貫する精神の発露であり、国家理想の実現であり、而して幾百年にわたる君臣の熱烈なる祈禱に答へての成就であつた。

（「神道史研究」一三－五・六合併号、昭和四十年十一月）

神職としての祖父平泉澄

平泉澄（以下、著者）は、明治二十八年（一八九五）二月十六日（戸籍上は十五日）、白山神社社司恰合《かつこう》の長男として生まれた。福井県勝山市平泉寺町（当時は大野郡平泉寺村）に鎮座する白山神社は、もとは白山平泉寺とか平泉寺といはれ、越前側の白山禅定道の入口に位置し、白山信仰の一翼を担ふ重要な拠点であつた。生まれた社務所は玄成院《げんじょう》（古くは賢聖院と書いた）といふ。江戸時代には幕府の許しを得て白山山頂での祭祀を執り行つてゐたが、明治になり神仏分離令が出され、白山天嶺は加賀白山比咩神社の管轄下となり収入源を絶たれたことなどから急速に没落し、著者が生まれた頃は衰退の極みにあつた。分離令の混乱は村の随所に残つてをり、それを著者は脳裏に刻んだ。

その後、大野中学校から金沢の第四高等学校を経て、東京帝国大学へと進み、郷里を離れることとなり、東京帝大大学院生から東京帝大文学部講師となつたので、白山神社の神明奉仕は無理となつた。そのため、白山神社の社司であつた父・恰合が昭和四年に帰幽すると、以後親類に社司を委ねなければならなかつた。

著者自身の手になる年譜によれば、十八歳の時に平泉寺白山神社の歴史を『白山神史』三巻としてまとめてゐて、幼い頃から歴史の考証や神社資料に強い関心があつたものと思はれる。

帝大の卒業論文は『中世に於ける社寺の社会的活動』であり、これを大学院生の時に集大成したものが学位論文『中世に於ける社寺と社会との関係』である。アジールの問題なども、かつての中世の平泉寺が強大な力を有してゐたことを知つたことからの着想ではなからうか。

大学院時代に日光東照宮史の編纂に直接関与してまとめる一方、日光での神仏分離を報告し（『明治維新神仏分離史料』「日光に於ける神仏分離」の項）、日光輪王寺の史料整理を手伝ひ、大正十年（一九二一）からしばらくの間、文部省の宗教制度調査の嘱託も務めてゐる。同十二年九月、著者はすでに東京帝大講師であつたが、週の半分は文部省にも通つてをり、関東大震災も文部省の勤務室で体験した。

東京帝大講師から助教授、教授へと昇任し、それまで神社界との縁は余りなかつたが、昭和十六年（一九四一）神祇院参与に任じられた時のことを、後年筆者に語つた。

わしが参与になつた時、もしもお父様が生きてをれば、さぞお喜びであつたことと思ふ。白山社の社司の家に生まれて、長年神域近く仕へてきたものの、大学にとどまり、神社に何らのご奉仕もできずにゐたことでもあり、わしも嬉しかつた。昭和十年頃より神職講習会の講師といふことで、明治神宮に参上したことが何度かあるだけだ。

この年の神祇院参与会議の席上述べたことは、著者の一神職としての立場を知る貴重な資料となるから記しておきたい。筆者には次のやうに話した。

その日（昭和十六年七月十七日）内務大臣官邸で会議があつた。神祇院より飯沼副総裁、石井総務局長、宮村教務局長、参与として山田孝雄博士、吉田茂氏（のち神社本庁事務総長。首相の吉田茂氏とは別人）、今泉定助氏、高山氏、桑原氏、宮地直一博士、宮内省から岡本参事官が来てをられた。この日の議題で重大だつたのは、明治の末に神社合併によつて廃止せられた神社のなかで、復活すべきものを調査した結果の概要が総務局長より報告せられたことだつた。わしは非常に嬉しくなつた。ところが意外なことに、高山・桑原両翁が依然神社合併策を良しとされて復活に反対された。そこで、わしは反対意見を述べた。

「神道がずつと不振であつた原因は、当局が神社の形式のみを整備しようとして、神社の広さ、氏子の数、資産等に種々の制約を設けて、不適格なものを、表面上は合併の名のもとに事実上廃止し、少しも由緒や信仰として顧みないことにあるのであります。かかる形式的なものとして取り扱ふ以上、世間の人々の信仰は薄らぎ、神社のさびれゆくのは当然のことであります。延喜式内社の古いお社が、由緒もない新興の村社に併合され、村人が畏敬してきた神の森は伐採開墾され、伝統は破壊され、信仰は蹂躙されてきたのです。私は年来これを遺憾としてきたのでありますが、今日、当局が、昨日までのそれを非とされ、方針を一変されたことは誠に感謝に堪えないところであります」と。

幸ひにも山田、今泉、吉田の三氏もわしの意見に賛成、かくして明治四十年代の合併は、これを否定することに決した。しかし先輩に対して公然と間違ひであつたと言ふのもどうかといふことで、氏子の熱望に応じて復活するのを黙認することに落ち着いた。

昭和二十年、終戦と同時に東京帝大教授を辞して郷里に帰り、ほどなく白山神社宮司に就任した。その頃の祭礼をめぐる逸話で、筆者が聞いたものを紹介しておかう。

現在の平泉寺は過疎化の中で人口も減つてしまつたが、十数カ所の集落と、その数だけの神社があることは昔も今も変はらない。ある集落では、著者を大いに喜ばせることがあつた。直会の席で某氏が著者にかう言つたのである。

私は幼い頃にあなたのご尊父（恰合）の祝詞を聴いて育ちました。少年の日に東京に出て働くやうになつて、実に多くの神社で祝詞を聴いてきました。しかし、低く重々しい祝詞にどうしても飽き足りず今日まできました。今日、たまたま故郷に一旦帰つて祭礼にも参列し、久々にさはやかに清く澄んだ祝詞を聴きましたが、祝詞はさういふのが良いのです。

著者が白山神社宮司として神前で奏上する祝詞は独特なものであつて、谷省吾教授が、著者の神葬祭の際に斎主として読まれた葬祭詞に「銀の御鈴なす、清く透れる御声」と表現されたのは、まさにその声のことであつた。

昭和三十年代に入ると、著者は文筆、講演活動を本格的に再開することとなり、東京を主とするやうになつたため、兼務社の例祭は筆者の父・洸が奉仕するのが普通となつた。しかし、本務社平泉寺白山神社の歳旦祭、四月二十日の春季例祭、七月十八日の夏季例祭には必ず帰郷し、時には氏子と境内の地境また社有林の見回り等を行つてゐた。そして昭和三十年代後半には、次々と境内社を再興してゐる。剣宮、若宮八幡社、天神社がそれで、白山神社が所蔵する中世末期の絵図に記された社である。

それ以外にも、開祖泰澄大師を祀つた開山社また宗像社の創建があり、後者は本来白山神社とは関係なく、出光佐三氏のご寄付によつて境内の一角に新たに新築されたものである。巻頭の写真に宗像社鎮座祭の折のもの二葉を載せた。著者の戦後の日記には「某日、某祠に行つたところ、雪のために一部損壊、某神（仏）にその由を詫び、直ちに補修に着手、本日修復を終へ、某神（仏）にその由奉告す」といつた記事が散見し、人が見てゐやうが見てゐなからうが、そのやうなこととは関係なく、常に神仏と対話してゐたのである。

著者が最も尊崇してゐたのは大楠公と山崎闇斎先生であつたが、戦後は、楠公祭と崎門祭を必ず斎行し、昭和三十九年岐阜県下呂市に回天楠公社を創祀してからは、毎年下呂に赴き回天の勇士に感謝の誠を捧げること十年に及んだ。

晩年のある日、著者は筆者に神職としての立場について語つたことがある。

戦前も戦後も神職界を見ると、大体二通りの神主がをる。一方は、神様に対して尻を向けて、自分が神様になつたくらゐの気分で氏子や庶民に神道やご祭神の徳を吹聴し、説教する神主だ。意気込みは良いとしても、お前は決してこのやうな神主になつてはならぬ。もう一方は、氏子と共にあつて氏子と一緒にひたすら神様を拝する神主、お父様（著者の父・恰合）がさうだつた。お父様を見習つて立派な神主になるんだ。

祖父は神仏を尊びひたすら神仏に祈り感謝する日々であつた。毎朝、平泉寺でも品川でも、神前に額づき、就寝前には白山の神を拝し、それは終生変はることがなかつた。旅行先でももちろんである。筆者は子どもの頃から祖父と一緒に白山神社へは数知れずお参りに行つたが、祖父の晩年には、神社ではなく参道から少し下りた平泉（御手洗池とも）の前にあるご神木のあたりで良く草取りをした。まさにその場所で、泰澄大師は白山の女神を感得されたわけで、ご神木は大師お手植ゑと伝へてゐる。

晩年しばしば「泰澄大師の年まで生きられるとは思はなかつた」と語つてゐたことからも、白山の神々を拝しつつ、祖父が篤く信仰し祈りを捧げてゐたのは大師その人であつたやうに思はれる。大師入滅は奈良時代の神護景雲元年（七六七）、時に大師八十六歳であつた。祖父の帰幽は昭和五十九年（一九八四）二月、数へで九十歳、生涯を青袴の一神職として、ひたすら氏子と共に神を拝み神に仕へた一生であつた。

（平　泉　隆　房）

［た］

［な］

［さ］

索　　引

《著者略歴》平泉　澄（ひらいずみ　きよし）

明治二十八（一八九五）年二月十六日福井県大野郡（現勝山市）平泉寺で誕生（父恰合・母貞子の長男）。第四高等学校を経て大正七年（一九一八）東京帝国大学文科大学国史学科卒業、同大学院進学。同十年大阪の森下逸子と結婚。同十二年同大学専任講師、同十五年文学博士・助教授。昭和五年（一九三〇）欧州留学。同十年教授、同二十年辞職。同五十九年二月十八日帰幽（満八十九歳）。

著書　「中世に於ける社寺と社会との関係」「我が歴史観」「芭蕉の俤」「武士道の復活」「國史學の骨髄」「山河あり」「名和世家」「解説近世日本国民史」「父祖の足跡」「寒林史筆」「革命と傳統」「山彦」「先哲を仰ぐ」「日本の悲劇と理想」「中世に於ける精神生活」「解説佳人の奇遇」「明治の源流」「楠公—その忠烈と餘香」「少年日本史」＝「物語日本史」「明治の光輝」「悲劇縦走」「首丘の人 大西郷」「平泉博士史論抄」など

※『平泉澄博士全著作紹介』（勉誠出版）参照

平《ひら》泉《いずみ》澄《きよし》博士《はかせ》神《しん》道《とう》論抄《ろんしょう》

平成二十六年五月二十四日　第一刷発行
平成二十八年二月　十八日　第二刷発行
※定価はカバー等に表示してあります

著　者　平《ひら》泉《いずみ》　澄《きよし》
編　者　一般財団法人　日本学協会
発行者　中藤正道
発行所　株式会社　錦正社
〒一六二—〇〇四一
東京都新宿区早稲田鶴巻町五四四—六
電　話　〇三（五二六一）二八九一
FAX　〇三（五二六一）二八九二
URL　http://www.kinseisha.jp/

装　幀　吉野史門
印刷・製本　朝日印刷株式会社

ISBN978-4-7646-0117-8